누적 판매량 63만 부 돌파*
상식 베스트셀러 1위 985회 달성*

수많은 취준생이 선택한
에듀윌 상식 교재 막강 라인업!

[월간] 취업에 강한 에듀윌 시사상식

多통하는 일반상식 통합대비서

일반상식 핵심기출 300제

공기업기출 일반상식

기출 금융경제 상식

언론사기출 최신 일반상식

eduwill

95개월 베스트셀러 1위!*
Why 월간 에듀윌 시사상식

우수콘텐츠잡지
2021

업계 유일!
2년 연속 우수콘텐츠잡지 선정!*

Cover Story, 분야별 최신상식, 취업상식 실전TEST, 논술·찬반 등 취업에 필요한 모든 상식 콘텐츠 수록!

업계 최다!
월간 이슈&상식 부문 95개월 베스트셀러 1위!

수많은 취준생의 선택을 받은 취업상식 월간지 압도적 베스트셀러 1위!

업계 10년 이상의 역사!
『에듀윌 시사상식』 창간 10주년 돌파!

2011년 창간 이후 10년 넘게 발행되며 오랜 시간 취준생의 상식을 책임진 검증된 취업상식 월간지!

하루아침에 완성되지 않는 상식,
에듀윌 시사상식 정기구독이 답!

정기구독 신청 시 10% 할인

매월 자동 결제
정가 ~~10,000원~~ 9,000원

6개월 한 번에 결제
정가 ~~60,000원~~ 54,000원

12개월 한 번에 결제
정가 ~~120,000원~~ 108,000원

· 정기구독 시 매달 배송비가 무료입니다.
· 구독 중 정가가 올라도 추가 부담 없이 이용하실 수 있습니다.
· '매월 자동 결제'는 매달 20일 카카오페이로 자동 결제되며, 6개월/12개월/
  무기한 기간 설정이 가능합니다.

정기구독 신청 방법

인터넷
에듀윌 도서몰(book.eduwill.net) 접속 ▶
시사상식 정기구독 신청 ▶
매월 자동 결제 or 6개월/12개월 한 번에 결제

전 화
02-397-0178
(평일 09:30~18:00 / 토·일·공휴일 휴무)

입금계좌
국민은행 873201-04-208883 (예금주 : 에듀윌)

정기구독 신청·혜택
바로가기

eduwill

에듀윌 시사상식과
#소통해요

#소통하는 방법

방법 1

QR코드 스캔 접속

방법 2

http://eduwill.kr/62dF

인터넷 주소 입력으로 접속

더 읽고 싶은 콘텐츠가 있으신가요?
더 풀고 싶은 문제가 있으신가요?
의견을 주시면 콘텐츠로 만들어 드립니다!

☑ 에듀윌 시사상식은 독자 여러분의 의견을 적극 반영하고자
합니다.

☑ 읽고 싶은 인터뷰, 칼럼 주제, 풀고 싶은 상식 문제 등 어떤
의견이든 남겨 주세요.

☑ 보내 주신 의견을 바탕으로 특집 콘텐츠 등이 기획될 예정
입니다.

설문조사 참여 시
#스타벅스 아메리카노를 드립니다!

추첨 방법 매월 가장 적극적으로 의견을 주신 1분을 추첨하여 개별 연락

경품 스타벅스 아메리카노 Tall

취업에 강한

에듀윌
시사상식

NOV. 2022

11

CONTENTS

2022. 11. 통권 제137호

발행일 ┃ 2022년 10월 25일(매월 발행)
편저 ┃ 에듀윌 상식연구소
내용문의 ┃ 02) 2650-3912
구독문의 ┃ 02) 397-0178
팩스 ┃ 02) 855-0008

※ 「학습자료」 및 「정오표」도 에듀윌 도서몰
(book.eduwill.net) 도서자료실에서 함께
확인하실 수 있습니다.
※ 이 책의 무단 인용·전재·복제를 금합니다.

PART 01

Cover Story 01

Cover Story 02

PART 02

분야별 최신상식

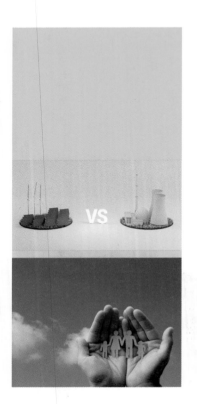

Cover
Story

이 달 의 가 장 중 요 한 이 슈

1.

2022 노벨상 수상자 발표

클릭화학·양자얽힘
연구 개척자 등 영예

매년 10월이면 노벨상 수상자가 공개돼 세계의 이목을 집중시킨다.
올해 노벨 생리의학상은 현대인과 멸종된 고대인을 구별하는
유전적 차이를 규명한 스반테 파보가 수상했다.
물리학상은 양자역학 연구에 기여한 과학자 3인,
화학상은 클릭화학 연구에 기여한 과학자 3인이 선정됐다.
문학은 프랑스 작가 아니 에르노, 평화상은 러시아 전쟁 범죄·인권 침해
맞선 개인 1명·단체 2곳, 경제학상은 금융위기를 연구한
벤 버냉키 전 연준 의장 등 3인이 수상했다.

생리의학상 : 고대-현대인 DNA 차이 규명한 스웨덴 인류학자

▲ 스반테 파보 (이하 자료 : 노벨 위원회)

매년 10월이면 노벨상 수상자가 공개돼 세계의 이목을 집중시킨다. 지구에서 가장 영예로운 상으로 꼽히는 노벨상은 스웨덴의 화학자 알프레드 노벨(Alfred B. Nobel, 1833~1896)의 유언에 따라 인류의 복지에 공헌한 사람이나 단체에 수여한다.

스웨덴 카롤린스카 의대 노벨 위원회는 10월 2일(이하 현지시간) 올해 노벨 생리의학상 수상자로 스웨덴 출신 인류학자인 **스반테 파보** 독일 막스플랑크 진화인류학연구소장을 선정했다고 발표했다. 파보 소장은 상금으로 1000만크로나(약 13억원)를 받는다.

위원회는 "수상자는 **현대인과 멸종된 고대인을 구별하는 유전적 차이를 규명**했고 고(古)유전체학이란 새로운 학문 분야를 확립했다"며 "현생 인류의 면역체계가 감염에 어떻게 반응하고 인간다움을 만드는 것이 무엇인지를 밝혀내 인류의 과학과 의학 발전에 크게 기여했다"고 밝혔다.

파보 소장은 ■**네안데르탈인**의 뼈로 유전자 분석을 통해 아시아와 유럽인들 유전자 중 5%가 네안데르탈인으로부터 왔다는 연구를 발표했다. 그의 연구로 현생 인류의 피부 유전자, 크론병, 당뇨병 등 몇몇 질병 유전자들이 멸종 인류로부터 물려받은 것이란 사실을 이해할 수 있게 됐다.

■ 네안데르탈인 (Homo neanderthalensis)

네안데르탈인은 30만~35만 년 전 나타나 유럽과 아시아에 살았던 것으로 추정되며 현생 인류와 가장 가까운 근연종으로 추측되는 화석인류의 일종이다. 독일 '네안데르' 계곡에서 뼈가 발견돼 네안데르탈인으로 명명됐다. 네안데르탈인은 현생 인류보다 키는 작지만 체격은 더욱 크고 근력 및 내구성도 월등했던 것으로 추정된다. 석기와 불을 사용했고 의사소통이 가능했던 것으로 보인다. 네안데르탈인은 4만 년 전 멸종한 것으로 추정되는데 멸종 원인에 대해서는 현생 인류가 네안데르탈인을 학살했다는 설, 자연 변화에 적응하지 못했다는 설, 오랜 혼혈로 네안데르탈인이 현생 인류에 흡수됐다는 설 등이 있다.

물리학상 : 양자 기술 가능성 보인 과학자 3명

▲ (왼쪽부터) 알랭 아스펙트·존 F. 클라우저·안톤 차일링거

스웨덴 왕립과학원 노벨위원회는 10월 4일 양자역학 연구에 기여한 **알랭 아스펙트**(프랑스)·**존 F. 클라우저**(미국)·**안톤 차일링거**(오스트리아)에게 돌아갔다. 위원회는 "이들 수상자는 양자얽힘 상태의 입자를 조사하고 제어할 수 있는 가능성을 보였고 이들의 실험은 양자 기술의 토대를 마련했다"고 평가했다. **양자얽힘이란 두 입자가 함께 있다가 멀리 흩어져도, 한쪽의 상태를 측정하면 동시에 다른 쪽의 상태가 결정되는 양자역학 특유의 현상**이다.

양자얽힘 현상은 이론적으로 예측됐지만 실험 증명이 되지 않은 상황이었다. 클라우저는 벨의 부

등식이 위배된다는 점을 증명하며 고전 양자역학 이론의 성립을 증명했다. 아스펙트는 클라우저 연구의 몇 가지 허점을 채우는 연구를 진행했다. 차일링거는 양자 순간이동 현상을 시연함으로써 세계 최초로 ▪**양자통신** 실험에 성공했다.

양자컴퓨터, 양자통신을 실현하려면 양자얽힘 현상을 물리적 시스템에서 구현할 수 있어야 하는데 이들 연구자들은 실제로 양자얽힘이라는 현상이 있으며 그 상태를 만들 수 있다는 것을 증명한 것이다.

▪ **양자통신 (量子通信, quantum communication)**
양자통신은 양자역학에서 말하는 양자얽힘 현상을 이용하여 빛보다 빠른 속도로 정보를 전달하는 통신 방법을 말한다. 현대 정보통신은 전자를 이용해 빛의 속도로 정보를 주고받지만 양자얽힘 현상을 이용하여 정보를 주고받으면 지구와 화성 사이에 실시간 정보전달이 가능하다. 2017년 7월 16일 중국은 묵자(墨子)라는 인공위성을 이용하여, 세계 최초로 1200km 이상 떨어진 거리에서 양자통신에 성공했다.

화학상 : 효율적 분자 결합 반응 연구 기여한 3인

▲ (왼쪽부터) 캐럴린 R. 베르토치·모르텔 멘달·베리 샤플리스

노벨 위원회는 10월 5일 노벨 화학상 수상자로 분자를 빠르고 효율적으로 결합하는 반응 등을 다루는 ▪**클릭화학** 연구에 기여한 ▲캐럴린 R. 베르토치(미국) ▲모르텔 멘달(덴마크) ▲베리 샤플리스(미국)를 선정했다.

위원회는 "샤플리스와 멘달은 분자를 빠르고 효율적으로 합성할 수 있는 기능적 형태의 화학, 즉 클릭화학의 기반을 마련했으며 베르토치는 클릭화학을 새로운 차원으로 끌어올려 살아 있는 유기체에 활용해 합성화학 발전에 기여했다"고 선정 이유를 밝혔다.

샤플리스는 앞서 2001년 의약 치료제 신물질 개발 공로로 노벨 화학상을 수상한 데 이어 2번째 수상의 영예를 안았다. 샤플리스는 미 캘리포니아 라호야에 있는 비영리 의료연구기관인 스크립스 연구소에 재직하고 있다. **샤플리스 이전까지 역대 노벨상을 두 번 받은 사람은 마리 퀴리와 존 바딘, 프레데릭 생어, 라이너스 폴링**뿐이었다.

▪ **클릭화학 (click chemistry)**
클릭화학은 버클을 '똑딱(click·클릭)' 소리가 나게 채워 연결하듯이 두 분자를 간단하고 빠르게 결합하는 반응에 대한 화학 연구로서 신약개발 등 다양한 분야에 이용되고 있다. 클릭화학은 작은 분자들을 간단한 반응으로 블록처럼 쌓아올려 새로운 분자를 만들어내는 결합 등을 다룬다. 이전에는 원하는 분자들을 합칠 때 복잡한 화학반응을 설계해야 했지만, 클릭화학이 개발되고 나서는 화합물과 촉매를 이용해 분자를 레고 블록처럼 레고처럼 쉽게 조립할 수 있게 됐다.

문학상 : '체험한 것'만 쓴 프랑스 작가

스웨덴 한림원은 10월 6일 노벨 문학상 수상자로 프랑스 작가 **아니 에르노**를 선정했다고 밝혔다. 한림원은 "사적 기억의 근원과 소외, 집단적 구속의 덮개를 벗긴 그의 용기와 꾸밈없는 예리함"을 노벨 문학상 선정의 배경으로 설명했다.

프랑스 현대문학의 대표적인 여성 소설가 에르노는 자전적 소설로 작품 세계를 구축해왔다. 그는

▲ 아니 에르노

평화상 : 러시아 전쟁 범죄·인권 침해 맞선 개인 1명·단체 2곳

▲ (왼쪽부터) 알레스 비얄라스키·메모리얼·시민자유센터(CCL)

"직접 체험하지 않은 허구를 쓴 적은 한 번도 없다"는 소신대로 작품에서 인간의 욕망과 날 것 그대로의 내면의 감정과 심리를 거침없이 파헤친다. 날 것의 사실과 내면의 고백을 거침없이 내보여 작품이 선정적이란 논란이 일기도 했다.

특히 **연하의 외국인 유부남과의 사랑을 다룬 1991년작 『단순한 열정』**은 독자들에게 큰 충격을 안겼고 프랑스에서 낙태가 불법이던 시절 자신의 임신 중절 경험을 다룬 2000년작 『사건』도 논란을 일으켰다.

➕ 세계 3대 문학상

세계에서 가장 높은 권위를 인정받는 3대 문학상으로 ▲노벨문학상 ▲부커상 ▲공쿠르상을 꼽는다. 노벨상은 생애를 통틀어 문학에 최대의 공헌을 한 우수한 작가를 선정하며, 부커상은 영국과 영어권 작가들을 대상으로 그 해 최고 문학작품을 가려내는 상이다. 공쿠르상은 프랑스에서 가장 권위 있는 문학상으로 상금은 상징적 의미로 1903년 제정 당시 '밥 한 끼 값'이었던 50프랑을 현재 유로화로 환산한 10유로(약 1만4000원)가 주어진다. 다만 공쿠르상 수상작은 곧바로 베스트셀러가 보장된다.

올해 노벨 평화상 수상 영예는 러시아의 우크라이나 침공 관련 개인 1명과 단체 2곳에 돌아갔다. 10월 7일 노벨 평화상 수상자로 **벨라루스 인권운동가 ▲알레스 비얄라스키, 러시아 소재 국제 인권단체 ▲메모리얼, 우크라이나 인권단체 ▲시민자유센터**(CCL, Center for Civil Liberties)를 선정했다고 발표했다.

위원회는 "이번 평화상 수상자들은 그들의 고국에서 시민 사회를 대표한다"며 "그들은 수년간 권력을 비판하고 시민들의 기본권을 보호할 권리를 홍보해왔다"고 선정 이유를 밝혔다. 아울러 "그들은 전쟁 범죄, 인권 유린, 권력 남용을 기록하기 위해 뛰어난 노력을 해왔다"며 "그들은 평화와 민주주의를 위한 시민 사회의 중요성을 함께 보여준다"고 설명했다.

비얄라스키는 벨라루스의 독재자 알렉산드르 루카셴코 대통령의 영구 집권을 허용하는 개헌에 반대하며 1996년 시민단체 '비아스나(봄)'를 설립했다. 비아스나는 정치범을 지원하다가 정치범이 당한 고문 실상을 알리면서 인권단체로 발전했다. 비얄라스키는 2020년 반(反)정권 시위를 벌이다 붙잡혀 재판 없이 구금돼 투옥 중이다.

러시아 인권단체 메모리얼(Memorial)은 옛 소련 시절 인권 침해와 잔혹 행위를 밝혀내는 활동에 주력했고 소련 해체 후 러시아의 대표적인 인권 감시기구로 떠올랐다. CCL은 러시아 침공으로 전쟁범죄와 인권 유린이 난무하는 우크라이나에서 활동하는 비정부기구로서 2007년 설립돼 전쟁 상황에서 인권보호를 위한 사실관계를 기록하는 데 주력하고 있다.

경제학상 : 금융위기·은행 연구
美 경제학자 3인

▲ (왼쪽부터) 벤 버냉키·더글러스 다이아몬드·필립 디비그

스웨덴 왕립과학원 노벨위원회는 10월 10일 노벨 경제학상 수상자로 ▲벤 버냉키 ▲더글러스 다이아몬드 ▲필립 디비그 등 미국 경제학자 3명을 선정한다고 밝혔다. 위원회는 벤 버냉키 전 연방준비제도(Fed) 의장에 대해 "1930년대 미국 대공황을 분석한 결과 은행의 위기가 경제 위기 장

기화의 결정적 위기라는 점을 밝혀냈다"고 설명했다.

위원회에 따르면 다이아몬드와 딥비그는 1980년대부터 은행 보호를 위한 정부 역할의 중요성을 규명했다. 이들은 시장 루머로 촉발된 **뱅크런**(bank run : 대규모 예금 인출 사태)이 은행 붕괴로 이어지는 과정을 분석했다.

노벨위원회는 "이들이 1980년대에 수행한 연구는 은행의 역할에 대한 우리의 이해를 크게 향상해서 인류 사회가 금융 위기에 대처하는 방법을 개선했다"며 "수상자들의 통찰 덕분에 심각한 경제 위기에서 치러야 하는 막대한 대가를 예방했다"고 선정 이유를 밝혔다.

▮ 2021·2022 노벨상 수상자

부문	2022년 수상자	2021년 수상자
생리의학상	스반테 파보	▲데이비드 줄리어스 ▲아뎀 파타푸티언
물리학상	▲알랭 아스펙트 ▲존 F. 클라우저 ▲안톤 차일링거	▲마나베 슈쿠로 ▲클라우스 하셀만 ▲조르조 파리시
화학상	▲캐럴린 R. 베르토치 ▲모르텔 멘달 ▲베리 샤플리스	▲베냐민 리스트 ▲데이비드 맥밀런
문학상	아니 에르노	압둘라자크 구르나
평화상	▲알레스 비알랴스키 ▲메모리얼 ▲시민자유센터(CCL)	▲마리아 레사 ▲드미트리 무라토프
경제학상	▲벤 버냉키 ▲더글러스 다이아몬드 ▲필립 디비그	▲데이비드 카드 ▲조슈아 앵그리스트 ▲휘도 임번스

2.

카카오 초유의 장시간 먹통 사태

메신저·택시·페이 중단… 일상이 멈췄다

카카오, 네이버 등의 데이터 관리 시설이 입주한 경기 성남시 SK 주식회사 C&C 판교 캠퍼스 데이터센터에서 화재가 발생해 카카오 계열 서비스 대부분과 네이버 일부 서비스가 무더기 접속 장애를 야기했다. 대형 플랫폼 업체가 이처럼 장시간 서비스 장애를 일으킨 것은 초유의 사태다. 이번 서비스 장애로 이용자들이 큰 불편을 겪으면서 초연결 사회의 취약점이 드러났다. 주말 동안 국민들이 크고 작은 재산상 피해, 프라이버시 침해 등을 겪었다. 일각에서는 카카오 서비스의 정상화가 더딘 것을 두고 유사 시 필수적인 백업 및 서버 우회, 스토리지 분산 등이 제대로 수행되지 않은 것 아니냐는 지적이 나왔다.

SK C&C 판교 캠퍼스 화재로
카카오 서비스 '먹통'

▲ SK C&C 판교 캠퍼스 데이터센터 화재 현장

카카오, 네이버 등의 데이터 관리 시설이 입주한 경기 성남시 분당구 삼평동 SK 주식회사 C&C 판교 캠퍼스 ▪데이터센터에서 화재가 발생해 카카오 계열 서비스 대부분과 네이버 일부 서비스가 무더기 접속 장애를 야기했다.

10월 15일 카카오 측은 "오후 3시 30분 판교 캠퍼스 데이터센터 화재로 카카오톡 등 서비스가 원활하지 않은 장애가 발생했다"고 밝혔다. 소방 당국은 60여 명과 소방 차량 20여 대를 동원해 오후 5시 50분께 큰 불길을 잡았고 오후 10시 화재를 완전히 진압했다. 화재로 인한 인명 피해는 없었다.

과학기술정보통신부에 따르면 화재는 오후 3시 19분경 전기실에서 발생했다. 이후 카카오 서비스 전반과 네이버 서비스 일부가 오류를 일으키기 시작했다. **카카오톡 메신저는 물론 카카오T**(택시), **카카오맵**(지도), **카카오페이**(결제), **다음카페**(커뮤니티), **멜론**(음악), **다음뉴스, 네이버 라이브커머스 등도 먹통**이었다.

2016년 8월 경기도 성남시 판교 테크노밸리에 설립된 판교 캠퍼스 A동은 지상 6층·지하 4층 규모(연면적 6만7000여㎡)로 네이버와 카카오, 일부 SK그룹 관계사의 서버가 입주해 있다. 해당 건물의 지상 2층부터 지상 6층까지가 데이터센터로 활용되고 있다.

경기남부경찰청 과학수사대와 소방 당국 등은 10월 16일 1차 감식을 진행한 뒤 판교 캠퍼스에서 발생한 화재가 전기실 내 배터리 주변에서 전기적 요인 때문에 시작된 것으로 10월 16일 잠정 결론 내렸다.

▪ **데이터센터 (data center)**

데이터센터는 서버, 네트워크, 스토리지 등 정보통신(IT) 서비스 제공에 필요한 장비를 한 건물 안에 모아 24시간 365일 운영하고 통합 관리하는 시설이다. 데이터센터는 클라우드 컴퓨팅, 빅데이터 분석, 사물인터넷 구현 등 산업에서 발생하는 모든 정보를 저장하고 처리하는 중심 역할을 한다. 보통 데이터센터 시설은 컴퓨팅 서비스를 위해 반드시 필요한 서버, 스토리지, 네트워크 장치와 이들 기기를 유지하는 데 필요한 발전기, 무정전 전원장치(UPS), 항온·항습기, 백업 시스템, 보안 시스템 등으로 이뤄져 있다. 데이터센터 운영에 필요한 인원도 필요하다. 기업은 자사 서비스에 필요한 컴퓨팅 자원을 확보하기 위해 직접 데이터센터를 짓기도 하고, 외부 데이터센터를 빌려 사용하기도 한다.

메신저·택시·결제 페이 중단...
전 국민 '패닉'

월간활성이용자(MAU, Monthly Active User) **수가 4500만 명 이상인 '국민 메신저' 카카오톡**은 2010년 이후 수십 차례의 길고 짧은 서비스 장애가 있었지만 이번 화재로 인한 먹통 사태는 아예 날을 넘기면서 사상 최장 시간 이어진 장애로 기록됐다. 과거 KT 등 통신사가 관련 시설 화재로

▲ 카카오 서비스 오류 메시지 (카카오톡 캡처)

통신 장애를 일으킨 적은 있지만 **대형 플랫폼 업체가 이처럼 장시간 서비스 장애를 일으킨 것은 초유의 사태**다. 이번 서비스 장애로 이용자들이 큰 불편을 겪으면서 "초연결 사회"의 취약점이 드러났다는 지적이 일었다.

먹통 사태가 벌어진 주말 동안 대한민국은 '2G 시대'로 돌아가며 국민들이 큰 불편과 재산상 피해, 프라이버시 침해 등을 겪었다. 카카오톡은 메시지를 보내거나 받을 때 메시지 옆에 '로딩 중' 표시가 뜨면서 결국 메시지가 전송되지 않았다. 카카오의 포털 사이트 '다음'도 로그인이 안 되고 검색 서비스도 느리거나 접속되지 않았다. PC 버전 카카오톡에서는 자동으로 로그아웃된 뒤 로그인이 다시 되지 않는 문제가 발생했다.

카카오톡과 카카오페이 등 오류로 자영업자들은 예약, 결제, 웨이팅 등 서비스에 차질을 빚어 주말 매상을 고스란히 날려야 했다. 카카오톡 선물하기로 구매한 기프티콘도 사용할 수 없어 식당, 카페 등 곳곳엣 소비자들이 불만을 호소했다. 카카오T 앱의 주요 교통 서비스와 지도 서비스인 카카오맵도 먹통이 되면서 이용자들이 교통수단 이용에 불편을 겪었다. 택시 기사용 앱도 서비스가 되지 않아 택시 기사들이 콜을 받지 못해 매상에 타격이 컸다.

금융 서비스도 제대로 작동하지 않아 이용자들을 불안에 떨게 했다. 간편 결제 서비스인 카카오페이는 아예 접속되지 않아 이용자들이 카페나 편의점에서 결제를 하지 못하는 상황이 계속됐다. 카카오뱅크는 회원가입은 물론 간편이체, 모임통장 친구 초대, 비상금 대출, 알림톡 수신 지연 등 카카오톡과 연동된 관련 서비스가 모두 멈췄다. 다만 카카오뱅크는 자체 데이터센터를 갖고 있어 계좌이체나 카드결제 등 핵심 기능은 문제가 없는 것으로 알려졌다.

카카오게임즈가 서비스하는 오딘: 발할라 라이징, 우마무스메 프리티 더비, 가디언테일즈 등 게임들도 카카오톡과 연동된 계정 인증 과정에서 오류가 발생해 접속되지 않는 불편함을 야기했다.

업계에서는 카카오톡이 한국을 대표하는 공룡 플랫폼 앱인데도 불구하고 자체 데이터센터 없이 타사 **인터넷데이터센터**(IDC, Internet Data Center)에 데이터를 분산 보관하고 있는 점을 사고 피해가 커진 까닭으로 꼽았다. 현재 카카오톡 앱에 지갑, 쇼핑, 콘텐츠 등 다양한 인터넷 서비스들의 인증 체계가 연결돼 있는 상황에서 데이터센터에 사고가 나자 계열 서비스까지 한꺼번에 영향을 받은 것으로 추정된다.

일각에서는 카카오 서비스의 정상화가 더딘 것을 두고 유사 시 필수적인 백업 및 서버 우회, 스토리지 분산 등이 제대로 수행되지 않은 것 아니냐는 지적이 나왔다. 네이버도 같은 건물에 데이터센터를 두고 있었지만 일부 영역에서만 사용자 서비스 장애를 일으킨 점도 이러한 의심을 키웠다. 네이버는 메인 서비스 서버를 춘천에 있는 자체 데이터센터에 두고 있고 일반 서비스 서버는 판교 등에 분산한 것으로 알려졌다.

■ 초연결 사회 (hyper-connectivity society)

초연결 사회는 정보 기술을 바탕으로 사람, 프로세스, 데이터, 사물이 서로 연결됨으로써 지능화된 네트워크를 구축하여 이를 통해 새로운 가치와 혁신의 창출이 가능해지는 사회를 말한다. 스마트 기술이 비약적으로 성장하면서 스마트 기기 확산, 트래픽과 정보의 폭발적 증가에 따라 언제 어디서나 상호 연결되어 정보를 주고받는 기술이 마련되며 기술적 가능성이 완성된 것이다. 초연결 사회의 구현을 위해서는 다양한 객체를 연결하는 사물인터넷(IoT)과 연결 사이에 흐르는 빅데이터가 중요하다.

초연결 사회처럼 네트워크로 연결된 세상은 편리하지만 위험성도 커진다. 네트워크에 연결된 서비스가 해킹이나 사고에 노출되면 사생활 침해나 재산 피해는 물론 이번 카카오톡 먹통 사태에서 볼 수 있었듯이 사회 전체가 일순간 마비가 될 수 있기 때문이다.

과기정통부 재난상황실, 장관 주재 본부로 격상

▲ 이종호 과학기술정보통신부 장관이 10월 16일 판교 데이터센터를 방문해 네이버, 카카오 등 서비스 장애의 신속한 복구를 독려하고 있다. (자료 : 과학기술정보통신부)

윤석열 대통령은 10월 16일 카카오와 네이버 서비스 장애와 관련, "책임 있고 신속한 서비스 복구를 하도록 정부 부처도 노력을 다하라"고 지시했다.

윤 대통령은 아울러 "정확한 원인 파악은 물론, **트윈 데이터센터 설치**(이원화) 등을 포함한 사고 예방 방안과 사고 발생 시 보고·조치 제도 마련

도 철저히 이뤄져야 한다"고 강조하며 "현재 과학기술정보통신부 실장 중심의 상황실을 장관 주재로 격상해 지휘하기를 바란다"고 덧붙였다.

한편, 서비스 장애를 일으킨 카카오톡은 10월 16일 오전 1시 31분께부터 메시지 수·발신 기능이 일부 복구됐지만 낮 12시경에도 사진과 동영상 등 용량이 큰 파일 전송이나 쇼핑하기 등 서비스도 불능상태였다. 양현서 카카오 부사장은 이날 "서버 손실량이 워낙 커 카카오톡 등 서비스가 완전히 복구되기까지 시간이 얼마나 더 걸릴지 정확히 말하기 어렵다"고 전했다.

그는 "**이중화 조치**(같은 데이터를 여러 곳에 복제해두는 행위)에도 전원 공급이 차단된 상황이어서 서버를 증설해 트래픽을 전환하는 데 시간이 오래 걸리고 있다"면서 데이터 손실 우려에 대해서는 "분산 저장돼 있기 때문에 손실 우려는 0%"라고 말했다.

➕ 카카오 이용자 피해 보상안 어떻게 진행되나

업계에 따르면 카카오는 유료 서비스를 중심으로 이용약관을 검토해 이용료 감면 또는 이용권 지급 방식으로 보상책을 마련할 것으로 예상된다. 실제로 음원 서비스 멜론은 10월 16일 1500원 상당의 보상책을 발표했다. 게임이나 웹툰, 웹소설, 이모티콘 플러스 등 다양한 카카오 계열 유료 서비스에서도 현금 보상이 아닌 이용권 등 간접 보상이 이뤄질 것으로 보인다. 다수 국민이 이용하는 카카오톡은 무료 서비스이기 때문에 보상 근거가 없다. 카카오톡은 이번 데이터센터 화재에 따른 장애까지 올해에만 6번째 서비스 장애를 초래했지만 한 차례도 장애 보상이 이뤄진 적이 없다. 다만 이번 초유의 서비스 장애로 피해가 커진 만큼 무료 서비스 이용자들에 대한 보상책도 마련해야 한다는 주장이 나오고 있다.

분 야 별
최신상식

9개 분야 최신이슈와 핵심 키워드

분야별
최신상식

정치
행정

尹 대통령 '비속어 논란' 후폭풍...
여야 충돌 격화

■ **공영방송 (公營放送)**
공영방송이란 방송의 목적을 영리에 두지 않고, 시청자로부터 징수하는 수신료 등을 주요 재원으로 하며 오직 공공의 복지를 위해서 행하는 방송을 말한다. 기업체가 이윤을 목적으로 행하는 방송은 상업방송이다. 공영방송으로는 한국의 KBS(한국방송공사), MBC(문화방송), EBS(교육방송), 영국의 BBC(영국방송협회), 일본의 NHK(일본방송협회), 미국의 PBS(공영방송서비스) 등이 있다.

MBC 보도 둘러싸고 여야 충돌

여야가 9월 26일 윤석열 대통령의 미국 순방 중 불거진 '비속어 논란' 관련 MBC의 첫 보도를 둘러싸고 충돌했다. **여당은 논란의 영상을 최초 보도한 MBC가 '자막조작 방송'을 했다며** ■**공영방송**의 자질을 상실했다고 직격탄을 날렸다. 반면 **야당은 윤 대통령의 비속어 발언을 '외교 참사'로 규정**하는 동시 박진 외교부 장관 해임을 당론으로 채택하는 등 '대통령실 외교부 라인 전면 교체'를 촉구하고 나섰다.

국회 과학기술정보방송통신위원회(과방위) 국민의힘 위원들도 같은 날 국회에서 기자회견을 열고 MBC의 사과 방송 및 박성제 사장의 사퇴 등을 촉구했다. 박 사장·보도 기자·보도본부장 등 관련자에 대한 명예훼손 고발, 언론중재위·방송통신심의위 제소 방침도 밝혔다.

앞서 MBC는 미국 순방 중이던 윤 대통령이 9월 21일(현지시간) 뉴욕의 한 빌딩에서 열린 글로벌펀드 제7차 재정공약회의 참석을 마치고 회의장을 나가며 박진 전 외교부 장관 등에게 말하는 모습을 보도했다. 해당 영상 하단에는 '(미국) 국회에서 이 XX들이 승인 안 해주면 바이든은 쪽팔려서 어떡

하나'라는 자막이 달렸다.

진영 논리 따라 '듣기평가' 제각각
정치권과 언론이 정치 진영별로 윤 대통령 비속어 논란에 대해 발언이 다르게 달린다고 주장함에 따라 정국은 혼란에 빠졌다. 일각에서는 좌파 귀에는 윤 대통령 발언이 '바이든'이라고 들리고 우파 귀로는 '날리면' 또는 '발리면'이라고 들린다는 우스갯소리까지 나왔다.

음성 분석 전문가들도 해석이 어렵다고 의견을 모은 가운데 윤 대통령의 비속어 발언이 미국 대통령을 향한 것이든 국내 야당과 정치권을 겨냥한 것이든 부적절했다는 사실에는 변함이 없어 보인다.

윤 대통령 지지율, 외교·비속어 논란 직격탄
윤석열 대통령 직무수행 지지율(긍정평가)이 24%로 다시 취임 후 최저치를 기록했다는 조사 결과가 9월 30일 나왔다. 최근 영국·미국·캐나다 순방에서의 각종 외교 실책과 비속어 발언 논란이

부정 평가의 주요 원인으로 작용했다.

경제·안보 등 국제 정세가 혼란한 가운데 국정운영 난항과 잇따른 실책까지 겹치며 윤 대통령이 위기를 조기에 타개할 가능성은 적어 보인다. 지지율 하락의 주요 원인으로 꼽힌 비속어 논란은 이미 장기화 국면으로 들어섰다.

여권이 비속어 보도를 '가짜뉴스'라고 주장하고 진실 규명을 촉구하면서 사회·정치적 분열상은 격화했다. 민생·경제·안보 위기에 집중하자는 윤 대통령과 여당의 목소리는 비속어 공방에 가려지며 여론의 관심을 받지 못했다.

➕ 핫 마이크 (hot mike)
핫 마이크는 주변에 녹음기가 있거나 마이크가 켜져 있는 줄 모르고 내키는 대로 발언한 내용이 노출돼 문제를 일으키는 것을 말한다. 외국 정상들도 핫 마이크 사건으로 곤혹스러운 일을 겪은 경우가 꽤 많다. 조 바이든 미국 대통령은 지난 1월 한 기자가 인플레이션 관련 질문을 하자 마이크가 켜져 있는 줄 모르고 "멍청한 개XX"라고 욕설을 했다가 사과하기도 했다. 버락 오바마 전 미국 대통령은 2012년 핵안보정상회의에서 드미트리 메드베데프 당시 러시아 대통령에게 "선거가 끝나면 내 입장도 유연해질 것"이라고 말해 거센 비난을 받았다.

POINT 세 줄 요약

❶ 여야가 9월 26일 윤석열 대통령의 미국 순방 중 불거진 '비속어 논란' 관련 MBC의 첫 보도를 둘러싸고 충돌했다.

❷ 여당은 MBC가 자막 조작을 했다고 주장한 반면, 야당은 박진 외교부 장관 해임을 촉구했다.

❸ 윤석열 대통령 직무수행 지지율이 24%로 다시 취임 후 최저치를 기록했다.

국민의힘 새 원내대표 주호영 당선

▲ 주호영 국민의힘 원내대표 (자료 : 국민의힘)

국민의힘 새 **＂원내대표**로 5선의 주호영(대구 수성갑) 의원이 9월 19일 선출됐다. 당 비상대책위원장에서 물러난 지 약 한 달 만이다. **주 신임 원내대표는 이날 열린 의원총회에서 투표한 의원 106명 중 61명의 지지를 얻어 당선**됐다. 주 원내대표 임기는 내년 4월까지다. 당헌상 원내대표 임기는 1년이지만, 주 원내대표는 중도 사퇴한 권성동 전 원내대표의 잔여 임기만 수행하겠다고 밝힌 바 있다.

주 원내대표는 의총 직후 기자들과 만나 "우선 당이 안정돼야 한다"며 "그다음에 외연 확장을 통해 지지율을 올려야겠다"고 밝혔다. 그는 "약자와의 동행, 호남 동행, 청년 정치참여, 빈부격차 해소, 이런 것을 통해 국민에게서 신뢰를 회복해 당의 지지율을 높이는 게 가장 중요하다"고 강조했다.

주 원내대표는 직무정지 가처분 신청을 내 자신을 비대위원장에서 물러나게 했던 이준석 전 대표에 대해 "진행되는 절차에 따라 정리되는 걸 봐가면서 당원·의원들과 상의해 문제를 풀려고 한다"고 말했다.

현 비대위를 겨냥해 이 전 대표가 낸 가처분 심리, 이 전 대표의 성 상납 의혹 관련 경찰 수사, 당 윤리위원회의 이 전 대표 징계 등의 추이를 지켜보면서 판단해야 한다는 의미다.

주 원내대표와 양자 대결을 벌인 재선의 이용호 의원은 42명의 지지를 얻어 선전했다는 평가를 받았다. 이 의원은 이와 관련한 기자들 질문에 "'국민의힘이 건강하다, 또 역동적이다, 얼마든지 희망적이다'라는 기대를 봤다"고 답했다.

■ 원내대표 (院內代表)
원내대표는 국회 내에서 정당의 실질적인 사령탑으로서, 소속 의원들을 통솔하며 당무를 맡고 의사와 대외관계에서 당을 대표하는 의원이다. 원내대표는 일반적으로 동일 정당 소속의 의원들로 구성되는 국회 교섭단체를 대표하므로 반드시 의원 신분이어야 한다. 즉 소속 의원이 없는 원외정당에서는 원내대표가 존재하지 않는다.

민주 '박진 해임건의안' 발의...
국회 통과 뒤 윤 대통령 거부권 행사

▲ 박진 외교부 장관

더불어민주당은 9월 27일 의원총회를 열어 윤석열 대통령 '순방 외교 논란'의 책임을 묻는 차원에서 박진 외교부 장관에 대한 해임건의안을 9월 29일 본회의에 제출하기로 결정했다.

박홍근 민주당 원내대표는 이날 의총 모두발언에

서 "대통령실 외교·안보 라인에 제대로 된 책임을 묻지 않으면 대한민국의 외교 성과는 모래성처럼 사라질 것"이라며 "해임건의안 제출 시 3일 안에 결정해야 한다. 의원 모두가 비상한 각오로 (본회의) 표결에 임해 달라"고 당부하기도 했다.

▪국무위원 해임건의안은 헌법 제63조에 명시된 국회 권한이다. **재적 의원 3분의 1**(100명) **이상 발의와 과반**(150명) **찬성으로 의결**된다. 해임건의안은 발의 후 첫 본회의에 자동 보고되며 이로부터 24~72시간 이내 표결(무기명 투표)에 부쳐진다. 이 기간 내 표결되지 않으면 자동 폐기된다.

헌정 사상 7번째 해임건의안 국회 통과

박진 장관에 대한 해임건의안은 9월 29일 국회를 통과했다. 국회는 이날 본회의를 열어 박 장관 해임건의안을 재석 170명 가운데 찬성 168명, 반대 1명, 기권 1명으로 가결 처리했다. 장관 해임건의안 통과는 윤석열 정부 들어 처음이고, 헌정 사상 7번째다.

윤 대통령은 박 장관에 대한 해임건의안이 국회를 통과한 이튿날 "받아들이지 않는다"고 거부했다. **해임건의안은 대통령이 거부권을 행사하면 구속력이 없다. 다만 대통령은 정치적 책임에서 자유로울 수 없다.**

현행 '87년 헌법'하에서 해임건의안이 통과된 것은 모두 3번이다. 2001년 8월 김대중 정부 당시 야당이었던 한나라당은 임동원 통일부 장관에 대한 해임건의안을, 2003년 8월엔 김두관 행정자치부 장관 해임건의안을 각각 발의해 통과시켰다.

당시 두 장관은 각각 자진사퇴 형식으로 물러났다. 2016년 9월에는 야당이던 민주당이 박근혜 정부의 김재수 농림축산식품부 장관 해임건의안을 발의해 가결했으나 대통령의 거부권 행사로 무위로 돌아갔다.

▪국무위원 (國務委員)
국무위원은 국정에 관하여 대통령을 보좌하며, 국무회의의 구성원으로서 국정을 심의하는 사람들을 말한다. 국무위원은 대부분 행정 각부 장에 임명되어 있으며, 15인 이상 30인 이하로 구성된다. 국무위원은 국무회의 소집을 요구하고, 국무회의에 의안을 제출하며, 국무회의에 출석·발언하고, 그 심의에 참가할 권한과 의무가 있다. 국무위원은 대통령이 자유로이 해임할 수 있으며, 국무총리는 대통령에게 국무위원 해임을 건의할 수 있다. 또한 국회는 국무총리 또는 국무위원의 해임을 대통령에게 건의할 수 있으며, 해임건의는 국회 재적 의원 3분의 1 이상의 발의에 의하여 국회 재적의원 과반수의 찬성이 있어야 한다.

'청와대 개방 사업' 91% 수의계약... 투명성 저해 우려

▲ 청와대 개방

청와대 개방과 관련해 정부와 업체 간에 맺어진 계약 가운데 91%가 **수의계약**(隨意契約 : 도급이나 매매, 대차 등을 계약할 때 경매나 입찰의 방법에 따르지 않고 상대방을 임의로 선택해 맺는 계약)으로 진행된 것으로 나타났다. 국가와 기업의 투명한 계약관계를 확립하기 위해 시행된 현행 '국가계약법'의 취지가 무색해졌다는 지적이 나오고 있다.

9월 28일 국회 문화체육관광위원회 소속 더불어민주당 전재수 의원이 문화체육관광부·문화재청에서 제출받은 자료에 따르면 지난 4월부터 청와대 개방을 목적으로 체결된 계약 22건 중 20건이 수의계약이었다.

수의계약에 지출된 예산은 총 50억3900만원이다. 이는 전체 계약금액 71억9700만원 가운데 70%에 달한다. 전체 수의계약 금액 중 95%는 국가계약법 시행령상 '천재지변, 감염병 예방 및 확산 방지, 작전상의 병력 이동, 긴급한 행사, 비상재해 등'을 예외적인 수의계약 사유로 인정하는 조항을 근거로 체결됐다.

특히 이 같은 긴급한 사유로 수의계약을 맺을 경우 1인 업체에 대한 견적서만으로 계약 체결이 가능해 업체 선정의 공정성과 투명성이 저해되는 문제가 있다는 지적이 나온다. 아울러 실제 수의계약 사업 중에는 계약일 이전에 과업에 착수하는 등 계약 질서 위반 소지가 있는 행위도 발견됐다고 전 의원은 밝혔다.

전 의원은 "청와대 졸속 개방이 졸속 계약과 집행으로 이어지고 있다"며 "그간 청와대 개방과 활용을 위해 집행된 예산이 적법하게 쓰였는지, 내년도 예산은 적절하게 편성된 것인지 꼼꼼하게 짚어볼 필요가 있다"고 지적했다.

한편, 현 정부 들어 대통령 관저 리모델링과 대통령실 공사 등 수의계약을 둘러싼 논란이 잇따르고 있다. 현행 국가계약법은 국가를 당사자로 하는 계약은 원칙적으로 일반 경쟁에 부쳐야 하고, 계약의 목적과 성질 등을 고려해 필요하다고 인정되면 대통령이 정하는 바에 따라 수의계약을 체결할 수 있도록 제한을 두고 있다.

➕ 영빈관 신축 논란

대통령실이 878억6300만원을 들여 영빈관을 건립하겠다는 계획을 철회했다. 880억원에 달하는 예산이 타당한지와 더불어 영빈관 신축사업의 예산 심사 기간이 단 사흘에 불과했다는 사실이 밝혀지면서 논란은 재점화되었다.

국회 기획재정위원회 소속 고용진 더불어민주당 의원에 따르면 대통령실은 8월 19일 영빈관 신축을 위한 국유재산관리기금 사업계획안을 기획재정부에 송부했다. 국유재산관리기금은 행정 목적상 필요하지 않게 된 토지·건물 등 국유재산 매각을 통해 재원을 마련해 청사나 관사 등 공용재산을 취득하는 기획재정부 소관 공공기금이다.

국가재정법에 따르면 중앙관서가 공용재산 취득 비용을 기금에 편성하기 위해서는 매년 3월 31일까지 기금사무청(기획재정부 기금 관리 부서)에 공유재산 취득계획안을 작성해 제출해야 한다. 하지만 올해 국유재산관리기금에 포함된 영빈관 신축 사업비는 이 같은 절차가 제대로 준수되지 않았다는 지적이 제기됐다.

영빈관 신축 논란이 이어지면서 윤석열 대통령 지지율이 한 주 만에 다시 20%대로 떨어졌다는 여론조사 결과가 9월 23일 나왔다.

여야 국회 대표연설 "MBC, 국기문란 보도"–"기본사회 건설"

정진석 국민의힘 비상대책위원장이 국회 교섭단체 대표연설에서 문화방송(MBC)의 윤석열 대통령 '비속어 논란' 최초 보도와 관련해 "국기문란 보도를 자행했다"고 주장했다. 교섭단체 정당을 대표해 국회 본회의장에서 한 연설에서 특정 언론사를 지목해 고강도 비난을 가한 것은 이례적이라는 평가가 나온다.

정 위원장은 9월 29일 국회 본회의장에서 한 정기국회 교섭단체 대표연설에서 "대통령은 치열한 외교 전쟁터에서 나라의 미래를 걸고 분투하고 있는데, 다른 나라도 아닌 우리나라 언론사가 국기문란 보도를 자행하고 있다"고 주장했다.

정 위원장은 "MBC는 **대통령이 하지도 않은 발언을 한 것처럼 자막을 조작하여 방송**하고, 자신들의 조작 보도를 근거로 미국 백악관에 이메일까지 보내고, 백악관의 답변마저 또다시 왜곡해서 내보내며, 한미동맹을 훼손하려 시도하고 있다"고 주장했다.

그는 "대한민국 언론이 맞는지 묻고 싶다. 저 역시 오랫동안 언론에 몸을 담았지만, 언론의 기본 윤리와 애국심마저 내팽개친 망국적 행태가 아닐 수 없다"며 "지금이라도 MBC는 잘못된 보도를 바로잡고 국민 앞에 석고대죄해야 한다"고 했다.

이재명, 민주당 핵심 비전으로 '기본사회' 제시

한편, 이재명 더불어민주당 대표는 전날 국회 교섭단체 대표 연설에서 "우리의 미래는 최소한의 삶을 지원받는 사회가 아니라, 기본적 삶을 보장받는 '기본사회'여야 한다고 믿는다"며 자신의 트레이드 마크인 **'기본사회'를 민주당의 핵심 비전으로 제시**했다.

이 대표는 9월 28일 국회에서 가진 교섭단체 대표 연설에서 '기본사회'를 핵심 키워드로 내세웠다. 이 대표는 "이제 산업화 30년, 민주화 30년을 넘어 기본사회 30년을 준비할 때"라며 **"소득·주거·금융 등 모든 영역에서 국민의 기본적 삶이 보장되도록 사회시스템을 바꿔가야 한다"**고 밝혔다. 이 대표는 여당을 향해 "국민의힘 정강정책 제1조 1항에도 기본소득을 명시했다"며 "국민의힘도 머리를 맞대 달라"고 말했다.

이 대표는 또 윤석열 정부가 초대기업 법인세 인하와 주식양도소득세 비과세 기준 상향(10억 원→100억 원), 3주택 이상 종합부동산세 누진제 폐지를 추진하면서 지역화폐 예산과 공공주택예산 등을 삭감한 것 등을 두고 "민주당이 최선을 다해 막을 것"이라고 밝혔다.

이어 민생정책으로 ▲불법사채무효법 및 이자폭리방지법 ▲태풍·집중호우로 인한 피해 지원 확대 ▲납품단가연동제 등을 실현하겠다고 밝혔다. 이 대표는 2024년 총선과 함께 국민투표로 개헌을 하자며 이를 위해 국회에 '헌법개정특위'를 설치하자고도 제안했다.

▌교섭단체 구성현황 (2022년 10월 기준)

구분	교섭단체	정당	지역구	비례대표	계	비고(%)
1		더불어민주당	154	15	169	56.52
2		국민의힘	93	22	115	38.46
3	비교섭단체	정의당	1	5	6	2.01
4		기본소득당	0	1	1	0.33
5		시대전환	0	1	1	0.33
6		무소속	4	3	7	2.34
7	합계		252	47	299	100

윤 정부 첫 국정감사 첫날부터 각 상임위 파행 속출

윤석열 정부의 첫 국정감사가 10월 4일부터 시작된 가운데 국회 각 상임위원회에서는 여야의 팽팽한 대치가 이어지며 파행이 속출했다. 첫날 국회 외교통일위원회에서는 **박진 외교부 장관 해임건의안**을 놓고 여야가 난타전을 벌이다가 개의 30분 만에 정회했다.

법제사법위원회에서는 감사원의 **서해 공무원 피격 사건에 대한 문재인 전 대통령 서면조사 요구**에 반발해 더불어민주당이 피켓 시위를 벌였고 국민의힘도 피켓 시위로 맞불을 놓으며 53분간 개의가 지체됐다.

행정안전부 등에 대한 국감이 진행된 행정안전위원회에서는 **윤석열 대통령의 비속어 논란** 동영상이 상영됐다. 이형석 민주당 의원이 영상을 틀며 이상민 행안부 장관에게 "바이든으로 들리냐 아니면 날리면으로 들리냐"고 묻자 이상민 행안부 장관은 "명확하게 안 들린다"고 답을 피했다.

행안위에서는 이해식 민주당 의원이 이 장관에게 "윤석열 정부가 거짓말로 너무 일관한다"고 말한 발언에 대해 이만희 국민의힘 의원이 이채익 행

안위원장에게 "엄격한 주의를 시켜야 한다"고 촉구하자 김교흥 민주당 의원이 "발언 통제"라고 반발하면서 고성이 오갔다.

국방위원회의 국방부 국감에서는 이재명 민주당 대표가 **"대통령실 이전에 따른 비용이 1조원**이라고 하는데 그 돈을 방위력 개선에 쓰는 게 낫다"며 "역사가 평가할 것이다. 자식들에게 부끄러운 줄 알라"고 이종섭 국방부 장관에게 독설을 날렸다.

교육위원회의 교육부 국정감사에서는 윤석열 대통령 배우자 **김건희 여사 논문 표절 의혹**과 관련해 민주당의 일방적인 증인 채택에 반발하는 국민의힘과 주요 증인들의 불출석에 반발하는 민주당이 추돌했다.

정무위 국감에서는 윤창현 국민의힘 의원이 이스타항공 채용 비리에 한명숙 전 국무총리와 이원욱·양기대 민주당 의원이 연루됐다는 의혹을 제기하면서 공방이 벌어졌다.

▎국회 위원회 현황

구분	위원회
상임위원회 및 상설특별위원회	▲국회운영위원회 ▲법제사법위원회 ▲정무위원회 ▲기획재정위원회 ▲교육위원회 ▲과학기술정보방송통신위원회 ▲외교통일위원회 ▲국방위원회 ▲행정안전위원회 ▲문화체육관광위원회 ▲농림축산식품해양수산위원회 ▲산업통상자원중소벤처기업위원회 ▲보건복지위원회 ▲환경노동위원회 ▲국토교통위원회 ▲정보위원회 ▲여성가족위원회 ▲예산결산특별위원회
특별위원회	▲민생경제안정특별위원회 ▲인사청문특별위원회 ▲윤리특별위원회 ▲언론·미디어제도개선특별위원회 ▲정치개혁특별위원회 ▲국회2030부산세계박람회유치지원특별위원회

국토부 심야택시 콜비 최대 5000원으로 인상

정부가 심야시간(오후 11시~오전 3시) 택시난으로 인한 국민 불편을 해소하기 위해 현행 최대 3000원인 호출료를 5000원까지 올리는 방안을 10월 중순부터 수도권에 시범 적용하기로 했다. 승객이 호출료를 낼 시 목적지를 표시하지 않거나 강제 배차해 단거리 콜을 택시기사가 걸러낼 수 없도록 한다.

국토교통부는 10월 4일 정부서울청사에서 이 같은 내용이 담긴 '심야 택시난 완화 대책'을 발표했다. 대책의 초점은 택시기사들이 야간 운행에 나서도록 유도해 부족한 심야 택시를 늘리고, 배달·택배업으로 이탈해 줄어든 택시기사 수를 되돌리는 데 있다.

이를 위해 우선 **현행 최대 3000원인 택시 호출료를 카카오T블루·마카롱택시 같은 가맹택시는 최대 5000원, 카카오T·우티(UT) 같은 중개택시는 최대 4000원으로 인상**한다.

호출료는 수요가 많은 시간대·지역일수록 높아지며 탄력적으로 조정된다. 승객이 호출료를 내

고 택시를 부를 것인지를 선택할 수 있으며 무료 호출은 그대로 이용할 수 있다. 호출료를 낸 승객의 목적지는 택시기사가 알 수 없도록 해 호출 거부를 방지하고, 목적지가 표기되는 가맹택시의 경우 강제 배차한다. 탄력호출료는 10월 중순부터 시작해 연말까지 순차적으로 수도권에서 시범 적용된다.

또 택시기사들이 원한다면 수익이 높은 심야시간대만 일할 수 있는 파트타임 근무를 도입한다. 택시 운전 자격을 갖춘 기사가 운휴 중인 법인택시를 금·토요일 심야 등 원하는 시간대에 아르바이트 방식으로 몰 수 있도록 하는 방안이다.

택시회사에 취업할 때 거쳐야 하는 절차는 간소화한다. 택시기사 지원자가 범죄경력 조회 등 필요한 절차를 이행하면, 즉시 취업해 일하면서 정식 택시기사 자격을 딸 수 있도록 허용한다.

1973년 유류 절약과 운전자 과로 방지 등을 위해 도입된 택시부제는 50년 만에 전면 해제된다. 현재 택시는 차량번호 끝자리에 따라 조를 나눠 조별로 운행할 수 없는 날이 정해져 있다. 서울의 경우 이틀 일하고 하루 쉬는 3부제인데, 이 규제를 풀어 전반적 택시 공급량을 늘리자는 것이다.

심야시간에 한정한 법인택시 리스제와 전액관리제(월급제) 등 택시 운영 형태 개선을 검토하고 타다·우버 모델 활성화에 나서기로 했다. 원희룡 국토부 장관은 "최저생계 수준에도 못 미치는 택시기사의 처우 개선이 필요하다"며 "심야 호출료는 대부분이 기사들에게 배분되도록 함으로써 열악한 임금수준이 개선될 것으로 기대한다"고 밝혔다.

▌ 택시 운송사업의 종류

구분	기준
경형택시	• 배기량 1000CC 미만의 승용자동차(승차정원 5인승 이하의 것만 해당) • 길이 3.6m 이하이면서 너비 1.6m 이하인 승용자동차(승차정원 5인승 이하의 것만 해당)
소형택시	• 배기량 1600CC 미만의 승용자동차(승차정원 5인승 이하의 것만 해당) • 길이 4.7m 이하이면서 너비 1.7m 이하인 승용자동차(승차정원 5인승 이하의 것만 해당)
중형택시	• 배기량 1600CC 이상의 승용자동차(승차정원 5인승 이하의 것만 해당) • 길이 4.7m 초과이면서 너비 1.7m 초과인 승용자동차(승차정원 5인승 이하의 것만 해당)
대형택시	• 배기량 2000CC 이상인 승용자동차(승차정원 6인승 이상 10인승 이하의 것만 해당) • 배기량 2000CC 이상이고 승차정원이 13인승 이하인 승합자동차
모범형택시	• 배기량 1900CC 이상의 승용자동차(승차정원 5인승 이하의 것만 해당)를 사용하는 택시 운송사업
고급형택시	• 배기량 2800CC 이상의 승용자동차를 사용하는 택시운송사업

▲ 문재인 전 대통령

문 전 대통령, 감사원 서면조사 통보에 격앙

▪**감사원**이 서해 공무원 피격 사건과 관련해 지난 9월 문재인 전 대통령에게 이메일과 전화를 통해 서면조사를 통보한 것으로 10월 2일 알려졌다. 윤석열 정부가 출범한 이후 문 전 대통령을 직접 조사하겠다고 나선 것은 이번이 처음이다.

문 전 대통령은 감사원의 서면조사 요구에 "대단히 무례한 짓"이라고 격앙된 반응을 보이고 조사에 응하지 않겠다는 뜻을 전한 것으로 알려졌다. 감사원은 2020년 9월 서해에서 표류하다가 북한

군 총격에 숨지고 시신이 불태워진 해양수산부 공무원 이대준 씨에 대해 문재인 정부가 "이 씨가 월북 시도를 했다"고 단정한 경위에 대해 사실관계를 파악하겠다는 취지다.

더불어민주당은 "감사원의 서면조사 통보는 윤석열 정부 출범 이후 벌여왔던 모든 소란의 종착지가 문 전 대통령임을 노골적으로 드러낸 것"이라며 "감사원의 감사권 남용에 대해 직권남용으로 공수처에 고발하겠다"고 밝혔다. 민주당은 "**문 전 대통령이 서해 사건과 연관돼 있다는 인상을 심어주고 전임 대통령을 모욕주려는 마음**만 급했던 것"이라고 비판했다.

국민의힘은 민주당이 과민반응을 보이고 있다고 지적했다. 국민의힘은 "누구라도 **법 앞에 평등하게 감사원 조사와 수사를 받는 것이 법치주의와 민주주의의 기본 원칙**"이라며 "역대 대통령 누구도 검경 수사를 피하지 않았고 노태우·김영삼 전 대통령도 감사원 서면 조사에 응한 바 있다"고 꼬집었다.

한편, 감사원 측은 논란 끝에 문 전 대통령에 대한 서면 조사가 실익이 없다고 판단하고 진행하지 않기로 했다. 대신 감사원은 중간 감사 결과

발표 때 문 전 대통령에 대한 조사 필요성을 보고서에 명시하기로 했다.

■ **감사원 (監査院)**

감사원은 국가의 세입·세출의 결산, 국가 및 법률이 정한 단체의 회계검사와 행정기관 및 공무원의 직무에 관한 감찰을 하기 위하여 설립된 헌법기관이다. 헌법에는 명문의 규정이 없으나, 감사원법 제52조는 여느 헌법기관과 마찬가지로 감사원에도 규칙 제정권을 인정하고 있다. 대통령 직속의 합의제 감사기관이지만, 헌법해석상 대통령은 감사원에 일절 관여하지 못하게 되어 있다. 즉 직무와 기능면에서 독립적으로 활동하며, 국무총리뿐만 아니라 대통령도 지휘·감독할 수 없다. 중앙선거관리위원회나 군 기관 소속 공무원을 대상으로 감찰을 할 수 있으나, 국회, 법원, 헌법재판소 등에 소속된 공무원을 대상으로는 감찰을 할 수 없다. 이외에도 국무총리가 기밀사항이라고 소명하는 사항이나 국방부 장관이 군 기밀이거나 작전에 현저한 지장을 준다고 소명하는 사항에 대해서는 감사할 수 없다(감사원법 제24조 제4항).

김정숙 여사 인도 방문, 혈세 관광 의혹 논란

▲ 인도 타지마할

문재인 정부 시기 문재인 전 대통령 부인 김정숙 여사가 전용기를 타고 혼자 인도를 방문해 논란이 됐던 것과 관련, 해당 방문은 당시 청와대 발표와 달리 한국 측이 먼저 인도에 요청했던 것으로 뒤늦게 밝혀졌다.

배현진 국민의힘 의원이 10월 5일 공개한 2018년 9월 외교부 문서와 당시 외교부 담당자의 증언 등에 따르면, 인도 관광차관이 원래 초청한 대상은 도종환 당시 문화체육관광부 장관이었다. 그런데 다음 달인 10월 우리 외교부가 인도 측에 '영부인이 함께 가는 방안을 검토 중'이라는 메시지를 전달했다. 그러자 인도 측이 김 여사를 초청한다는 내용의 인도 총리 명의 초청장을 보내왔다는 것이다.

이후 전용기 비용 2억5000만원을 포함한 김 여사 순방 관련 예산 4억원이 신속하게 배정됐다. 문화체육관광부는 기재부에 대표단 출장 ■**예비비** 4억원을 신청했는데, 하루 만에 국무회의에서 의결되고 신청 사흘 만에 예비비가 배정됐다.

국민의힘은 이를 두고 '혈세 관광', '버킷리스트 외교'로 규정하고 비판했다. 김미애 국민의힘 원내대변인은 "김정숙 여사의 (인도) 타지마할 관광이야말로 국익 외교를 사적 관광 외유로 전락시킨 '외교 참사'"라고 말했다.

이날 열린 국회 문화체육관광위원회 국정감사에서도 국민의힘 배현진 의원은 "(문체부가) 기획재정부에 예비비를 신청할 때 타지마할은 빠졌고, 문체부의 출장 결과보고서에도 타지마할 일정은 없었다"며 "이 점은 문체부의 자체 감사를 요청한다. 자체 감사를 통해 김 여사 등이 국부를 사적으로 유용한 경우가 있으면 적법한 사법절차를 밟아달라"고 요구했다.

윤영찬 더불어민주당 의원은 10월 12일 "인도가 (당시) 문 대통령을 디왈리 행사에 초청했지만 일정 탓에 방문이 어렵게 되자 김 여사 참석으로 계획이 조정된 것"이라며 "정부 외교정책을 위한 대통령 배우자의 공무 수행을 '여행'이니 '버킷리스트'니 폄하하는 여당의 자신 없음이 안타깝다"고 말했다.

■ 예비비 (豫備費)

예비비는 예측할 수 없는 예산 외의 지출 또는 예산을 초과하는 비용을 충당하기 위해 편성하는 금액이다. 국가재정법 제22조에 따르면 정부는 일반회계 예산 총액의 1% 이내의 금액을 예비비로 편성할 수 있다. 국가재정법은 예비비를 성질에 따라 일반예비비와 목적예비비로 구분한다. 일반예비비는 새로운 정책 수요나 예기치 못한 사건, 목적예비비는 재해대책이나 환차손 보전 등에 충당한다.

법원, 이준석 가처분 기각·정진석 비대위 효력 인정

▲ 이준석 전 국민의힘 대표

이준석 전 국민의힘 대표가 당 비대위의 효력을 정지해달라며 낸 가처분 신청을 법원이 받아들이지 않았다.

서울남부지법 민사합의51부는 이준석 전 대표가 '정진석 비상대책위원위' 효력을 정지해달라며 국민의힘과 정진석 비대위원장 및 비대위원 6명을 상대로 낸 3~5차 가처분 신청 사건을 10월 6일 모두 각하·기각했다.

재판부는 당헌을 개정한 전국위원회 의결 효력 정지를 구하는 3차 가처분 사건과 관련해 "신청의 이익이 없다"며 각하했다. 또 정진석 위원장 직무집행정지를 구하는 4차 가처분 사건에 대해서는 채무자 국민의힘에 대한 신청은 채무자 적격이 없다며 각하했고, 정 위원장에 대한 신청은 "개정 당헌에 따른 전국위 의결에 실체적, 절차적 하자가 있다고 보기 어렵다"며 기각했다.

비대위원 6명에 대한 직무집행정지를 신청한 5차 가처분 사건에 대해서도 국민의힘에 대한 신청은 각하, 비대위원에 대한 신청은 "개정 당헌에 따른 상임전국위 의결에 실체적, 절차적 하자가 있다고 보기 어렵다"며 기각했다.

법원이 10월 6일 이준석 전 국민의힘 대표가 '정진석 비대위'를 상대로 신청한 직무정지 가처분을 기각하면서 이 전 대표가 대표로 복귀할 가능성은 닫혔다. 이 전 대표는 당장 **2023년 2월로 예상되는 전당대회에서 출마가 여의치 않은 상황이기 때문에 다른 후보를 지원할 것이란** 관측이 나온다. 친윤석열계 일각에선 이 전 대표가 탈당 후 신당을 창당할 것으로 전망하기도 했다.

친윤석열계에선 이 전 대표 탈당 후 신당 창당설을 제기한다. 2024년 총선 전에 신당을 띄우고 수도권과 청년층 지지로 국회 입성을 노릴 것이라는 관측이다. 하지만 이 전 대표의 측근에 따르면 바른정당의 선례가 있기 때문에 창당 가능성은 제로에 가깝다는 후문이다.

이 가운데 경찰은 성접대 의혹을 받고 있는 이 전 대표의 ▪무고죄 혐의에 대해 기소 의견으로 검찰에 송치하기로 결정했다. 이 전 대표가 극구 부인해온 성접대 의혹에 대해 실체가 있다고 사실상 인정한 것으로 이 대표는 차기 전당대회 출마가 불가능해진 데 이어 도덕성과 이미지에 치명타까지 입어 정치생명이 위태롭게 됐다.

▪ 무고죄 (誣告罪)
무고죄는 다른 사람이 형사처벌이나 징계를 받게 할 목적으로 그 사람에 대한 허위사실을 고소나 고발, 서면이나 구두, 투서 등의 방법으로 검찰이나 경찰에 신고하는 것을 말한다. 무고죄를 범한 자는 10년 이하의 징역 또는 1500만원 이하의 벌금에 처한다.

대통령 세종 집무실, 4593억 투입해 靑 규모 건립 추진

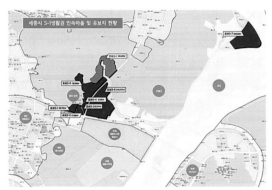

▲ 대통령 세종집무실 건립 예정지 위치도 (자료 : 세종시)

▪행정중심복합도시건설청(행복청)이 세종특별시 대통령 제2집무실 건립에 4593억원의 사업비를 제시한 것으로 나타났다. 국회 국토교통위원회

소속 김두관 더불어민주당 의원이 10월 5일 행복청으로부터 제출받은 2023년도 예산안 및 기금 운영계획안에 따르면 행복청은 대통령 제2집무실 건립 총사업비로 4593억원이 소요될 것이라고 밝혔다.

행복청은 대통령 제2집무실을 청와대와 같은 규모로 건립하는 것을 전제로 사업비를 산출했다. 대통령 관저와 집무공간이 위치한 청와대 본관, **외빈을 접견하는 영빈관과 상춘재, 직원 사무공간인 여민관**, 경호시설 등 기존 청와대 건물 연면적 7만6193m²를 적용했다.

이 경우, 공사비 2129억원, 부지비 2245억원과 설계비 135억원 등을 합해 총사업비 4593억원이 소요될 것으로 내다봤다. 다만 군과 경찰, 경호처 등이 사용할 경외경비시설 공간 등에 대한 사업비는 포함되지 않아 추가 검토가 필요하다고 밝혔다.

행복청은 2023년도 하반기 설계 작업에 착수해 2027년에 제2집무실을 완공한다는 계획을 세운 것으로 알려졌다. 이를 위해 2023년도 예산안에 반영한 기본계획 수립 연구비 1억원을 41억원으로 증액해달라고 국회에 요청한 상태인 것으로 전해졌다.

세종시 제2집무실 건립은 윤석열 대통령의 대선 공약이다. 지난 6월 여야 합의로 국회를 통과한 행정중심복합도시 건설 특별법 개정안에 따라 법적 근거도 마련된 상태다.

이에 대해 김 의원은 "윤석열 정부는 국가균형발전을 위해 청와대 수준의 대통령 제2집무실을 지을 계획이 있음에도 용산 이전에 무리한 예산을 쏟았다"며 "불필요한 예산이 낭비되지 않도록 2023년 예산을 전반적으로 면밀히 감시하겠다"고 했다.

한편 행복청은 이러한 주장에 대해 "행복도시 세종시에 건립 예정인 대통령 제2집무실의 기능 및 규모는 아직 확정되지 않았다"며 "'기존 청와대 규모로 짓는다'는 보도는 사실과 다름을 분명히 한다"는 입장을 전했다.

■ 행정중심복합도시건설청 (行政中心複合都市建設廳)

행정중심복합도시건설청은 행정중심복합도시 건설 사업을 위해 설치된 국토교통부장관 소속 중앙행정기관이다. 행정중심복합도시 건설 예정 지역에서의 행위 허가 및 도시계획 수립, 건축법에 의한 사무 등을 관장한다. 또한 개발계획에 따라 지구단위 계획과 조성토지의 공급계획을 승인하고 준공검사를 담당하며, 그 밖에 주변지역의 지원 사업 계획을 수립하고 관련 특별회계의 관리·운영을 맡고 있다.

한동훈, 유튜브 언론사 스토킹처벌법 위반 혐의로 고소

▲ 한동훈 법무부 장관

한동훈 법무부 장관이 10월 6일 유튜브 언론사 '시민언론 더탐사'가 자신을 미행하다 ■스토킹처벌법 위반 혐의로 고소당한 사건에 대해 "제가 이상한 술집이라도 가는 걸 바랐겠죠"라고 말했다. '더탐사'는 한 장관을 피의사실공표 혐의로 맞고소할 예정이다.

한 장관은 자신을 한 달 동안 미행한 인물을 9월 28일 스토킹처벌법 위반 혐의로 고소했다. 경찰은 폐쇄회로(CC)TV 분석을 통해 '더탐사' 관계자를 피의자로 특정하고 '100m 이내 접근금지' 등의 긴급응급조치를 한 뒤 사건을 수사 중이다.

한 장관은 이재명 더불어민주당 대표에 대한 검찰 수사가 편향적이라는 민주당 주장에 대해선 "범죄 수사를 받는 사람이 방어권 차원에서 여러 이야기를 하는 것은 늘 있던 일"이라며 "다른 국민과 똑같이 대한민국 사법 시스템 절차 내에서 (수사에) 응하면 될 것"이라고 했다.

한 장관은 "그 사건들은 지난 정부의 소위 '적폐 수사' 당시와는 달리 청와대에 있는 캐비닛을 뒤져서 발표한다든가 이런 식으로 새로 발굴된 내용들이 아니다"라며 "상당수는 민주당의 당내 경선 과정에서 불거져 지난 정부부터 오래 이어져 온 내용인 점을 감안하면 보복이나 표적 수사 프레임 자체가 성립되지 않는다"고 했다.

최강욱 민주당 의원이 최근 1심 법원에서 '검언유착' 의혹에 연루된 전직 채널A 기자의 명예를 훼손한 혐의에 대해 무죄를 선고받은 것과 관련해선 "제가 실질적인 피해자"라며 "판결문조차 그분이 명백한 허위사실을 유포했다고 명시했는데 그분은 왜 허위사실을 만들어 유포했는지 답하고 계시지 않다"고 했다.

■ 스토킹처벌법

스토킹처벌법이란 스토킹 범죄의 처벌 및 그 절차에 관한 특례와 스토킹 범죄 피해자에 대한 보호절차를 규정한 법을 말한다. 정식 명칭은 '스토킹 범죄의 처벌 등에 관한 법률'이다. 1999년에 처음 발의됐으나, 2021년 3월 마침내 국회를 통과해 2021년 10월 21일 시행됐다. 이 법률에서 '스토킹행위'

란 상대방의 의사에 반해 정당한 이유 없이 상대방 또는 그의 동거인, 가족에 대해 접근하거나 지켜보기, 우편이나 정보통신망을 이용해 글·말·부호·음향·그림·영상·화상을 도달하게 하는 행위, 물건 등을 도달하게 하거나 주거 등 부근에 물건 등을 훼손하는 행위를 해 상대방에게 불안감 또는 공포심을 일으키는 것을 말한다. 경찰은 진행 중인 스토킹행위에 대해 신고를 받은 경우 즉시 현장에 나가 응급조치를 하거나 긴급응급조치를 시행할 수 있다.

'국정농단' 최서원, 복역 중 악플 고소장 1500여개 접수

▲ 국정농단 주범 최서원 씨

박근혜 정부의 국정농단 사태 주범인 최서원(개명 전 최순실) 씨가 총 1500여 건의 고소장을 접수했다. 최 씨의 무더기 고소로 일선 경찰의 수사 적체가 우려된다.

10월 6일 경찰에 따르면 최 씨는 9월 말 서울 수서·송파·중랑경찰서에 각각 500여 건의 고소장을 접수했다. 동작·강남경찰서에도 자신 명의의 고소장을 다수 접수했다. 최 씨의 고소와 관련해 경찰이 자세한 내용을 확인해주지는 않았으나, 알려진 고소장만 1500여 건이다.

최 씨는 국정농단 수사 및 재판이 한창이던 2017~2018년 사이 나온 기사에 악플을 단 사람들을 모욕 등의 혐의로 고소했다. 고소장을 접수한 경찰은 피고소인들의 범죄 성립 여부를 검토하는 한편, 공소시효 만료 여부도 확인할 방침이다. 형법상 모욕죄의 공소시효는 5년이다.

최 씨의 무더기 고소로 일선 경찰 사이에선 수사 적체에 대한 우려가 나온다. 경찰 측은 "대량 고소는 국가적으로 인력 소모가 클 뿐 아니라, 다른 수사에도 지장을 준다"고 말했다. 악플러 1명씩 1건의 별개 사건으로 처리해야 하기 때문에 수사가 마비될 수 있다는 설명이다.

더욱이 범죄자에 대한 모욕을 형사처벌한 전례가 거의 없어 무더기 고소의 실효성도 장담할 수 없는 게 현실이라고 전문가들은 지적했다. 2017년 국정농단 사건으로 재판에 넘겨진 최 씨는 2020년 대법원에서 징역 18년에 벌금 200억원, 추징금 63억3676만원이 확정됐다. 현재는 청주여자교도소에서 복역 중이다.

➕ 박근혜-최순실 게이트

박근혜-최순실 게이트는 2016년 10월 박근혜 당시 대통령의 비선 실세인 최순실(최서원)이 국정에 개입했다는 의혹이 제기되면서 시작돼 박 전 대통령의 탄핵과 구속으로 이어진 일련의 사건을 일컫는 말이다. 최순실은 박근혜 정부 국정 개입은 물론 미르재단·K스포츠재단 설립에 대기업의 출연 강요, 딸인 정유라의 이화여대 입학 특혜 의혹 등을 받았다. 한편, 최순실은 박 전 대통령의 멘토로 알려진 고(故) 최태민 목사의 딸로, 육영재단 일을 도우며 박 전 대통령과 친분을 쌓은 것으로 알려졌다.

분야별 최신상식

경제 산업

파운드화 사상 최저 추락... 글로벌 충격파 확산

■ **빅스텝 (big step)**
빅스텝은 사전적으로 '큰 발전'을 뜻하지만 경제 분야에서는 미국 중앙은행인 연방준비제도(Fed·연준)가 기준금리를 0.50% 인상하는 것을 의미한다. 0.50%가 빅스텝의 기준이 되는 까닭은 미국이 보통 기준금리를 조정할 때는 1987년부터 2006년까지 연준 의장을 지낸 앨런 그린스펀의 베이비스텝(baby step) 원칙을 따라 0.25%씩 조정했기 때문이다.

영국 감세 정책 여파 확산

영국 파운드화 가치가 사상 최저치로 추락하는 '파운드화 쇼크'가 아시아와 유럽에 이어 미국 뉴욕 증시까지 덮치며 글로벌 금융시장이 흔들렸다. 9월 26일(이하 현지시간) 영국 파운드화의 미국 달러 대비 환율은 약 5% 떨어지며 한때 사상 최저 수준인 1.03달러로 추락했다가 9월 27일 상승하며 진정됐다. 이전 최저치는 1985년 2월 26일의 1.05달러였다.

영국은 앞서 9월 23일 50년 만에 세금을 최대 감면하는 감세안을 발표했다. 연소득 15만 파운드 이상에 대한 소득세율 45%를 없애는 방안이 핵심이었다. 하지만 물가가 40년 만에 최고치로 치솟아 영국 중앙은행(BOE)이 **■빅스텝**을 단행하며 긴축 재정에 들어간 와중에 사실상 시중에 돈을 푸는 모순적인 감세안이 나오자 시장은 불안감에 빠졌다.

세수가 감소하면 재정난이 심각해지고 영국 국가 부채가 상환 불능 위기에 빠질 수 있다는 관측이 나오며 투자자들은 파운드화를 투매했다. 이로 인해 영국 파운드화 급락이 영국 부채 위기는 물론 달러 초강세를 뜻하는 **■킹달러** 현상을 더욱 부추겼고 이 때문에 세계 무역 위축 공포도 글로벌 시장

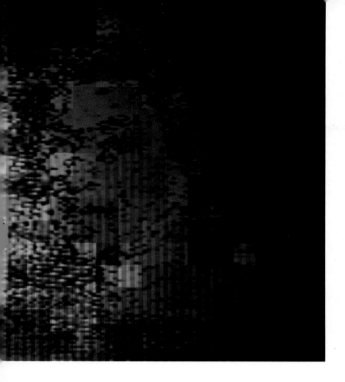

의 불안감을 키웠다. 미국 증시가 출렁이고 미 국채 금리가 급등했으며 국제 원자잿값은 급락했다.

파운드화 급락에 英 백기...감세정책 철회

리즈 트러스 영국 내각은 파운드화 급락과 글로벌 금융시장 혼란을 촉발한 **대규모 감세 정책을 발표 열흘 만에 전격 철회**했다. 철회 직후 파운드화 가치는 약간 올랐지만 인플레이션과 국가 부채가 언제든 영국발(發) 위기를 부를 수 있다는 우려가 나온다.

쿼지 콰텡 영국 재무장관은 10월 3일 트위터에 성명을 올려 "우리는 (소득세) 45% 세율 폐지안을 추진하지 않기로 했다"며 "(현 상황을) 이해했고 경청했다"고 밝혔다. 콰텡 장관은 "기업을 지원하고 저소득층 세(稅) 부담을 감면하는 성장 계획은 더 번영하는 경제를 위한 새로운 접근법이었다"면서도 "45% 세율 폐지안으로 영국이 직면한 도전 극복을 위한 우리 임무가 산만해졌다"고 말했다.

대처리즘과 작은 정부, 신자유주의 경제 정책을 지향하는 트러스 총리 내각은 지난 9월 23일 연간 소득 15만파운드(약 1억5000만원) 이상 고소득자를 대상으로 한 기존 소득세 최고세율 45% 철폐를 추진하는 감세안을 발표한 바 있다.

10월 3일 감세안 철회 직후 달러화 대비 파운드화 환율은 1.1263달러로 올랐지만 다시 떨어졌다. 전주 4.6%까지 치솟은 10년 만기 영국 국채 수익률은 장중 0.07%p 하락한 4.02%까지 내렸다. 반면 영국 증시 FTSE100은 오히려 장 초반 0.8% 하락했다. 블룸버그통신은 감세안 철회만으로는 파운드화 가치 하락 우려를 잠재우기에 부족하다고 지적했다.

■ **킹달러 (king dollar)**

킹달러란 달러의 초강세 현상을 일컫는 말이다. 2022년 들어 미국의 가파른 금리 인상, 러시아-우크라이나 전쟁과 중국의 제로 코로나19 정책 등으로 인한 글로벌 경기침체 위협이 커짐에 따라 달러 가치가 급등하며 자주 사용되고 있다. 달러의 가치가 급등하는 이유는 글로벌 경기침체 우려에 따라 사람들의 안전자산 선호 현상이 일어났기 때문이다.

> **POINT** **세 줄 요약**
>
> ❶ 영국 파운드화 가치가 사상 최저치로 추락하면서, 글로벌 금융시장이 흔들렸다.
> ❷ 영국 파운드화 급락이 영국 부채 위기는 물론 달러 초강세를 뜻하는 킹달러 현상을 더욱 부추겼다.
> ❸ 리즈 트러스 영국 내각이 파운드화 급락과 글로벌 금융시장 혼란을 촉발한 대규모 감세 정책을 발표 열흘 만에 전격 철회했다.

한화그룹, 대우조선해양 인수...
2조원 유상증자 방식

한화그룹이 2조원에 대우조선해양을 인수하게 됐다. 산업은행은 9월 26일 대우조선이 한화그룹과 2조원의 ▪**유상증자** 방안을 포함한 조건부 투자합의서(MOU)를 체결했다고 밝혔다. 이번 투자합의가 계획대로 진행되면 **한화그룹은 대우조선 앞으로 2조원 규모의 유상증자를 실시**해 49.3%의 경영권 지분을 확보하게 된다. 반면 산은의 지분은 55.7%에서 28.2%로 줄어들게 된다.

다만, 한화의 대우조선 인수 확정 전까지 남은 관문은 있다. 대우조선은 한화그룹과의 투자합의서 체결 이후 한화그룹보다 유리한 조건을 제시하는 투자자의 참여 기회를 제공하기 위해 이른바 ▪**스토킹호스** 절차에 따라 지분 경쟁입찰을 진행하기로 했다. 9월 27일 경쟁입찰 공고 후 10월 17일까지 입찰 의향서를 접수한 뒤 최대 6주간 상세 실사 작업을 벌이고 경쟁입찰을 통해 최종 투자자를 선정하는 구조다.

다른 잠재 투자자가 2조원보다 더 높은 가격을 써내더라도 한화는 우선협상대상자로서 투자우선권을 행사할 수 있다. 한화 측이 해당 가격에

인수 의사를 포기한다면 해당 투자자가 그 가격에 대우조선 유상증자에 참여한다.

다만, 투자은행(IB) 업계에선 한화그룹 외 다른 대기업 계열에서 투자 의향을 추가로 타진할 가능성은 적다고 보고 있다. 방산 부문을 포함한 대우조선의 산업적 특성과 투자자금 부담, 해외 경쟁 당국의 심사, 계열사 간 시너지 효과 등을 고려할 때 현 잠재 인수 후보군이 제한적인 탓이다.

▪ **유상증자 (有償增資)**
유상증자는 기업이 추가 자본이 필요할 때 주식을 추가로 발행하는 자본 조달 방법이다. 증자 방식은 새로 발행하는 주식을 돈을 받고 파는 유상증자, 공짜로 나눠주는 무상증자로 구분된다. 유상증자를 하면 발행 주식 수와 함께 회사 자산도 늘어나, 재무구조 개선에 도움을 주나 주식 가치는 희석된다. 무상증자는 주식 수만 늘뿐 자산에 변화가 없지만, 주로 회사의 주가 관리를 위해 시행한다.

▪ **스토킹호스 (stalking horse)**
스토킹호스란 회생을 희망하는 법인이 인수 희망자를 내정하고 인수계약을 체결하는 방식을 의미한다. 스토킹호스는 원래 사냥꾼이 몸을 숨기고 사냥감에 접근하기 위해 위장한 말을 의미한다. 경쟁입찰 방식으로 인수합병(M&A)이 진행되며, 만약 내정자보다 더 좋은 조건을 제시한 입찰 희망자가 나오면 계약 대상을 바꿀 수 있다. 불확실성을 줄이는 수의계약의 장점과 매각 과정에서 공정성을 담보할 수 있는 경쟁입찰의 장점을 갖췄다.

OECD, 내년 세계 경제성장률
2.2%로 하향..."우크라 전쟁 대가"

경제협력개발기구(OECD)가 러시아의 우크라이나 침공 여파로 내년도 전 세계 경제성장률이 당초 예상보다 더 둔화될 것이라는 전망을 내놨

■ G20 (Group of 20)

G20은 선진 7개국(G7)과 유럽연합(EU) 의장국, 신흥 12개국 등 세계 주요 20개국을 회원으로 하는 국제기구다. 회원국은 미국·프랑스·영국·독일·일본·이탈리아·캐나다 등 G7과 EU 의장국에 한국·아르헨티나·오스트레일리아·브라질·중국·인도·인도네시아·멕시코·러시아·사우디아라비아·남아프리카공화국·터키 등 신흥 12개국이다. 회의의 주요 내용은 국제금융의 현안이나 선진국과 신흥시장 간의 협력체제 구축 등이다.

다. OECD는 9월 26일(현지시간) 발간한 중간 경제 전망 보고서에서 **2023년 전 세계 국내총생산(GDP) 성장률 전망치를 지난 6월 발표(2.8%)보다 0.6%p 내린 2.2%로 제시했다.**

OECD는 **"러시아의 불법적인 우크라이나 침공으로 인해 올해 세계 경제가 탄력을 잃었다"**며 "특히 유럽이 우크라이나 전쟁의 대가를 치르고 있다"고 분석했다.

주요 20개국(■**G20**) 기준 올해 성장률 전망치는 전 세계 성장률 전망치와 같이 0.6%p 떨어진 2.2%로 전망했다. 유로화를 사용하는 유로존 성장률 전망치는 1.3%p 내린 0.3%로 전망했다. 독일의 내년 경제 성장률 전망치는 마이너스(-)0.7%로 지난 6월 전망치보다 2.4%p 뒷걸음질 쳤다. 프랑스 0.6%, 이탈리아 0.4%, 유럽연합(EU)을 떠난 영국은 0%로 각각 전망했다.

주요 2개국(G2) 모두 내년 경제 성장률 전망치를 하향 조정했다. 미국은 석 달 전보다 0.7%p 내린 0.5%, 중국은 0.2%p 떨어진 4.7%를 기록할 것으로 전망했다. 지난해 4.7%였던 **러시아의 GDP 증가율은 올해 -5.5%, 내년 -4.5%로 역성장**할 것으로 전망했다.

정부 "원전은 친환경" 공식화

정부가 원자력발전을 '친환경 경제활동'에 포함하겠다고 공식 발표했다. 환경부는 원전을 포함하는 ■**한국형 녹색분류체계**(K-택소노미) 개정안을 9월 20일 공개했다. 최근 유럽연합(EU)이 까다로운 조건을 붙이긴 했지만, 원전을 녹색분류체계에 포함하면서 우리도 원전을 넣자는 목소리에 힘이 실렸다. 다만 원전은 '안전'과 '폐기물'이라는, 해결이 요원한 문제를 안고 있어 녹색분류체계 포함을 두고 논란이 계속될 전망이다.

이날 공개된 녹색분류체계 개정안을 보면 'SM-R(Small Modular Reactor : 소형원자로), 방사성폐기물을 최소화하면서 전력을 생산·공급하는 차세대 원전, ATF(Accident-Tolerant Fuel : 사고저항성핵연료), 방사성폐기물 관리, 우주·해양용 초소형 원전, 내진성능 향상 등 원전 안전성·설비신뢰도 향상 등을 위한 핵심기술 연구·개발·실증과 관련된 제반 활동'은 '녹색부문'에 포함됐다.

'전력이나 열을 생산·공급하고자 원자력을 이용하는 설비를 구축·운영하는 활동'(원전 신규건설)과 '설계수명이 만료된 원전 계속운전을 목적으로 설비를 개조하는 활동'(원전 계속운전)은 전환부문에 들어갔다. 원전 신규건설과 계속운전의 경우 '2045년까지 건설·계속운전을 허가받은 설비'에 대해서만 녹색분류체계에 포함되는 활동으로 인정한다.

원전 포함 방침은 못 바꿔
정부가 원전을 포함하는 녹색분류체계 개정안을 **발표**하면서 논쟁이 다시 커질 전망이다. 환경단체는 방사성폐기물이라는 위험하고 완전한 처리법을 못 찾은 폐기물이 나오는 원전을 포함하면 **'그린워싱'**(green washing : 친환경적이지 않으면서 친환경으로 위장하는 행위)을 막겠다는 녹색분류체계 의미가 완전히 상실된다고 주장한다.

이전 문재인 정부가 작년 녹색분류체계를 발표할 때 "사회적 합의를 통해 원전을 포함할지 검토하겠다"라고 약속한 이후 새 정부가 별다른 공론화 과정 없이 개정안을 내놨다는 비판도 나온다.

환경부는 이번에 발표한 개정안은 '초안'으로 이후 각계각층 의견을 수렴해 최종안을 마련하겠다는 입장이다. 다만 환경부는 이날 브리핑에서 '원전을 녹색분류체계에 포함한다'라는 방침은 바꿀 수 없다고 밝혔다.

결국 작년 12월 환경부가 스스로 '각계각층 의견을 수렴해 만들었다'라고 밝힌 녹색분류체계를 새 정권 눈치를 보며 9개월 만에 개정한다는 지적이 나온다.

■ 한국형 녹색분류체계 (K-Taxonomy)
한국형 녹색분류체계(K-택소노미)란 한국의 녹색경제활동을 정의하는 지침으로, 녹색경제활동에 대한 명확한 원칙과 기준을 제시해 녹색자금이 녹색기술로 유입될 수 있도록 지원하기 위해 개발됐다. 한국형 녹색분류체계는 녹색부문과 전환부문으로 나뉜다. 녹색부문은 '탄소중립과 환경개선에 기여하는 진정한 녹색경제활동'을 말하며, 전환부문 규정은 '진정한 녹색경제활동은 아니지만, 탄소중립으로 가기 위한 중간과정으로 과도기적으로 필요한 활동'을 말한다.

법원 "남양유업, 한앤코에 주식 넘겨야"

남*양유업

홍원식 남양유업 회장이 회사 매각을 둘러싼 법적 다툼에서 또다시 패배했다. 법원은 이번에도 **사모펀드** 운용사 한앤컴퍼니(한앤코)의 손을 들어줬다. 홍 회장 측은 앞선 3차례의 가처분 소송과 이번 본안 소송 1심에서 모두 패소하며 남양유업의 운영에서 손을 뗄 위기에 처했다. 서울중앙지법 민사합의30부는 9월 22일 한앤코가 홍원식 회장 일가를 상대로 건 주식양도소송에서 원고(한앤코) 승소 판결했다.

남양유업 매각을 둘러싼 법적 다툼은 지난해 4월, 일명 **'불가리스 사태'를 계기로 시작**됐다. 당시 남양유업은 "자사 제품인 불가리스가 코로나

19 예방에 효과가 있다"고 발표해 논란에 휩싸였다. 결국 창사 이래 최대 위기를 맞았고, 홍 회장은 수습을 위해 기자회견을 열고 "회장직에서 물러나는 동시에 자신과 가족이 보유한 주식 지분 전량(53%)을 한앤코에 3107억원에 넘기겠다"고 밝히며 전격 사퇴를 발표했다.

이렇게 체결한 주식매매계약을 지난해 9월, 홍회장 측에서 돌연 깼다. "한앤코가 비밀유지 의무를 어겨 기본적인 신뢰관계를 무너뜨렸고, 부당하게 경영에 간섭해 지분을 넘길 수 없다"는 이유였다. 이에 맞서 한앤코 측에선 "계약대로 주식을 넘겨야 한다"며 법원에 소송을 제기했다.

한앤코는 홍 회장을 상대로 낸 4차례의 재판에서 모두 승소했다. 지난해 8월 남양유업의 주식처분 금지 가처분 신청에서 승소했고, 지난해 10월엔 홍 회장의 의결권 행사 금지 가처분 소송에서 승소했다. 이어 지난 1월엔 협약이행금지 가처분 소송을 제기해 승소했다.

이번 1심 본안 소송 결과에 대해 한앤코 측에선 "경영 정상화가 조속히 이뤄질 수 있도록 (홍 회장 일가가) 법원 판결을 수용하길 바란다"고 밝혔다. 반면, 홍 회장 측에선 "회사 매각 과정에서 매도인의 권리를 제대로 보호받지 못했다"며 즉각 항소해 "2심 판단을 다시 받아보겠다"고 밝혔다.

■ **사모펀드 (PEF, Private Equity Fund)**
사모펀드(PEF)는 채권 등에 운용하는 펀드로 고수익기업투자 펀드라고도 한다. 사모는 공개적이나 대중적이 아닌 사적으로 기금을 모은다는 뜻으로서 금융기관이 관리하는 일반 펀드와는 달리 사인 간 계약의 형태를 띤다. 사모펀드는 비공개로 투자자들을 모집하여 자산 가치가 저평가된 기업에 자본 참여를 하여 경영권을 인수해 기업 가치를 높인 다음 기업 주식을 되파는 운용 전략을 취한다. 헤지펀드는 경영 개입 없이 단기 매매 차익을 목적으로 한다는 점에서 사모펀드와 차이가 있다.

정부·한은, 채권시장에
5조원 긴급 투입·빅스텝 단행

정부와 한국은행이 채권시장에 총 5조원을 긴급 수혈하기로 했다. 미국의 고강도 긴축으로 국고채 금리가 폭등하는 등 '금리 발작'이 심각하다고 판단했기 때문이다. 특히 한국은행은 **시장금리의 벤치마크(기준점) 역할을 하는 국고채 10년물 금리가 최근 다른 나라와 비교해 과도하게 치솟은 점**을 우려해 3조원 규모의 국고채 단순매입을 결정했다고 설명했다.

실제 9월 19일부터 27일까지 주요 27개 국가들의 국채 10년물 금리 변동폭을 살펴본 결과, 한국의 금리 상승폭은 영국 다음으로 가장 높았다. 영국의 국채 10년물 금리는 9월 19일 3.2% 수준에서 9월 27일 4.2%대까지 100bp(1bp : 0.01%p) 가까이 급등했다. 한국의 국채 10년물 금리는 이 기간 54.8bp 상승했는데, 이는 공격적인 기준금리 인상을 예고한 미국의 국채 10년물 금리 상승 폭인 38.86bp보다 높은 수준이다.

미국 연방준비제도(Fed·연준)가 금리인상에 속도를 내면서 전 세계 채권시장이 약세를 보이고 있지만, 그중에서도 우리나라 국채 금리 상승세가 유독 컸다는 의미다. 이에 정부와 한국은행이 시장 안정을 위해 5조원을 긴급 투입한다고 9월 28일 발표했다.

기획재정부는 2조원 규모의 긴급 **바이백**(국채 조기 상환)을 9월 30일 실시한다고 밝혔다. 바이백은 정부가 발행한 국채를 다시 거둬들이는 것을 의미한다. 주식시장에서 이뤄지는 자사주 매입과 비슷한데, 떨어진 국채 가격을 끌어올리는 (국채 금리는 하락) 효과를 낸다. 한편, 한은 **금융통화위원회(금통위)는 10월 12일 기준금리를 한번에 0.5%p 인상하는 빅스텝을 단행**했다.

한은 금통위는 이날 정례회의에서 **기준금리를 현재의 연 2.5%에서 3.0%로 0.5%p 인상**했다. 지난 7월 이후 두 번째 빅스텝이다. 한은의 빅스텝 단행은 고물가가 내년 초까지 이어질 것으로 우려되는 데다, 한미 금리 역전 폭이 커져 원화 약세가 심화될 수 있는 만큼 이를 방어하기 위한 것이다. 기준금리 3%대는 2012년 10월 이후 처음이다.

▪ 바이백 (buy-back)

바이백은 무엇을 팔았다가 다시 사들이는 행위를 지칭하는 것으로, 국채나 회사채를 발행한 국가나 기업이 만기 전에 채권시장에서 국채나 회사채를 사들임으로써 미리 돈을 갚는 것을 말한다. 국채와 관련해 바이백은 '국채 조기 상환'이라는 뜻으로 사용된다. 국채는 중앙정부가 자금 조달이나 정책 집행을 위해 발행하는 만기가 정해진 채무증서로, 조세와 함께 중요한 국가 재원 중의 하나이다. 예컨대 초과 세수가 발생할 경우 정부가 바이백(적자국채 바이백)을 통해 국채 상환에 나서게 되면 정부의 부채가 줄어들고, 재정 건전성이 강화되는 효과가 있다.

한전 사채발행액 곧 한도 2배 넘겨... 내년엔 채무불이행

올해 연말 사상 최대인 30조원 적자가 예상되는 한국전력이 '채무불이행'에 빠질 상황에 처했다는 진단이 나왔다. 한전이 전력 구매대금을 지급 못해 전기를 공급하지 못하는 '전력시장 마비' 사태까지 우려되고 있다.

국회 산업통상자원중소벤처기업위원회 국민의힘 구자근 의원은 한전에서 제출받은 자료를 분석, 한전의 **▪ 회사채** 발행 한도가 2021년 말 91조8000억원에서 2022년 말 29조4000억원으로 줄어들 전망이라고 밝혔다. 회사채 발행 누적액은 2021년 38조1000억원에서 2022년 70조원 정도로 급증할 것으로 추산됐다. 연말 기준 사채 발행액이 발행 한도를 넘길 수 있다는 것이다.

한전이 올해 대규모 적자를 기록하면 사채 발행 한도의 기준이 되는 자본금과 적립금이 대폭 삭감돼 발행 한도가 하향 조정되고 사채 발행이 불가능해진다. **한전의 적자는 에너지 가격 상승으로 전력도매가격**(SMP, System Marginal Price : 발전회사가 생산한 전력을 한국전력에 판매하는 가격)**이 급등했지만 판매 가격이 뒷받침되지 못한 게 원인**이다.

올해 상반기 SMP는 kWh(킬로와트시) 당 169원이나 판매단가는 110원으로 59원 적자가 발생했다. 한전은 부족 자금의 90% 이상을 사채 발행으로 조달하는데 사채를 발행하지 못하면 만기가 돌아오는 사채를 상환할 수 없어 채무불이행에 빠지게 된다.

한전은 한전법을 개정해 사채 발행 한도를 '자본금+적립금'의 2배에서 8배로 확대하는 방안과 기업의 경영 자율권 보장 차원에서 한도 초과 단서 조항을 삭제하는 방안 등을 건의했다.

이런 가운데 정부의 재무구조 개선 요구에 한전이 손해를 감수하며 부동산 '급매'에 나섰다는 지적이 제기됐다. 국회 산업통상자원중소벤처기업위원회 소속인 더불어민주당 정일영 의원이 한전에서 제출받은 혁신계획안에 따르면 의정부 변전소 등 부동산 자산 27개를 매각해 약 5000억원을 추가 확보할 계획이다.

한전은 서울 배전스테이션(75억원)과 수색변전소(81억원), 경기북부본부 사옥(130억원) 등 수도권과 제주에 보유한 부동산을 320억원에 매각한다. 그러나 매각예정가가 지역 토지거래 가격보다 크게 낮은 것으로 확인됐다. 서울 중구 명동에 있는 서울배전(390m²)은 토지가격이 1m²당 약 4044만원, 총 약 173억3300만원으로 약 100억원의 손해를 보고 매각하는 셈이다. 서울 은평 수색동에 위치한 수색변전소(7944m²)의 토지 가치는 1439억2700만원으로 추산된다.

이에 대해 한전은 "매각예정가는 공시지가를 기준으로 정부에 제출한 금액"이라며 "매각은 외부 감정평가 기관에서 감정평가를 받아 예정가격을 책정한 뒤 공개경쟁입찰에서 최고가 금액으로 결정한다"고 해명했다.

■ 회사채 (會社債)

회사채란 기업이 시설투자나 운영 등의 장기자금을 조달하기 위해 발행하는 채권을 말한다. 기업은 채권을 발행함으로써 사채업자에게 채무를 부담하고 이자를 정기적으로 지급해야 하며 약속된 기일에 원금을 상환해야 한다. 회사채가 주식과 다른 점은 일정한 상환기한이 있고, 기업이익의 유무에 상관없이 확정 이자를 지급해야 하며, 회사 해산의 경우에는 잔여 재산 분배에 주식보다 앞서 상환된다는 점이다. 회사채는 회사가 직접금융시장에서 자금을 조달하기 위해 공모 또는 사모로 채권을 발행하는 것으로서, 공모채는 금융감독원에 유가증권 발행 신고서를 접수하여 일반 대중에게 매출하는 절차로 발행된다.

피치, 한국 2023년 성장률 1.9% 전망

국제 신용평가사 피치가 한국의 내년 한국 성장률 전망치를 1.9%로 제시했다. 기획재정부는 9월 28일 피치가 이 같은 내용의 한국 경제 전망을 내놓았다고 밝혔다.

2022년 경제성장률은 2.6%를 기록할 것으로 전

망됐다. 피치가 올 1월 내놨던 전망치(3%)보다 소폭 낮은 수준이다. 세계 경기의 둔화 흐름에 따라 한국의 성장세가 당초보다 꺾일 것이라는 평가다.

피치는 "세계경제 성장률의 가파른 둔화가 한국의 수출과 설비투자에 부담으로 작용할 것"이라며 "특히 **반도체 부문은 중기적으로는 핵심 성장 동력으로 유지되겠지만 주기적인 침체 국면의 한 가운데에 있다**"고 설명했다. 다만 "부채 부담과 인플레이션에 따른 역풍이 불어도 코로나19로 지장을 받았던 내수 소비가 회복하면서 성장을 뒷받침할 것"이라고 내다봤다.

피치는 2022년과 2023년 물가 상승률이 각각 5.0%, 1.5%를 기록할 것으로 예상했다. 피치는 "연내 한은이 기준금리를 추가로 25bp 인상해 올 해 말 한국 기준금리는 2.75%에 이를 것"이라고 내다봤다.

피치는 한국의 국가신용등급을 AA-로, 등급 전망은 '안정적(stable)'으로 각각 유지했다. 피치는 "북한 관련 지정학적 위험에도 대외 건전성과 거시경제 성과가 견고하고, 수출 부문이 역동적인 점 등을 균형 있게 반영했다"며 "낮은 수준의 ▪**세계거버넌스지수(WGI)**, 고령화에 따른 구조적 도전 요인 등도 고려했다"고 설명했다.

➕ **세계 3대 신용평가사**

세계 3대 국제 신용평가회사로 ▲스탠더드앤푸어스(S&P) ▲무디스(Moody's) ▲피치(Fitch)가 꼽힌다. 이 신용평가사들은 표면상으로는 미국의 민간회사이지만 기업이나 금융상품의 신용평가를 넘어 국가에 대한 신용

등급까지 매기면서 한 나라의 흥망이 이들의 신용평가 결과에 의해 흔들릴 정도의 위력을 행사하고 있다. 2008년 글로벌 금융위기의 주요 원인으로 신용평가사가 지목되자 국제금융시장에서 신용평가에 대한 의존도를 줄이려는 노력이 두드러졌다. 그러나 유럽과 미국 등에서는 국제 신용평가사에 대한 규제 입법 및 제재 사례에도 불구하고 크게 실효성을 거두지 못하였다.

▪ **세계거버넌스지수 (WGI, Worldwide Governance Indicators)**

세계거버넌스지수는 200여 개 국가를 대상으로 6개 분야(부패 통제·규제의 질·정부 효율성·법치주의·정치적 안정성·여론 반영)에 대해 구축한 메타데이터베이스다. 국가·기업의 지배 및 관리 구조 등의 의미를 갖는 거버넌스가 세계은행과 같은 국제기구의 관심사로 부상한 것은 1997년 외환위기 이후이다. 당시 위기를 맞은 국가·기업의 지배 및 관리 구조에 문제가 많아서 위기 상황이 발생했다는 시각이다. 따라서 여러 나라들의 다양한 거버넌스 상황 변화를 지속적으로 관찰하여 문제 발생 가능성을 미리 파악한다면 사전적 개선 노력도 가능할 것이라는 발상에서 주목받았다.

IRA 타격 현실로... 현기차 9월 美 전기차 판매량 급감

미국 정부가 ▪**인플레이션 감축법(IRA)**을 통해 한국산 전기차에 대한 보조금 지급을 중단하기로

하면서 미국 내 현대·기아 전기차의 판매량 감소가 뚜렷하게 나타났다. 10월 4일 현대·기아차 미 판매 법인이 집계한 지난 9월 판매 실적에 따르면 현대 전기차인 아이오닉 5는 미국에서 1306대가 팔리며 8월 1616대보다 13.9% 감소했다. 이는 1978대를 팔았던 지난 7월과 비교하면 34.0% 줄어든 것이다.

기아의 전기차 EV6도 같은 기간 1440대가 팔려 전달 1840대보다 21.7% 감소했다. 지난 7월 판매량인 1716대에 비해서는 16.1% 줄어든 규모다. 지난 8월 미 행정부가 IRA를 시행하면서 그동안 전기차에 지급하던 1000만원 수준의 보조금 수혜를 미국에서 최종 조립된 전기차로 제한하면서 국내 완성차 업체들의 가격 경쟁력이 크게 떨어진 결과다.

아이오닉 5와 EV6는 국내에서 생산해 미국으로 수출하는 차종으로 미국에선 2025년 조지아주에 전기차 전용공장이 완공된 후에야 현지 생산이 가능할 전망이다. 이 때문에 특별한 조치가 이뤄지지 않는다면 당분간 국산 전기차의 미국 내 현지 판매 감소는 계속될 전망이다.

바이든 "열린 마음으로 IRA 협의"

한편, 대통령실은 10월 5일 조 바이든 미국 대통령이 윤석열 대통령에게 친서를 보내 "IRA와 관련해 윤석열 대통령의 우려에 대해 잘 알고, 한미 간 솔직하고 열린 마음으로 협의를 지속하겠다고 강조했다"고 밝혔다.

지난 9월 21일(현지시간) 뉴욕에서 진행된 글로벌 펀드 제7차 재정공약회의와 바이든 대통령 주최 리셉션 등에서 윤 대통령은 3차례 바이든 대통령과 회동을 갖는 과정에서 IRA와 관련한 우리 업계의 우려를 해소할 수 있도록 협력해 줄 것을 요청한 바 있다. 이번 친서는 바이든 대통령이 이 같은 요청에 협력 의지를 나타낸 것으로 해석된다.

■ **인플레이션 감축법 (IRA, Inflation Reduction Act)**
인플레이션 감축법(IRA)은 조 바이든 미국 대통령의 역점 사업인 '더 나은 재건 법안(BBB)'을 축소·수정한 법안으로서 4400억달러의 정책 집행과 3000억달러 규모의 재정적자 감축으로 구성된 총 7400억달러(약 910조원) 규모의 거대한 지출 계획이다. 지난 8월 16일(현지시간) 바이든 대통령이 법안에 서명했다.
이 법은 ▲의약품·에너지 가격 인상 억제와 비용 감소 및 세액 공제 등으로 직접적인 가계 지출 축소 ▲청정에너지 산업 발전으로 일자리를 창출하고 가계 소득 안정화에 기여 ▲글로벌 공급망 교란에 대응해 자국 중심의 공급망 재편이 골자로서 중국을 배제하고 미국 제조업을 우선하는 데 초점을 맞추고 있다.
특히 전기차 구매자에게 제공되는 세액공제 관련 수혜 조건으로 해당 전기차가 미국에서 생산돼야 하고 미국에서 제조된 배터리와 핵심 광물을 사용해야 한다고 명시했는데 전기차 핵심 광물의 중국 의존도가 높고 미국 공장에 전기차 생산 라인을 갖추지 못한 한국 기업들은 신차 구매 시 제공되는 최대 7500달러(약 1000만원)의 세액 공제 대상에서 제외되며 비상이 걸렸다.

한국, 세계국채지수 관찰대상국… 내년 공식편입 가능성

한국이 세계 3대 채권지수 가운데 하나인 ■**세계 국채지수(WGBI)**에 관찰대상국으로 이름을 올렸다. 협의 절차가 원활히 이뤄질 경우 이르면 내년 3월 이후 지수 편입이 가능하다.

WGBI를 관리하는 런던증권거래소 산하 FTSE

러셀은 9월 29일(현지시간) 보도자료를 내고 "한국이 WGBI 편입을 고려하기 위한 관찰대상국에 이름을 올릴 것"이라고 밝혔다.

FTSE는 정책상 변화에 따른 시장 접근성 개선 가능성을 확인하고 관찰대상국 목록을 조정하며, 이후 6개월 이상 검토를 거쳐 매년 3월과 9월에 편입 여부를 결정한다. 우리나라의 경우 이번에 관찰대상국에 포함됐으므로 내년 9월이면 최종 편입을 기대해 볼 수 있다는 의미다.

WGBI는 미국, 영국, 일본 등 23개 주요국 국채들이 편입되어 있는 선진 채권지수로, 추종자금 규모만 2조500억달러로 추정되는 세계 최대 채권지수다. 일각에서는 이를 '선진국 국채 클럽'으로 부르기도 한다.

우리나라 국채가 WGBI에 편입되면 지수를 추종하는 **외국계 자금이 국채시장에 유입되고 국채의 신뢰도가 높아지는 효과**가 있다. 상대적으로 낮은 국채의 위상 때문에 원화 채권에 대한 디스카운트(저평가)가 발생해 금리가 더 올라갔지만 WGBI에 가입하면 채권 발행 금리가 낮아지고 외화 자금이 추가로 들어오는 등 효과가 예상된다.

앞서 금융연구원은 한국이 WGBI에 가입하면

50~60조원에 달하는 외국인 국채 투자 자금이 유입될 것으로 예상했다. 국고채 금리 하락으로 절감되는 이자 비용은 연간 5000억~1조1000억 원이 될 것으로 추산했다.

추경호 부총리 겸 기획재정부 장관은 "이번 등재로 한국 국채시장이 선진 채권시장 중 하나로 인정받고 국채시장 선진화도 이룰 수 있는 여건이 마련됐다"고 의미를 부여했다.

■ 세계국채지수 (WGBI, World Government Bond Index)

세계국채지수는 블룸버그-버클레이즈 글로벌 종합지수, JP모던 신흥국 국채지수와 함께 세계 3대 채권지수 중 하나로 전 세계 투자 기관들이 국채를 사들일 때 지표가 되는 지수다. 영국 런던증권거래소의 '파이낸셜타임스 스톡익스체인지 러셀(FTSE Rusell)'이 발표한다. 미국, 영국, 중국, 일본 등 주요 23개국의 국채가 편입돼 있다. 발행 잔액 500억달러 이상, 신용등급 스탠더드앤푸어스(S&P) 기준 A- 이상, 외국인 투자자의 시장접근성 등 일정 요건을 갖춰야 편입될 수 있다. 추종자금은 2021년 말 기준 2조5000억달러에 이른다.

재건축 초과이익
1억원까지 부담금 면제

정부가 재건축으로 발생하는 초과이익에 부과하는 부담금을 평균 절반 이상으로 대폭 낮춘다. 부담금 면제 기준을 현행 초과이익 3000만원 이하에서 1억원 이하로 완화하고, 1주택 장기보유자에 대해 최대 50%까지 추가 감면 혜택을 주기로 했다.

국토교통부는 9월 29일 정부세종청사에서 이 같

은 내용을 골자로 한 '재건축 부담금 합리화 방안'을 발표했다. 재건축 부담금 제도는 재건축 사업을 거치며 오른 집값에서 건축비 등 개발비용과 평균 집값 상승분을 뺀 초과이익에 세금을 매겨 환수하는 제도다.

2006년 도입됐으나 2차례 유예되면서 아직 확정액이 부과된 단지는 없지만 전국 84개 단지에 예정액이 통보된 상태다. 과다한 부담금으로 재건축 사업이 지연되거나 보류되는 곳이 많아지자 정부는 8·16 공급대책에서 도심의 양질 주택 공급을 활성화하는 차원에서 재건축 부담금 제도를 개선하겠다고 발표했다.

국토부는 **초과이익에 따른 기준 구간을 현행 2000만원 단위에서 7000만원 단위로 넓힌다.** 이에 따라 ▲초과이익 1억원 이하는 부담금 면제 ▲1억~1억7000만원 구간은 초과이익의 10% ▲1억7000만~2억4000만원은 20% ▲2억4000만~3억1000만원은 30% ▲3억1000만~3억8000만원은 40% ▲3억8000만원 초과는 50%로 각각 조정된다.

초과이익 산정 개시 시점은 '추진위원회 구성 승인일'에서 '조합 설립 인가일'로 늦추고, 재건축을 하면서 공공임대나 공공분양으로 주택을 매각한 경우에는 해당 금액을 초과이익에서 빼주기로 했다.

이와 함께 **재건축 주택을 장기보유한 1주택자에 대해서는 주택 준공시점부터 역산해 보유 기간에 따라 부담금을 10~50% 추가로 감면**해 준다. 보유 기간에 따른 부담금 추가 감면은 ▲6년 이상 10% ▲7년 이상 20% ▲8년 이상 30% ▲9년 이상 40% ▲10년 이상 50% 등이다.

다만 준공 시점에 1주택자여야 하며 보유 기간은 1가구 1주택자로서 보유한 기간만 인정한다. 아울러 만 60세 이상인 1주택 고령자에게는 상속·증여·양도 등 해당 주택 처분 시까지 부담금 납부를 유예해 준다.

국토부 자체 시뮬레이션 결과 이번 발표안으로 전국 84개 단지 중 38개 단지의 부담금이 면제되는 것으로 나타났다. 특히 지방은 32개 단지 중 3분의 2가 넘는 21곳이 면제 대상이 된다. 부담금이 1000만원 이하로 부과되는 단지는 30곳에서 62곳으로 늘어나며 1억원 이상 부과 예정 단지는 19곳에서 5곳으로 감소한다.

권혁진 국토부 주택토지실장은 "이번 합리화 방안으로 도심에 양질의 주택 공급이 확대될 것으로 보인다"며 "이번 방안은 법 개정 사항인 만큼 국회 입법 과정에서도 국민의 다양한 의견을 수렴하는 과정이 있을 것으로 기대한다"고 말했다.

➕ **재건축초과이익환수제 (再建築超過利益還收制)**
재건축초과이익환수제란 재건축으로 조합원 평균 3000만원 이상 개발이익을 얻으면 정부가 이익 금액의

10~50%를 부담금으로 거두는 제도다. 조합추진위원회 구성부터 입주까지 오른 집값에서 정상주택 가격 상승분, 공사비, 조합 운영비 등을 제외한 초과이익에 누진율을 적용해 부과한다. 2006년 9월 도입됐다가 이후 글로벌 금융 위기 등의 영향으로 부동산 경기가 침체하자 2012년부터 환수제 시행이 유예됐다. 2018년 1월 1일부로 부활했다.

금융시장 안정 위해 10조원 증안펀드 10월 재가동

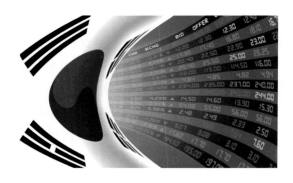

금융 당국이 대외 불확실성 확대로 금융시장 불안이 커지는 것을 막기 위해 10월 중순께 증권시장 안정펀드(증안펀드)를 재가동한다. 10월 4일 금융권에 따르면 금융위원회는 금융시장 안정을 위한 증안펀드 재가동을 위해 증권 유관 기관과 실무 협의 및 약정 절차를 진행해 10월 중순에 조성 작업을 마무리한다.

조성 규모는 10조원 수준이다. 기존에 조성했던 증안펀드에서 남은 1200억원과 한국거래소와 예탁결제원 등 증권 유관기관이 조성하는 7600억원 등 8800억원은 금융시장 급변동 시 먼저 신속

투입이 가능한 상황이다.

증안펀드는 증권시장에서 주가가 급락하고 투자 심리가 급격히 위축됐을 때 시장 안정을 위해 투입할 목적으로 증권사·은행 등 금융회사와 유관 기관들이 마련한 기금이다. 2020년 3월 코로나19 여파로 주가가 폭락하자 금융 당국이 10조원 넘는 규모로 조성했으나, 주가가 반등해 실제 사용되지는 않았다.

증안펀드 재가동에 앞서 ■**공매도** 금지도 이뤄질 가능성이 크다. 공매도는 주식을 빌려서 판 다음 나중에 시장에서 사서 갚는 매매 기법으로 주가가 하락해야 수익을 낼 수 있다. 이 때문에 일부 개인 투자자들은 공매도가 주가 하락의 주범이라고 지적하고 있다.

금융 당국 관계자는 "공매도를 금지하지 않으면 증안펀드 자금을 투입해도 공매도 물량을 받아주는 모양새가 되기 때문에 증안펀드가 들어가기 전에 공매도를 먼저 금지하는 게 일반적"이라며 "패닉 상황이 되고 쏠림 현상이 두드러지면 시장 불안 완화 차원에서 쓸 수 있는 카드"라고 설명했다.

■ **공매도 (空賣渡, short selling)**
공매도란 '없는 것을 판다'는 뜻으로, 소유하지 않았거나 빌린 증권을 매도하는 것이다. 증권 가격 하락이 예상될 때 공매도를 하고 저렴한 가격으로 재매입해 상환함으로써 차익을 낸다. 만약 A 종목의 주가가 현재 2만원이라면 투자자는 일단 주식을 빌려 2만원에 매도한다. 이후 주가가 1만6000원으로 떨어졌다면 투자자는 1만6000원에 주식을 사서 갚고 주당 4000원의 시세차익을 얻게 된다. 예상과 달리 주가가 상승하면 공매도 투자자는 손해를 본다.

OPEC 감산에 뿔난 美
'석유담합금지' NOPEC 카드 꺼내나

석유수출국기구(OPEC)와 러시아 등 비(非)OPEC 주요 산유국 협의체인 OPEC+(오펙 플러스)가 11월부터 하루 원유 생산량을 10월보다 200만 배럴 줄이기로 합의했다고 밝혔다. 이는 코로나19 대유행 이후 최대 감산 폭이다. 이로써 OPEC+ 산유국의 원유 생산량은 하루 4185만 배럴로 줄게 된다.

그동안 **인플레이션에 대응하기 위해 산유국들에 증산을 촉구해 온 미국**은 즉각 '근시안적 결정'이라고 비판하고 나섰다. 감산으로 에너지 가격이 오르면 물가 급등과 우크라이나 전쟁에 따른 에너지난을 겪는 세계경제에 추가적인 타격이 불가피할 것으로 전망된다.

외신들은 이번 산유국들의 감산 결정이 유가 상승 요인으로 작용할 수 있다고 예상했다. 이날 뉴욕상업거래소에서 11월물 서부텍사스산원유(WTI) 가격은 전날보다 1.24달러(1.43%) 오른 배럴당 87.76달러에 거래를 마쳤다. 브렌트유 선물 가격은 이날 장중 한때 최근 3주간 최고치인 배럴당 93.99달러까지 올랐다.

이에 미국 상원 법사위원회는 지난 5월 유가 담합으로부터 미국 기업과 소비자를 보호한다는 취지로 발의된 ▪석유생산수출카르텔금지법(NOPEC)을 17대 4로 통과시켰다. NOPEC 법안이 통과돼 시행되면 미 법무부는 OPEC+ 국가들에 대해 미 연방법원에 소송을 제기할 수 있게 된다.

그러나 법안 통과까지 가는 과정은 험난할 것으로 보인다. OPEC의 맏형격인 사우디아라비아는 오랜 세월에 걸쳐 NOPEC과 비슷한 성격의 법안이 의회에 오를 때마다 로비에 나섰다. 사우디는 2019년 미국에서 이런 법안을 통과시킨다면 미국 달러가 아닌 다른 통화로 석유를 팔겠다고 위협하기도 했다.

> ▪ **석유생산수출카르텔금지법 (NOPEC, No Oil Producing and Exporting Cartels Act)**
> 석유생산수출카르텔금지법(NOPEC)은 미국이 석유수출국기구(OPEC) 및 OPEC 회원국을 소송으로부터 보호해온 주권면제 조항을 미 독점법에서 폐지하는 법안이다. 이 법안이 발효되면 미 법무장관은 OPEC 회원국 등 석유 카르텔이 에너지 시장을 조작한 혐의가 있을 때 미국이 이들을 미 연방법원에 고소할 근거를 마련할 수 있다.

추경호 "한국경제 내년 상반기까지 어려워..8월 경상수지 적자 될 듯"

추경호 부총리 겸 기획재정부 장관이 내년 상반기까지 경제 어려움이 지속될 것으로 예상했다. 추 부총리는 10월 6일 정부세종청사 기자 간담회에서 "고강도 금융 긴축 영향으로 선진국 경기가 둔화될 것이라는 전망이 많아지는 등 이런 부분이 중요 변수가 돼서 내년 경기는 올해보다 둔화

▲ 추경호 기획재정부 장관 (자료 : 기획재정부)

하지 않을까 생각한다"고 밝혔다. 다만 외환 위기와 ▪스태그플레이션 가능성에 대해서는 선을 그었다.

10월에 물가가 정점에 이른 뒤 안정될 것이라는 '10월 정점론'은 그대로 유지했다. 추 부총리는 "러시아 우크라이나 상황처럼 예측할 수 없는 돌발 변수가 나타나면 영향을 받을 수 있지만 전반적으로 보면 10월 물가 정점론에는 큰 변화 없을 것"이라고 말했다.

이어서 "다만 공공요금은 한번 올라가면 내릴 수 없고, 개인서비스도 쉽게 하락하지 않는 하방경직성이 있어서 물가가 정점을 지났더라도 상당히 높은 수준의 물가 상황은 지속 될 것이고 하락하더라도 서서히 내려갈 것"이라고 전망했다.

외환위기 가능성은 낮다고 언급했다. 추 부총리는 "외환보유액 감소가 금융위기 이후 최고라 하는데 규모 면에서는 그럴지 모르나 그사이 우리의 외환보유고가 많아져서 4300억달러 넘는 수준에서 196억달러 주는, 비율로 보면 그때와 비교도 안 되게 낮다"며 "외환위기 재발 가능성은 낮다"고 강조했다.

8월 경상수지는 적자가 나올 것으로 내다봤다. 추 부총리는 "8월에는 적자 나올 거 같다"며 "다만 9월에는 상대적으로 무역수지 적자 폭이 많이 줄어서 다시 흑자로 돌아서지 않을까 전망하고 있다"고 했다. 또 "경상수지 흑자가 연간 수준으로 보면 300억달러를 훨씬 넘을 것으로 전망하고 있어 경상수지 적자가 경제 위기를 초래하는 단초가 될 것이라고는 걱정하지 않는다"고 설명했다.

▪ **스태그플레이션 (stagflation)**
스태그플레이션은 경기 침체 시 물가 상승이 둔화되고 경기가 활성화되면 물가가 오르는 일반적인 상황과 달리, 경기 침체에도 물가가 오히려 오르는 현상을 뜻한다. 경기 침체를 의미하는 스태그네이션(stagnation)과 인플레이션(inflation)의 합성어이다. 경제학자들은 경제가 유가 상승과 같은 공급 쇼크에 직면하거나 정부가 너무 빨리 통화량을 늘리면서 산업에 피해를 주는 정책을 만들 때 스태그플레이션을 일으킬 수 있다고 본다.

서울 아파트값 하락 폭 갈수록 확대

고금리에 거래절벽(거래량이 뚝 떨어지는 현상)이 **장기화하면서 서울 아파트값도 갈수록 떨어지고 있다.** 고점보다 20~30% 값이 내려간 아파트도

속출하고 있다. 강남 4구도 가격 하락을 피하지는 못했다. 실제 주택 거래가 얼어붙으면서 가격 하락세도 지속할 것으로 보인다.

10월 6일 **■한국부동산원**에 따르면 10월 3일 기준 서울 아파트값은 한 주 전보다 0.20% 떨어졌다. 전주 조사(-0.19%)에서보다 0.01%p 내림 폭이 커졌다. 2012년 12월 첫 주(-0.21%) 이후 최대 낙폭이다. 서울에서는 도봉구(-0.37%)와 노원구(-0.36%), 서대문구(-0.28%), 은평구(-0.28%) 등 강북 지역에서 내림세가 두드러졌다. 이른바 강남 4구라는 송파구(-0.27%), 강동구(-0.24%), 강남구(-0.13%), 서초구(-0.07%) 등도 집값 하락을 피하지 못했다.

실거래가와 호가를 봐도 하락세가 완연하다. 도봉구 창동 주공19단지 전용면적 60㎡형은 지난 9월 6억6000만원에 매매됐는데 1년 전 최고가(9억7700만원)보다 32%(3억1700만원) 빠진 값이다. 전년 9월 21억9000만원에 매매되며 신고가를 갈아치웠던 송파구 잠실동 잠실엘스 전용 59㎡형은 지난 9월 16억원에 매매됐다. 1년 만에 값이 27%(5억9000만원) 떨어진 셈이다.

부동산원은 "추가 금리 인상 우려에 따른 매수 관망세가 짙어지고 매물 적체가 가중되는 가운데 지속적인 매물 가격 하향 조정 속에서 간헐적인 실거래 하락 단지가 발생하면서 전주 대비 하락 폭이 확대됐다"고 설명했다. 금리가 상승하면 대출로 주택 자금을 조달하기 어려워지기 때문에 주택 수요가 줄어든다.

실제 주택 거래도 감소했다. 국토교통부에 따르면 8월 신고된 주택 매매 거래는 3만5531건으로

2013년 1월 이후 최소치를 기록했다. 시세보다 값을 크게 낮춘 급매물이 아니면 거래가 안 된다는 뜻이다.

경기·인천 지역에선 아파트값 하락 폭이 더 크다. 경기에선 0.26%, 인천에선 0.38% 내렸다. 수원시 영통구(-0.71%), 성남시 수정구(-0.54%), 양주시(-0.45%), 광명시(-0.40%) 등이 하락을 주도했다. 비수도권 아파트값은 0.15% 떨어졌다. 광역시 지역에서 0.22%, 도 지역에선 0.09% 내렸다. 세종(-0.39%)은 64주 연속 아파트값이 빠지면서 전국 시·도 중 하락률 1위를 기록했다.

전세 시장도 경색되었다. 10월 첫째 주 전국 아파트 전세 시세는 0.21% 하락했다. 사상 최대 낙폭을 기록했던 전주와 같은 수준이다. 서울에선 0.20%, 수도권(서울 포함)에선 0.27% 내렸다. 임대차 시장에서도 전세 대출 금리 상승으로 전세 수요자가 월세로 옮겨가면서 보증금이 하락하고 있다. 다만 떨어지는 전셋값과 달리 월세 시세는 계속 상승하는 중이어서 실질적인 주거비 부담은 줄지 않고 있다.

■ 한국부동산원 (韓國不動産院)

한국부동산원은 부동산의 가격 공시 및 통계·정보 관리 업무와 부동산 시장 정책 지원 등을 위한 조사·관리 업무를 수행하는 국토교통부 산하의 공기업이다. 2005년 공동 주택 공시 가격 조사·산정 업무를 시작한 이래 2017년 단독 주택 가격 공시 업무까지 수행하여 전국의 모든 주택 가격 공시 업무를 통합 수행을 준비하고 있다. 또한 서민 담보 대출 비용 절감을 위하여 담보 물건 시세 확인 서비스를 서민이 주로 이용하는 신협, 새마을금고에 제공하고 있으며, 향후 주요 금융 기관으로 확대할 예정이다.

사회
환경

학업성취도 자율평가 늘린다...
'전수평가' 부활하나

기초학력 미달 학생 줄인다

코로나19 등으로 인한 교육 결손이 심각함에 따라 기초학력 미달 학생 비율이 매년 증가하고 있다. 이에 정부는 기초학력과 학업성취도 평가 대상을 단계적으로 늘려 도움이 필요한 학생을 정확히 파악하고 이들을 위한 지원을 한층 강화하기로 했다.

교육부는 10월 11일 이런 내용을 중심으로 하는 '제1차 기초학력 보장 종합계획(2023~2027)'을 발표했다. 다만, ▪**국가수준 학업성취도평가**의 전수평가가 사실상 부활하는 것이 아니냐는 우려에는 "전수평가나 일제고사가 부활한다는 의미는 아니다"라고 선을 그었다.

종합계획에 따르면 우선 **정확한 진단을 위해 기초학력 진단·보정 시스템과 맞춤형 학업성취도 자율평가의 응시 대상을 확대**한다. 올해 3월 시행된 기초학력보장법 시행령은 학교장이 학년 시작일로부터 2개월 안에 기초학력 검사 결과와 교사·학부모 의견 등을 바탕으로 학습지원 학생을 선정할 수 있도록 정하고 있다. 이에 따라 기존에 초등학교 1학년~고등학교 1학년을 대상으로 하던 '기초학력 진단·보정 시스템'을 2024년부터 확대한다.

이 아니냐고 우려하고 있다.

특히 윤석열 대통령이 이날 국무회의에서 "지난 정부에서 폐지한 학업성취도 전수평가를 원하는 모든 학교가 참여할 수 있도록 하겠다"고 말하며 이런 우려를 더했다.

이에 대해 장상윤 교육부 차관은 정부서울청사에서 브리핑을 열어 "일제고사나 전수평가를 부활하겠다는 의미는 전혀 아니다"라며 "전수평가라는 용어를 써서 해석에 조금 그것이(혼선이) 있었던 것 같은데, 지난 정부에서 폐지했다는 것을 강조하려고 쓴 것"이라고 말했다.

컴퓨터 기반 '맞춤형 학업성취도 자율평가'의 경우 올해 초6·중3·고2를 대상으로 시행하는데 내년에는 초5·6, 중3, 고1·2로 확대하고 2024년부터는 초3~고2로 대상을 더 넓힌다.

학업성취도 자율평가는 교과 영역과 사회·정서적 역량 등을 함께 진단하는 평가다. 학교·학급 단위로 신청해 응시할 수 있으며 개인적으로 응시할 수 있도록 하는 방안도 검토 중이다.

교육부는 교육과정에 대한 이해도가 20%에 못 미치는 수준을 기초학력 미달로 보고 있다. 앞서 교육부와 한국교육과정평가원이 2021년 국가수준 학업성취도 평가를 분석한 결과 고2 학생 중 기초학력 미달 비율이 7.1%, 수학은 14.2%, 영어는 9.8%로 1년 사이 각 0.3%p, 0.7%p, 1.2%p 늘며 2017년 이후 가장 높은 수준이다.

5년 만에 사실상 '전수평가' 부활?

이 같은 평가 확대 방침에 대해 일각에서는 **사실상 학생들을 대상으로 한 전수평가가 부활하는 것**

■ **국가수준 학업성취도평가**

국가수준 학업성취도평가는 한국교육과정평가원이 주관하는 국가수준의 학업성취도평가로, 학생들이 교과과정에 따른 교육 목표를 달성했는지 평가하기 위해 시행했다. 1986년 도입돼 1998년 이후 평가학년 학생 중 0.5~5%만 표집해 학업성취도를 측정하는 시험으로 전환됐지만 2008년 모든 학생들에게 실시하는 일제고사 방식으로 다시 바뀌었다. 전국의 모든 중학교 3학년·고등학교 2학년을 대상으로 매년 6월 치러졌다. 그러나 학교 서열화와 학생들의 경쟁을 부추긴다는 논란이 일면서 2017년부터 전수평가가 아닌 일부 학교와 학생만 치르는 표집평가 방식으로 변경했다.

> **POINT** 세 줄 요약
>
> ❶ 정부는 기초학력과 학업성취도 평가 대상을 단계적으로 늘려 지원을 강화하기로 했다.
> ❷ 학업성취도 자율평가는 교과 영역과 사회·정서적 역량 등을 함께 진단하는 평가다.
> ❸ 일각에서는 전수평가 부활을 우려했다.

원인불명 간염 걸린 어린이 속출...
아데노 바이러스 감염 확인

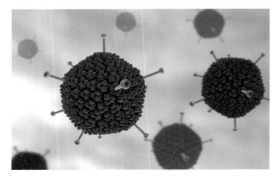
▲ 아데노 바이러스 분자 모형

국내에서 원인을 알 수 없는 소아 급성감염 의심사례 환자가 4명이 추가됐다. 지난 5월 이후 신고된 소아 급성감염 의심환자는 총 17명으로 늘어났다.

질병관리청은 지난 8월 3일부터 9월 1일 사이 신고된 원인불명 소아 급성간염 의심사례 중 신고사례 정의에 부합하는 9명에 대한 전문가 검토를 진행한 결과 4명을 의심사례로 분류했다고 10월 5일 밝혔다. 소아 급성간염 의심사례 4건 가운데 1건은 아데노 바이러스 감염이 확인됐고, 임상경과가 모두 양호해 간이식이 필요하거나 사망한 사례는 없었다.

이에 따라 앞선 1~3차 전문가 검토 결과까지 합한 누적 원인불명 소아 급성간염 의심사례는 모두 17명으로 늘어났다. 이 17명 중 6명에게서 아데노 바이러스가 확인됐다. 외국에서는 원인불명 소아 급성간염과 아데노 바이러스가 관련성이 있다는 연구 결과가 여러 건 나왔다. 당초 코로나19 바이러스가 원인일 수 있다는 주장도 있었지만 아

데노 바이러스가 원인일 가능성이 높아지고 있다.

의학 전문지 메디컬뉴스투데이에 따르면 최근 영국에서 소아 급성간염 발생 사례를 관찰한 연구 결과가 발표됐다. **연구진은 원인불명의 간염에 걸린 어린이들의 혈액과 간에서 높은 수준의 '아데노 연관 바이러스2(AAV2)'를 발견했다.** 이런 현상은 건강한 어린이들에게서는 나타나지 않았다.

AAV2는 어린 시절 많은 사람들이 감염되는 매우 흔한 바이러스로 감염 이후 체내에 계속 남아있을 수 있다. 하지만 스스로 복제할 수 없어 다른 바이러스의 도움 없이 퍼지지 못하는데 아데노 바이러스나 헤르페스 바이러스 복제를 돕는다. 즉 아데노 바이러스나 헤르페스 바이러스 중 하나가 급성간염 발병에 영향을 미쳤다고 추정할 수 있다.

➕ 소아청소년 감염병의 주요 원인이 되는 바이러스

▲콕사키 바이러스(Coxsachie virus)는 분비물이나 대변이 주된 감염원이다. 주로 10세 이하의 어린이가 감염되지만 청년기에서도 발생할 수 있다. 초기에 인두에서 증식해 물방울처럼 배출되거나 장에서 증식해 수주에 걸쳐 분변으로 배출돼 감염원이 된다. 감염되면 대부분 가벼운 발열 정도로 끝나지만 기관지염, 뇌염, 발진성 질환을 일으키기도 한다.
▲엔테로 바이러스(Entero virus)는 포유류의 장(腸)에 감염을 일으키는 바이러스를 통칭한다. 발병 시 수족구병을 일으키기도 하지만 일부 환자에게서는 바이러스성 폐렴·뇌염 등을 동반한다. 면역체계가 아직 발달되지 못한 신생아의 경우 심하면 사망할 수도 있다.
▲아데노 바이러스(Adeno virus)는 여름~가을철에 어린 영유아에서 유행하는 대표적인 원인균으로, 보통 39도에 이르는 고열을 동반하는 목감기다. 유행성 각결막염인 일명 '아폴로 눈병'도 아데노 바이러스에 의한 감염증이다.

9월 26일부터
실외마스크 착용 의무 해제

9월 26일부터 야외에서의 마스크 착용 의무가 완전히 해제됐다. 실외 마스크 착용이 의무화된 지 약 1년 5개월 만이다. 코로나19 중앙재난안전대책본부(중대본)에 따르면 9월 26일부터 50인 이상이 모이는 야외 집회나 공연, 스포츠 경기에서 마스크를 쓰지 않아도 된다.

마스크 착용 의무화는 국내에서 코로나19가 발생한 첫해인 2020년 10월 13일 시작됐다. 지난해 4월 12일부터는 실외라도 사람 간 2m 거리두기가 안 되는 곳은 마스크 착용을 의무화했다. 그러다 올해 초 오미크론 대유행이 지나고 감염병 대응체계를 '일상방역' 기조로 전환하면서 5월 2일 '50인 이상 집회·공연·경기'를 제외한 실외에서의 마스크 의무를 해제한 바 있다.

정부는 최근 확진자와 위중증·사망자가 안정 추세를 보이고 있고 실외의 경우 실내보다 감염 위험이 크게 낮다는 점을 고려했다. 대다수 외국에서 실외 마스크 착용 의무가 없고 현재 공연·스포츠 경기에 고위험군인 60세 이상 관람객 비중이 적은 점도 감안됐다.

다만 정부는 **감염 위험이 상대적으로 높은 밀집 상황에서는 실외라도 마스크를 적극 착용해줄 것을 권고**한다. 실외 마스크 권고 대상은 ▲발열·기침·인후통 등 코로나19 의심 증상이 있는 사람 ▲고령층, 면역저하자, 미접종자 등 고위험군 및 고위험군과 밀접 접촉하는 사람 ▲다수가 밀집해 함성·합창·대화 등 비말(침방울) 생성이 많은 상황 등이다.

실내 마스크 착용 의무는 당분간 유지된다. 겨울철 코로나19와 인플루엔자(독감)의 **트윈데믹**(twindemic : 비슷한 두 개 질병의 동시 유행) 우려를 고려한 조처다. 일각에서는 영유아부터 실내 마스크를 완화하자는 의견도 제기하고 있지만, 정부는 겨울 상황을 봐가면서 추가 논의를 이어가겠다는 신중한 입장이다.

> **➕ 코로나19 2가백신**
>
> 코로나19 2가백신이란 초기 코로나19 바이러스와 변이 바이러스(오미크론) 각각의 항원을 발현하는 백신을 말한다. 2가백신은 기존 백신에서 확인된 중증 사망 예방효과는 지속되면서, 최근 유행하는 변이 바이러스에 대한 감염 예방효과를 기대할 수 있다. 코로나19 2가백신은 2022년 10월 11일부터 접종이 시행됐다.

대전 현대아울렛
화재참사 7명 사망·1명 중상

9월 26일 대전 유성구 용산동 소재 현대 프리미엄아울렛 대전점에서 대형 화재가 발생해 7명이 숨지고 1명이 크게 다쳤다. 불이 나자 인근 숙박

동 투숙객과 종사자 등 110명이 대피하는 혼란이 빚어졌다.

대전시소방본부와 목격자 등에 따르면 이날 오전 7시 45분께 아웃렛 지하주차장 지하 1층 하역장 근처에서 불꽃이 치솟으면서 불이 났다. 목격자는 "'딱딱딱' 소리가 들렸는데, 얼마 되지 않아 하역장 끝편에서부터 검은 연기가 급격하게 많아졌다"며 "순식간에 내가 있는 쪽으로 몰려와 급히 대피했다"고 언론에 전했다.

당시 **지하실에서 근무하던 근무자는 8명으로, 이 가운데 7명이 숨진 채 발견됐고 1명이 크게 다쳐 병원에서** 치료를 받고 있다. 이들은 택배·청소·방재 업무 관련 관계자들로 파악됐다.

현대아웃렛 화재 합동감식 착수

경찰과 국립과학수사연구원 등으로 구성된 합동감식반이 9월 27일 용역직 등 노동자 7명이 숨진 대전 현대프리미엄아웃렛 화재 참사 원인 등을 밝히기 위한 감식에 착수했다.

40여 명으로 구성된 합동감식반은 불길이 시작되는 모습이 담긴 폐쇄회로(CC)TV 영상과 목격자 진술 등을 토대로 지하 1층 하역장 근처를 정밀하게 살펴볼 것으로 예상된다. 화재 당시 현장

CCTV 영상에는 종이 상자와 의류 등이 쌓여 있는 하역장 쪽에 1톤 화물차 기사가 주차하고 내려 하역작업을 하던 중 차 주변에서 불길이 보이는 모습이 담겼다.

합동감식반은 현대아웃렛 측이 지난 6월 소방점검 때 지적받은 내용을 제대로 개선했는지도 살피게 된다. 당시 지하 1층 주차장 화재 감지기 전선이 끊어졌거나 상태가 불량하고, 매장 주변 화재경보기 경종과 피난 유도등 등의 교체가 필요하다는 등 24건이 지적됐다. 다만 스프링클러나 제연설비 등에서는 별다른 결함이 발견되지 않은 것으로 알려졌다.

> **➕ 중대재해기업처벌법 (重大災害企業處罰法)**
>
> 중대재해기업처벌법(중대재해법)은 노동자 사망사고와 같은 중대재해가 발생할 경우 대표이사 등 경영 책임자도 처벌할 수 있도록 한 것으로, 경영 책임자가 최소 1년 이상 징역, 10억원 이하 벌금을 물도록 한 법이다. 2022년 1월부터 시행됐다. 기존 산업안전보건법이 법인을 법규 의무 준수 대상자로 하고 사업주의 경우 안전보건 규정을 위반할 경우에 한해서만 처벌을 한 데 비해 중대재해기업처벌법은 법인과 별도로 사업주에게도 법적 책임을 묻는다는 차이가 있다.

신당역 살인사건 가해자는 스토킹하던 전 동료

경찰은 9월 19일 '신당역 역무원 살인사건'의 범인이 31세 전주환이라고 밝혔다. 이날 오후 열린 서울경찰청 신상정보공개 심의위원회 결정에 따라 전 씨의 얼굴 사진도 공개됐다. 경찰은 "사전

▲ 스토킹 살해범 전주환

에 계획해 공개된 장소에서 피해자를 잔인하게 살해하는 등 범죄 중대성 및 잔인성이 인정되고 범행을 시인하는 등 증거가 충분하다"면서 "유사 범행에 대한 예방 효과와 재범 위험성 등을 고려해 신상을 공개한다"고 밝혔다.

경찰은 이날 전주환이 범행 당일인 지난 9월 14일 노란색·회색이 함께 있는 양면 점퍼를 입은 것으로 확인됐다고 했다. 전 씨가 범행 직후 점퍼를 뒤집어 입어 감시를 피하려 했을 것으로 추정하고 있다. 또한 경찰은 전 씨가 범행 당시 지문 등을 남기지 않기 위해 장갑을 착용한 사실도 확인했다고 밝혔다.

경찰은 전 씨의 신상 공개와 함께 이날 후속 대책도 내놨다. "현재 **수사 중이거나 송치하지 않은 스토킹 사건을 전수 조사하고 피해자 보호 조치 강화 등을 검토**하겠다"고 했다. 이미 무혐의 판단을 내린 사건도 위험도를 재평가하겠다는 것이다. 전수 조사 대상은 현재 수사 진행 중인 스토킹 사건을 기준으로 서울이 400여 건, 전국 1700여 건인 것으로 알려졌다.

경찰은 또 스토킹 범죄 피해자 보호를 위해 '잠정조치 4호'(유치장·구치장 유치)도 더 적극적으로 신청하기로 했다. 현행법상 스토킹 범죄의 재발 우려가 인정될 경우 **'경찰 신청, 검찰 청구, 법원 결정'을 거쳐 최대 1개월간 가해자의 인신을 구속**할 수 있다.

용혜인 기본소득당 의원실에 따르면, 2021년 10월부터 2022년 7월까지 신청된 '잠정조치 4호' 500건 중 절반이 넘는 275건(55%)이 법원 단계에서 기각됐다. 윤 청장은 "검찰, 경찰이 협의체를 만들어 사건 초기부터 대응해 잠정조치 4호 인용률을 높이겠다"고 했다.

경찰은 '긴급 잠정조치 신설' 의견도 낼 방침이다. **초동 대응 현장에서 스토킹 가해자를 먼저 유치하고 사후에 법원의 판단을 받는 법적 장치를 만들자는 것**이다. 현재 경찰이 '잠정조치'를 신청하면 법원 결정까지 2~5일 정도 걸리는데 '긴급 잠정조치'를 통해 그 공백을 없애자는 취지라고 한다.

그러나 일각에서는 최근 경찰이 내놓은 스토킹 범죄 예방책이 '보여주기식'이나 '재탕' 아니냐는 비판도 나온다. 2021년 12월 스토킹 가해자가 신변 보호 중이던 여성의 집을 찾아가 가족을 살해한 사건이 불거졌을 때에도 경찰은 이번처럼 스토킹 사건 전수 조사를 지시한 바 있다.

➕ **피의자 신상공개 요건과 방법**
피의자의 신상공개는 특정강력범죄의 처벌에 관한 특례법 또는 성폭력범죄의 처벌 등에 관한 특례법에 규정되어 있다. 두 법률의 해당 규정은 모두 2010년 4월 15일부로 신설되어 시행되고 있다. 특례법은 ▲범행 수단이 잔인하고 중대한 피해가 발생했거나 ▲죄를 범했다고 믿을 수 있는 충분한 증거 ▲국민 알 권리 보장, 피의자 재범방지 등 공공의 이익을 위할 경우 ▲피의자가 청소년(만 19세 미만)이 아닌 경우 등 요건을 갖췄을 때 얼굴, 실명, 나이 등 신상을 공개할 수 있다고 적시하고 있다.
신상공개 여부는 7명의 신상공개심의위원회 위원들의 회의와 채점을 통해 결정되는데 이 중 4명 이상은 시민단체 등 외부 전문가가 포함된다. 이런 이유로 판단 기준이 매번 조금씩 달라지고 있어 일각에서는 누군가의 주관적인 의견으로 신상공개 여부가 갈리는 것이 아니냐는 비판도 있다. 실제 강남역 살인사건 피의자는 정신질환에 의한 심신미약이 인정되어 신상이 공개되지 않았지만 같은 정신질환을 앓고 있던 2016년 수락산 살인사건과 오패산 터널 총격사건 피의자는 신상이 공개됐다.

인터폴, '루나 사태' 권도형 적색수배 발령

▪인터폴(국제형사경찰기구)이 권도형 테라폼랩스 대표에 대해 적색수배를 발령했다. 9월 26일 서울남부지검은 인터폴이 권 대표에 대한 적색수배를 발령했다고 밝혔다. **인터폴 수배 중 가장 강력한 조치인 '적색수배'는 체포영장이 발부된 중범죄 피의자에게 내려지는 국제수배다.**

서울남부지검 금융증권범죄합수단은 권 대표의 신병을 확보하기 위해 권 대표와 테라폼랩스 창립 멤버 니콜라스 플라티아스, 직원 한 모 씨 등 관계자 6명에 대한 체포영장을 발부받아 인터폴과 공조 절차를 진행하고 있다. 권 대표와 함께 체포영장이 발부된 나머지 5명의 적색수배 여부는 확인되지 않았다.

앞서 체포영장을 발부받은 검찰은 외국인인 니콜라스 플라티아스를 제외한 5명에 대해 외교부에 여권 무효화 조치를 요청했다. 다만 싱가포르 경찰이 당초 싱가포르에 체류 중인 것으로 알려진 권 대표의 신병에 대해 부인하면서 행방이 묘연한 것으로 나타났다.

싱가포르 경찰(SPF)은 9월 17일(현지시간) AFP통신을 통해 "권 대표가 현재 싱가포르에 없다"며 "싱가포르 국내법 및 국제적 의무 범위 내에서 한국 경찰청을 지원하겠다"고 밝혔다.

이에 권 대표는 9월 19일 SNS에 "나는 도주 중이 아니다"고 주장했지만 검찰은 "피의자는 압수수색 등 과정에서 수사에 전혀 협조하지 않았고, 변호인을 통해 출석할 의사가 없다고 밝혔다"며 '명백한 도주'로 보고 있다.

지난 5월 10일 **권 대표의 테라폼랩스가 발행한 루나는 자매 코인이자 ▪스테이블코인을 표방한 테라가 기준 가격인 1달러 밑으로 떨어지면서 가치가 99.99% 폭락**했다. 루나와 테라가 상호 보완적으로 가격을 유지하는 알고리즘이었지만 투자자들이 이와 반대로 움직이자 루나와 테라 가격이 동시에 폭락했다.

루나와 테라의 폭락으로 전 세계 투자자들은 400억달러(약 57조원) 상당의 손실을 봤다. 가상화폐 시장에선 권 대표가 계획적으로 사기극을 벌였다는 주장도 나왔다. 하지만 권 대표는 지난 6월 22일 월스트리트저널(WSJ) 인터뷰에서 "나도 자산 대부분을 잃었다. 실패와 사기는 다른 것"이라고 주장했다.

■ **인터폴 (Interpol)**
인터폴은 가맹 각국의 형사경찰 당국이 상호 간에 주권을 존중하면서 국제범죄의 방지, 진압에 협력하기 위해 설립한 조직이다. 정식명칭은 '국제형사경찰기구(ICPO, International Criminal Police Organization)'다.

■ **스테이블코인 (stable coin)**
스테이블코인이란 법정화폐와 연동돼 가격 변동성을 최소화하도록 설계된 암호 화폐다. 스테이블코인은 미국 달러나 유로화 등 법정 화폐와 1대 1로 가치가 고정되어 있는데, 보통 1코인이 1달러의 가치를 갖도록 설계된다. 테더(Tether, USDT) 코인이 대표적인 스테이블코인이고 이 외에도 HUSD, PAX, GUSD, USDC 등의 다양한 스테이블코인이 발행됐다.

'쌍방울 뇌물 혐의' 이화영 전 경기부지사 구속

쌍방울 그룹

쌍방울 그룹의 '수상한 자금 흐름 의혹'을 밝히기 위해 시작된 검찰 수사가 서서히 이재명 더불어민주당 대표를 겨냥하고 있다. 검찰은 자금 흐름을 살펴보던 중 이 대표의 측근인 이화영 전 경기도 평화부지사의 뇌물수수 정황을 발견하고 수사해 그를 구속했다.

검찰은 이 전 부지사가 쌍방울로부터 받은 금품을 2억5000만원 상당으로 보고 있는데, 100억원이 넘는 규모의 '수상한 자금' 흐름 중 일부가 수사 진행에 따라 이 대표 쪽으로 향할 가능성이 있다. 검찰은 이 자금 중 일부가 이 대표의 변호사비 대납에 활용됐을 가능성을 열어 두고 있다.

수원지법은 9월 28일 새벽 쌍방울로부터 수억원대 금품을 받은 혐의(특가법상 뇌물)를 받는 이 전 부지사에 대한 구속영장을 발부했다. 이 전 부지사는 2004~2008년 서울 중랑구에서 제17대 국회의원을 역임한 정치인이다. 2017년 3월부터 2018년 6월까지 1년 3개월간 쌍방울 사외이사로 있었다.

이 전 부지사는 이 대표가 경기도지사로 당선된 직후인 2018년 8월 초대 평화부지사로 임명돼 2020년 1월까지 1년 5개월간 재임한 이 대표 측근이다. 평화부지사는 2018년 남북정상회담이 개최되는 등 평화무드에 맞춰 경기도 통일정책과 남북경협 등을 전담하기 위해 이 대표가 새롭게 만든 직책이었다. 이 전 부지사는 이 기간과 2020년 9월부터 현재까지 킨텍스 대표이사로 있으면서 쌍방울 그룹으로부터 법인카드와 외제차 등 2억5000만원 상당의 금품을 수수한 혐의를 받는다.

이 전 부지사의 혐의는 쌍방울 그룹의 수상한 자금 흐름을 살펴보던 검찰에 포착됐다. 검찰은 올해 2월 ■**금융정보분석원(FIU)**으로부터 쌍방울 그룹에서 이뤄진 수상한 자금 흐름 자료를 건네받고 수사를 벌여 왔다. 쌍방울은 2018년 11월 100억원 규모의 ■**전환사채**를 발행했고, 이를 한 페이퍼컴퍼니가 모두 매입한 뒤 주식으로 전환해 현금으로 바꾼 것으로 알려졌다. 또 2020년 4월 발행한 45억원 규모 전환사채는 신원 불상자를 거쳐 현금으로 빠져나갔다.

수사 과정 중 쌍방울 임원으로 재직 중인 전직 검찰 수사관에게 현직 검찰 수사관이 수사자료를 유출하는 등 자금 사용처를 은폐하려는 시도도 벌어졌다. 김성태 전 쌍방울 회장은 수사망이 좁혀 오던 지난 5월 싱가포르로 출국해 태국에 지내는 것으로 알려졌다.

검찰이 돈의 사용처를 더 깊게 수사하면 이 대표의 변호사비 대납 의혹도 구체화될 가능성이 있다. **쌍방울은 2018년 이 대표의 선거법 사건 재판에서 변호사 수임료 20억여원을 대신 지불했다는 의혹**을 받고 있다. 검찰은 9월 8일 변호사비 대납 사건과 관련된 공직선거법상 허위사실 공표 혐의에 대해 이 대표를 불기소 처분하며 "전환사채 편법 발행으로 의심되는 정황이 확인됐다"며 "이익이 변호사비로 대납됐을 가능성을 배제하기 어렵다"고 밝혔다.

■ 금융정보분석원 (FIU, Financial Intelligence Unit)

금융정보분석원(FIU)은 금융기관을 이용한 범죄자금의 자금 세탁행위와 외화의 불법유출을 막기 위해 2001년 11월 설립된 금융위원회 산하 기관이다. FIU는 은행은 물론 증권사, 보험사 등 금융기관으로부터 의심스러운 금융거래 내용의 보고를 받고 금융정보를 수집·분석하여 이를 법집행기관에 제공한다.
FIU는 법무부·금융위원회·국세청·관세청·경찰청·한국은행·금융감독원 등 관계 기관의 전문 인력으로 구성되어 있으며 해외 FIU와 협조한다. 우리나라는 2002년 벨기에 FIU와의 양해각서(MOU)를 체결한 것을 시작으로 미국·중국·일본·영국 등을 포함해 2021년 기준 총 69개국 FIU와 MOU를 체결했다.

■ 전환사채 (CB, Convertible Bond)

전환사채는 '주식으로 전환할 수 있는 권리', '주식으로의 전환권이 인정되는 사채'를 말한다. 일정한 조건 아래 발행 회사 보통의 주식으로 전환할 수 있는 선택권이 부여된 회사채이다. 일반채권과 똑같이 만기일이 정해져 있고 그때까지는 정기적으로 이자가 지급되는 채권이기도 하다. 투자자는 사채의 확실성과 주식의 투기성을 비교, 교량하여 선택할 수 있으며, 발행회사는 전환에 의한 사채상환의 효과를 누릴 수 있고 이자비용의 감소에 의한 자금조달상의 편의를 주는 의미를 지닌다. 발생은 원칙적으로 이사회가 결정하나 정관의 규정에 의해 주주총회가 결정할 수도 있다.

한동훈-국회, '검수완박법' 헌재서 충돌

윤석열 정부의 첫 법무부 장관인 한동훈 장관이 9월 27일 더불어민주당이 문재인 정부 임기 말 강행 처리한 '검수완박(검찰 수사권 완전 박탈)법'을 놓고 국회 측과 헌법재판소에서 정면으로 충돌했다.

한 장관은 검수완박법이 헌법이 보장하는 검사의 수사권을 축소해 국민의 기본권을 침해했다고 주장했다. 국회 측은 "법무부 장관은 ■**권한쟁의심판**을 청구할 자격이 없다"며 한 장관이 헌재에서 검수완박법이 위헌이라는 변론을 펴는 것 자체가 잘못됐다고 맞섰다.

검수완박법으로 불리는 개정 검찰청법·형사소송법은 9월 10일 시행됐다. **검사의 직접 수사 범위를 기존 6대 범죄**(부패·경제·공직자·선거·방위사업·대형참사)**에서 부패·경제로 줄이고 수사와 기소를 분리하는 내용**이 담겨 문재인 정부 임기 말 민주당이 강행 추진할 당시 위헌 논란이 일었다.

앞서 법무부는 지난 6월 27일 헌재에 "민주당 주도로 국회를 통과한 개정 검찰청법과 형사소송법이 위헌"이라며 국회의장을 상대로 권한쟁의심판을 냈다. 당시 국회의장이었던 박병석 전 의장이나 김진표 현 국회의장 모두 다수당인 민주당 출신이다. 한 장관은 세 달 만에 헌재에서 열린 공개 변론에 직접 출석해 변론에 나섰다.

한 장관은 검수완박법이 위헌이라고 주장하는 이유를 자세히 설명했다. 먼저 "(검수완박법은) 국민을 범죄로부터 보호해야 하는 검찰의 헌법상 기능을 훼손해 국민에게 피해를 주는 잘못된 내용으로 만들어져 위헌"이라고 했다. 헌법 12조는 검사에게 구속·압수 수색 등 영장을 청구하는 권한을 부여하고 있다. 이를 근거로 **헌법이 검사의 수사권을 보장한다고 볼 수 있는데 수사권을 축소하므로 위헌**이라는 것이다.

또 "경찰이 불송치 결정한 사건에서 고소인이나 피해자가 이의를 신청하면 동일성 범위 내에서만 보완 수사할 수 있어 피해자 보호가 크게 약화됐다"며 **"고발인의 이의 신청권을 박탈해 장애인·아동 등 사회 약자들에 대한 보호를 한층 어렵게 만들었다"**고 했다. 검수완박법으로 검찰이 수사하지 못하는 범죄를 경찰이 뭉개면 국민이 피해를 구제받기 어려워진다는 취지다.

반면 국회 측은 검수완박법이 위헌이 아니라고 반박했다. 국회 측 대리인인 장주영·노희범 변호사는 "헌법은 수사·기소 권한 행사 주체와 방법에 규정을 두지 않았다"며 **"수사권은 행정권의 일부이고 (국회가) 입법 당시의 시대 상황과 국민의 법의식을 고려해 수사 주체와 방식을 결정할 수 있다"**고 했다. 헌법이 검사의 영창 청구 권한을

부여했을 뿐 수사권을 준 게 아니며 수사권이 어느 기관에 있는지는 시대 상황에 따라 결정할 문제라는 것이다.

■ **권한쟁의심판 (權限爭議審判)**

권한쟁의심판이란 국가기관 상호 간이나 지방자치단체 상호 간 또는 국가기관과 지방자치단체 사이에 권한이 누구에게 있는지 또는 권한이 어디까지 미치는지에 관한 다툼을 해결하기 위해 어떤 권한이 누구에게 있고 어디까지 미치는지를 명백히 밝힘으로써 국가의 기능이 원활하게 수행되도록 하는 재판이다. 지방자치단체는 헌법 또는 법률에 의하여 부여받은 권한이 침해되거나 침해될 우려가 있는 때에 한하여 권한쟁의심판 청구가 가능하며 부여되지 않은 권한의 경우 청구는 적법하지 않다.

검찰, '성남FC 후원금 의혹' 수사 확대

검찰이 성남FC 후원금 의혹 관련 수사 대상 기업을 계속 확대해 강제수사에 나서고 있다. 수원지검 성남지청 형사3부(부장검사 유민종)는 성남FC 후원금 의혹과 관련해 10월 4일부터 농협 성남시지부, 현대백화점 압구정본점과 판교점, 알파돔시티 사무실 등 7곳에 수사관 등을 보내 관련 자료 등을 확보했다. 이 사건 관련 세 번째 강제수사에 나선 것이다.

앞서 검찰은 9월 16, 20일 두산건설과 두산그룹 본사를, 26일에는 대상을 확대해 네이버, 차병원 사무실 등 10여 곳을 압수수색한 바 있다. 성남

FC 후원금 의혹은 **이재명 더불어민주당 대표가 성남시장**(성남FC 구단주)**으로 재직할 당시 관할 기업들이 인·허가 등 민원을 해결해준 대가로 성남FC에 광고비 등 명목으로 후원금을 냈다는 게 골자**다.

이번 압수수색 대상인 현대백화점과 알파돔시티는 각각 5억원과 5억5000만원의 후원금을 내고 성남FC 후원을 통해 현대백화점 개점 반대 및 건설 반대 민원을 해결했다는 의혹을 받는다. 농협의 경우 후원금 36억원을 내고 수조원 규모의 성남시 금고 계약 연장을 지원받았다는 의혹이다.

앞서 이 사건을 수사한 경찰은 두산건설에 대해서만 혐의가 인정된다고 보고 기소의견으로 송치했으나, 사건을 넘겨받은 검찰은 의혹이 제기된 기업들을 전부 다시 들여다보고 있다. 향후 관련자들에 대한 조사 및 기소도 이어질 전망이다.

검찰은 9월 30일 혐의가 특정됐다고 판단한 두산건설 전 대표 A 씨를 뇌물공여 혐의로, 전 성남시 전략추진팀장 B 씨를 특정범죄가중처벌등에관한법률상 뇌물(제3자뇌물수수) 등 혐의로 불구속기소 했다.

➕ 주빌리은행

주빌리은행은 2015년 8월 이재명 대표가 성남시장 시절 성남시민의 부채를 탕감하기 위해 설립한 비영리단체다. 주빌리은행은 '은행'이란 이름을 달고 있지만, 여타 은행처럼 여·수신 업무를 하지 않으며, 부실채권 시장에서 부실채권을 넘어선 악성채권을 골라 매입해 없애는 업무를 한다. 검찰은 이 대표가 연관된 성남FC 후원금 의혹을 수사하기 위해 주빌리은행 본점 등 10곳을 압수수색 했다.

월성원전 1호기 핵연료저장조 누수 영상 논란

▲ 월성원전

영구 정지된 경북 경주 월성원전 1호기 사용 후 핵연료 저장조 하부에서 고농도 방사성 물질 오염수가 새어 나오는 영상이 뒤늦게 공개돼 논란이 일고 있다. 이 영상에는 사용 후 핵연료를 식히는 데 사용돼 고농도 방사성 물질을 함유하고 있을 수밖에 없는 오염수가 벽체의 갈라진 틈으로 계속 새어 나오는 모습이 담겨 있다. 월성 2호기의 저장조 내부 바닥을 촬영한 사진에서는 저장조 바닥에 방수용으로 발라 놓은 에폭시 라이너가 부풀어 오르고 여기저기 갈라져 있는 모습도 보인다.

이 영상은 원자력안전위원회(이하 원안위) ▪**삼중수소** 민간조사단이 2021년 12월 현장 조사 과정에서 촬영한 것이다. 삼중수소 민간조사단은 원안위가 2020년 12월 말부터 논란이 된 월성원전 지하 삼중수소 누출 문제를 조사하기 위해 구성했다. 원안위는 이때 조사활동을 모니터링하기 위한 기구로 현안소통협의회도 함께 꾸렸다.

영상이 공개되면서 환경단체를 중심으로 현장 실

사가 필요하다는 지적이 나왔다. 그린피스는 성명을 내어 "공개된 영상과 사진은 원안위 조사단이 수조의 실태를 제대로 공개하지 않았음을 입증한다. 수조 내 냉각수와 핵연료를 완전히 드러낸 뒤 대규모 보수 공사를 시행해야 할 응급상황으로 보인다"고 주장했다. 장마리 그린피스 캠페이너는 "국회가 직접 현장 실사에 나서서 손상 규모를 시민들에게 공개하고 보수 공사에 착수해야 한다"고 말했다.

반면, 원안위는 지난 5월에 발표한 대로 관련 보수 작업이 마무리됐다는 입장이다. 원안위 관계자는 "영상과 사진의 내용은 올해 5월에 한 2차 경과 발표에 모두 포함돼 있다"며 "삼중수소 조사단과 협의회는 조사 경과 발표 자료의 형식과 내용 등에 대해서도 합의해 결정하고 회의 결과와 속기록을 공개하는 등 투명하게 관련 작업을 했다"고 말했다.

하지만 지난 **5월 당시 관련 영상을 공개하지 않아 누수 실태를 축소 보고한 것이 아니냐는 의혹**이 나온다. 이에 대해 삼중수소 조사단 현안소통협의회 관계자는 "협의회 구성원들의 입장이 첨예하게 갈려서 조사 결과를 텍스트 형태로 발표하는 것도 쉽지 않은 상황이었다"고 말했다. 위원장을 제외한 협의회원 6명은 원자력업계 대표와 지역주민 대표, 시민단체 대표 각 2명씩으로 구성돼 있다.

김영희 탈핵법률가모임 해바라기 대표 변호사는 9월 21일 환경단체 그린피스가 월성원전 삼중수소 누출과 관련해 서울 여의도 전경련회관에서 연 토론회에서 "원안위와 조사단이 심각한 수조 손상을 인지하고도 비공개하기로 협의한 것은 구

조물 손상으로 인한 누설 자체가 원자력안전법 규를 위반한 것이 되기 때문"이라고 말했다. 월성 1호기 설계에 참여한 이정윤 원자력안전과미래 대표는 "월성 2호기의 경우 저장조 바닥의 균열 깊이로 판단할 때 바닥 콘크리트 자체에 균열이 발생한 것으로도 보여 보수가 시급하다"고 말했다.

■ **삼중수소 (三重水素)**
삼중수소란 1개의 양성자와 2개의 중성자로 이루어진 방사성 물질이다. 삼중수소의 핵은 보통 수소 핵질량의 3배이며, 반감기가 12.5년이다. 삼중수소는 천연에서 산출되며, 자연계에서 가스 형태보다는 삼중수소화된 물 또는 수증기 형태로 존재한다. 자연에 존재하는 모든 종류의 수소 중 보통의 수소가 차지하는 비율은 약 99.983%이고, 극히 일부분인 0.015%만이 중수소가 차지하고 있으며, 삼중수소가 차지하는 비율은 극히 낮아 무시할 수 있을 정도다. 삼중수소는 원자력발전소 운전 시에 인위적으로 대량 생산되며, 수소나 중수소와 달리 베타선이라는 방사선을 방출한다.

세계 자동차 절반 친환경차로 바뀐다...韓 글로벌 3강 도전장

정부가 2026년까지 자동차산업에 95조원 이상을 투자해 2030년까지 글로벌 전기차 330만 대 생산을 달성하고, 세계 시장 점유율을 12%까지 높이기로 했다. 미래차 전문 인력 3만 명도 육성한다.

이창양 산업통상자원부 장관은 9월 28일 대한상공회의소에서 현대차·기아 등 완성차업계와 부품기업·모빌리티·유관기관 대표 등이 참석한 가운데 열린 자동차 산업전략 원탁회의에서 미래차 전환 청사진을 담은 '글로벌 3강 전략'을 발표

했다. 정부의 산업 대전환 프로젝트 중 첫 번째로 글로벌 자동차 시장의 트렌드 변화를 반영해 마련됐다.

2021년 5%를 기록했던 세계 전기차 시장 점유율을 2030년 330만 대, 12%로 끌어올려 전동화 글로벌 '탑티어(top tier)'로의 도약을 추진한다. 2026년까지 운영체제(OS), 무선업데이트(OTA) 등 차량용 핵심 소프트웨어(SW)를 국산화해 전동화 경쟁력의 핵심 요소인 소프트웨어·반도체 역량을 강화할 계획이다. 또한 2030년까지 소프트웨어 융합인력 1만 명, 차량용 소프트웨어 전문기업 300개를 육성한다. 차량용 반도체는 프로세서·센서·전력반도체 등 16대 핵심품목을 집중 개발해 세계 시장 점유율을 2030년 6.6%로 2배 확대하기로 했다.

세계 최고의 경쟁력을 보유한 전기·수소차 개발에도 나선다. 전기차는 초급속 80% 충전 기준 현재 18분인 충전 속도를 2030년 5분까지 단축하고 현재 500km 수준인 1회 충전 주행거리를 2025년 600km까지 확대하기로 했다. 충전시간이 단축되면 주유소와 같은 충전소가 생활권 주변에 설치될 수 있을 전망이다. 수소차는 상용차 기준 현재 30만km 수준인 내구성을 2030년 80만km까지 확대하고 연비도 현재 kg당 13km 수준에서 17km까지 개선한다.

산업부는 규제 개선과 세제 지원 등을 통해 완성차 업계가 2026년까지 5년간 추진할 '95조원+α' 규모의 투자 계획을 밀착 지원한다. 미국 인플레이션감축법안(IRA) 시행에 따라 미국 현지 자동차 생산을 앞당기고, IRA 요건에 맞는 배터리를 조기 확보하기로 했다. 대형모터·초고속베어

링 등 해외 의존도가 높은 전기·수소차 핵심부품 14종의 기술 자립화 및 소재 국산화율을 현재 70%에서 2025년 90% 이상으로 높이는 등 공급망 안정성을 높일 계획이다.

➕ EV (Electric Vehicle)

EV는 말 그대로 전기자동차를 의미한다. 일반적으로 전동화 차종은 하이브리드나 플러그인 하이브리드까지 포함하지만 통상 EV라 하면 고전압 배터리와 구동 모터로 구동력을 발생시키는 차량을 의미한다. 그래서 EV는 화석연료를 사용하지 않아 배기가스는 없으며 소음도 극히 작다는 장점이 있다. EV의 핵심은 '1회 충전 시 주행거리(AER, All Electric Range)'라고 할 수 있다. EV의 1회 충전 주행거리가 길수록 아직은 부족한 EV 충전 인프라를 더욱 효율적으로 활용할 수 있다.

'명예살인 위기' 파키스탄 부부 난민 인정

신분이 다른 두 사람이 연애결혼을 했다는 이유로 가족들로부터 ■**명예살인** 위협에 시달린 파키스탄인 가족에게 난민 지위를 인정하라고 대법원이 판결했다.

대법원 2부(주심 조재연 대법관)는 파키스탄 국적 A 씨·B 씨 부부와 자녀가 인천 출입국·외국인 청장을 상대로 "난민불인정 결정을 취소해달라"며 낸 소송 상고심에서 이들을 난민으로 인정해야 한다고 판결한 원심을 확정했다고 10월 6일 밝혔다.

서울의 한 대학원으로 유학 온 파키스탄 출신 A

씨는 2016년 3월 파키스탄에 잠시 머물 때 지금의 부인인 B 씨를 만나 혼인신고를 했다. 그러나 B 씨 가족은 A 씨와 신분(카스트)이 다르다며 결혼을 반대했다. B 씨는 '집안의 명예를 더럽힌 여자'라는 비난을 받으며 가족들로부터 폭행을 당하기도 했다.

A 씨와 B 씨는 파키스탄 경찰에 도움을 구했다. 그러나 B 씨 가족으로부터 뇌물을 받은 경찰은 "법정에서 가족에게서 폭행을 당했다고 진술하면 A 씨를 죽이겠다"고 협박했다고 이들은 주장했다.

두 사람은 파키스탄으로 돌아가면 집안의 명예를 더럽혔다는 이유로 가족 구성원을 죽이는 관습인 명예살인을 당할 수 있다며 2019년 3월 난민 인정을 신청했다. 하지만 인천 출입국·외국인청이 A 씨 가족의 난민 신청을 받아들이지 않자 이들은 소송을 냈다. 1심은 A 씨 가족을 난민으로 인정하지 않은 당국의 판단이 정당하다고 판결했다. 1심 재판부는 이들을 위협한 것은 결혼으로 명예가 훼손됐다고 여기는 일부 과격한 가족 구성원들일 뿐, 이들에게 사회적 차별이나 박해가 가해지는 것은 아니라고 봤다. 사인 간 범죄행위는 파키스탄의 사법제도를 통해 해결해야 할 문제라는 것이다.

그러나 2심은 이들을 난민으로 인정해야 한다고 판단했다. A 씨 가족이 파키스탄으로 돌아갈 경우 박해받을 우려가 있다고 했다. 2심 재판부는 "사회계급이 다른 상대방과 결혼했다는 이유로 단순히 사회적 지탄이나 비난의 대상이 되는 수준을 넘어, **생명이나 신체에 대한 위협 등 인간의 본질적 존엄성에 대한 중대한 침해나 차별의 경우 난민협약에서 말하는 박해에 해당한다**"고 했다.

또 이들에 대한 위협은 일부 가족의 개인적 감정에 기인한 것이라기보다 파키스탄 사회 전반에 퍼져있는 전통 관습이나 규범에 따른 것이라고 했다. 대법원은 2심 판단에 불복한 인천 출입국·외국인청장의 상고를 **■심리불속행**으로 기각하고 이들을 난민으로 인정한 판결을 확정했다.

■ 명예살인 (名譽殺人, honor killing)

명예살인은 집안의 명예를 더럽혔다는 이유로 가족 구성원을 죽이는 악습을 의미한다. 주로 이슬람권에서 혼전 성관계를 가진 여성이나 간통한 여성들을 상대로 자행돼온 관습이다. 2000년 제네바 국제연합 인권위원회에서 처음으로 명예살인에 대한 실태보고서가 작성된 이후 세계적으로 명예살인 반대 운동이 전개됐다. 그러나 명예살인을 저지른 가족은 가벼운 처벌만 받기 때문에 일부 이슬람 국가에서는 아직도 공공연하게 명예살인이 자행되고 있다.

■ 심리불속행 (審理不續行)

심리불속행은 상고사건 가운데 상고 대상이 아니라고 판단되는 사건은 더는 심리하지 않고 상고를 기각하는 제도다. 1990년에 기존의 상고허가제가 폐지되고 상고심 절차에 관한 특례법에 의해 1994년 도입됐다. 심리불속행 처리 결정이 날 경우 선고 없이 간단한 기각 사유를 적은 판결문만 당사자에게 송달되며, 형사사건은 심리불속행 대상에서 제외된다.

국제
외교

인도네시아 축구장 난동 참사...
131명 사망

➕ 세계 최대 섬나라 인
도네시아

인도네시아는 동남아시
아에서 오세아니아까지
1만8200여 개의 섬으로
이뤄진 세계 최대 규모
의 섬나라다. 호주는 섬
나라가 아닌 대륙으로
분류하며 그린란드는 덴
마크 자치령으로서 준국
가이다. 인도네시아 인
구는 약 2억8000만 명
으로 중국, 인도, 미국에
이어 세계 4위이며 세계
에서 무슬림이 가장 많
은 국가이기도 하다. 수
도는 자카르타이며 화폐
단위는 루피아(Rp)다.

최루탄 터지자 출입구 몰려 압사

인도네시아 동부 자바주 말랑 리젠시의 칸주루한 추구장에서 대규모 참사
가 벌어졌다. 10월 1일 아레마FC와 페르세바야 수라바야의 경기가 원정팀
수라바야의 3 대 2 승리로 끝나자 흥분한 아레마FC 홈 팬들이 그라운드에
난입했다.

■**훌리건**들을 진압하는 과정에서 경찰이 최루탄을 발포하자 겁에 질린 관중
들이 경기장을 빠져나가기 위해 출입구로 몰리면서 131명이 사망하는 사태
가 발생했다. 희생자 대부분은 인파에 휩쓸려 압사하거나 질식사한 것으로
알려졌다. 사망자 중 최소 32명은 3~17세 어린이와 청소년인 것으로 조사
됐다.

인도네시아 시민들은 이번 참사로 사망한 팬들을 기리며 촛불집회에 나섰
다(사진). 집회 참석자들은 경찰이 규정을 어기고 최루탄을 발사했다고 비
난하며 진상 규명을 촉구했다. **국제축구연맹(FIFA) 규정**에 따르면 경기장에
서 공공질서를 유지하기 위해 경찰을 배치할 수는 있지만 총포류나 최루탄
사용은 금지된다.

인도네시아 당국은 독립적인 전문가들로 구성된 팀을 꾸려 사건 조사에 나섰다. FIFA와 아시아축구연맹(AFC)도 인도네시아를 찾아 사건의 진상을 직접 조사하기로 했다. 조코 위도도 대통령은 이번 조사가 완료될 때까지 인도네시아 프로 축구 1부 리그(리가1) 경기가 전면 중단된다고 밝혔다.

전 세계 애도 물결
잔니 인판티노 FIFA 회장은 10월 2일 인도네시아에서 발생한 축구장 참사에 세계 축구계가 "충격에 빠졌다"고 밝혔다. 인판티노 회장은 "오늘은 축구와 관련된 모든 이들에게 어두운 날이며 이는 이해할 수 없는 비극"이라며 "이번 비극으로 숨진 희생자의 가족과 친구들에게 깊은 조의를 표한다"고 애도했다.

스페인과 영국 축구 리그에서도 애도가 이어졌다. 스페인 축구 리그를 주관하는 라리가와 스페인 왕립 축구 연맹(RFEF)은 축구 구단들이 인도네시아에서 발생한 축구장 참사를 추모하기 위해 경기 전 1분간 묵념하기로 합의했다.

영국 프리미어리그는 공식 트위터 계정에서 "프리미어리그의 모든 이들은 칸주루한 경기장에서 발생한 비극으로 영향을 받은 이들과 함께 한다"고 밝혔다. **가나 축구의 레전드인 마이클 에시앙**도 "가슴이 아프다. 우리의 마음과 기도가 희생자와 그들의 가족, 친구에게 전해지기를"이라고 글을 남겼다. 프리미어리그 첼시에서 전성기를 보낸 에시앙은 빅리거 출신으로는 드물게 은퇴 전인 2017년 인도네시아 리그에서 1년간 몸담은 적이 있다.

한편, 이번 인도네시아 축구장 참사는 320명의 부상자가 나오며 축구 역사상 최악의 참사로 기록된 1964년 페루 리마 국립경기장 사고 이후 두 번째로 인명 피해가 컸다. 리마 사고 당시에도 경찰의 최루탄 사용이 희생자가 많았던 원인으로 지목됐다.

■ 홀리건 (hooligan)
홀리건은 축구장에서 난동을 부리는 과격 축구팬들을 일컫는 말이다. 본래 아일랜드 출신 불량배들을 일컫는 용어였으나 1980년대 보수당 정권하에서 빈부격차 심화에 반발한 실업자와 빈민층이 축구장에서 울분을 폭발시키는 일이 잦아지면서 축구장의 난동꾼들을 이 같이 부르게 됐다. 특히 잉글랜드와 러시아 홀리건들은 폭력 사태로 악명 높다.

POINT 세 줄 요약

❶ 인도네시아 동부 자바주 말랑 리젠시의 칸주루한 축구장에서 대규모 참사가 벌어졌다.

❷ 경기 결과에 실망한 홈 팬들이 그라운드에 난입한 가운데 경찰이 최루탄을 발사하자 관중들이 경기장을 빠져나가는 과정에서 참사가 벌어졌다.

❸ 각국 축구계에서 인도네시아 축구장 참사에 애도의 물결이 이어졌다.

해리스 美부통령 방한, 尹대통령과 회담

▲ 사전환담하는 윤석열 대통령(오른쪽)과 카멀라 해리스 미국 부통령 (자료 : 제20대 대통령실)

윤석열 대통령은 9월 29일 용산 대통령실에서 당일 일정으로 한국을 찾은 **카멀라 해리스 미국 부통령**을 접견했다. 현직 미 부통령이 방한한 것은 2018년 평창동계올림픽 당시 마이크 펜스 부통령 이후 4년 6개월 만이다.

85분 동안 이뤄진 접견에서는 한미 관계 강화 방안을 비롯해 북한 문제, 경제 안보와 주요 지역 및 국제 현안 등 상호 관심사에 대한 의견 교환이 이뤄졌다고 대통령실 이재명 부대변인이 브리핑을 통해 전했다.

윤 대통령은 해리스 부통령의 첫 방한을 환영하며 "지난 5월 조 바이든 미국 대통령의 공식 방한 후 4개월 만에 해리스 부통령이 방한한 것은 강력한 한미동맹에 대한 양국의 굳건한 의지를 반영한 것으로 평가한다"고 말했다.

해리스 부통령은 "서울에 이렇게 오게 돼 큰 영광"이라며 "남편이 지난 5월 (윤 대통령의) 취임식에 대표단을 이끌고 참석할 수 있는 영광을 누렸다"고 인사했다. 특히 **윤 대통령의 '비속어 발언 논란'과 관련, "한국 내 논란에 대해서 미국 측은 전혀 개의치 않고 있다"**며 "바이든 대통령은 깊은 신뢰를 갖고 있고, 윤 대통령과의 만남에 대해 만족스럽게 생각한다"고 언급했다.

이어진 비공개 접견에서 윤 대통령은 해리스 부통령에게 미국 인플레이션 감축법(IRA)에 대한 우려를 전달하면서 "양국이 한미 FTA(자유무역협정) 정신을 바탕으로 상호 만족할 만한 합의 도출을 위해 긴밀히 협력하기를 기대한다"고 말했다.

이에 해리스 부통령은 자신뿐 아니라 바이든 대통령도 한국 측 우려에 대해 잘 알고 있다면서 "법률 집행 과정에서 한국 측 우려를 해소할 방안이 마련되도록 잘 챙겨보겠다"고 답변했다.

이외에도 윤 대통령과 해리스 부통령은 최근 북한의 탄도미사일 발사와 핵 무력 정책 법제화에 우려를 표시하는 동시에 미국의 철통같은 방위 공약과 금융 안정을 위한 유동성 공급장치를 실행하기 위해 긴밀히 협력하기로 한 한미 정상 간 합의 사항도 재확인했다.

➕ 부통령의 권한

미국에서 부통령은 실질적인 역할보다 대통령을 보완·보조해주는 상징적 의미가 더 크다. 각종 국가자문회의 의장과 상원의장을 겸임하지만 평상시 존재감이 부각되지 않는다. 상원 의결 시 찬반 동수일 때만 투표권이 주어지나 이러한 권한은 자주 발동되기 어렵다. 다만 대통령이 임기 도중 사망하거나 면직, 사직 또는 직무수행이 어려울 때 대통령 자리 승계 1순위라는 점에서 부통령이란 상징적 권한을 무시할 수 없다.

푸틴, 예비군 30만 명 전쟁 동원

우크라이나의 영토 탈환 공세로 급반전된 전황이, 블라디미르 푸틴 러시아 대통령의 부분 동원령을 전격 발령하면서 돌이킬 수 없는 확전 국면으로 치닫게 됐다. 9월 21일(이하 현지시간) 러시아 타스통신 등에 따르면 푸틴 대통령은 이날 연설에서 "러시아와 러시아의 주권, (영토적) 통합성 보호를 위해 부분적 동원을 추진하자는 국방부와 총참모부의 제안을 지지한다"면서 "이미 해당 대통령령에 서명했으며 동원 조치는 오늘부터 시작될 것"이라고 밝혔다.

그는 다만 이번 동원령이 전면적이 아닌 부분적 동원령임을 강조하면서 "현재 예비역 상태에 있는 사람들이 소집될 것이며, 우선 군에 근무했고 특정 전공과 상응하는 경험을 가진 사람들이 대상이 될 것"이라고 설명했다.

이번 동원령은 러시아가 지금까지의 '특수 군사작전'을 벗어나 사실상 진짜 전쟁을 선포했다는 의미다. 9월 들어 전선 전역에서 본격화한 우크라이나군의 영토 수복 공세가 멈출 기미가 보이지 않고 개전 이후 줄곧 러시아가 점령해온 루한스크주와 헤르손주까지 위협받기에 이르자 판단이 바뀐 것으로 분석된다.

푸틴, 우크라 점령지 병합 선언

푸틴 대통령은 9월 30일 주민 투표를 끝낸 **우크라이나 내 러시아 점령지 4개 지역 병합을 공식 선언**했다. 새로 합병하는 지역은 우크라이나 내 동부 ▲도네츠크인민공화국(DPR) ▲루간스크(우크라이나명 루한스크)인민공화국(LPR) ▲남부 자포리자주 ▲헤르손주 등 4개 지역이다. 이들 점령지 면적은 약 9만km²로, 우크라이나 전체 영토의 15% 크기다.

이들 4개 지역은 지난 9월 23일부터 27일까지 주민투표를 통해 지역별 87~99%의 찬성률로 러시아와의 합병을 결정했다. 주민투표 최종 개표 결과 도네츠크인민공화국 99%, 루간스크인민공화국 98%, 자포리자주 93%, 헤르손주 87%가 러시아 연방으로의 편입을 찬성했다.

우크라이나와 서방은 해당 투표를 인정하지 않겠다는 입장이다. 볼로디미르 젤렌스키 우크라이나 대통령은 "우리는 헤르손주, 자포리자주, 돈바스, 하르키우주 내 점령된 지역, 크림반도에서 우리 국민을 보호하기 위해 행동할 것"이라면서 "점령된 영토에서 벌어지는 이 코미디는 짝퉁 주민투표로도 불릴 수 없을 정도"라고 일갈했다.

➕ 유라시아경제연합 (EAEU)

유라시아경제연합(EAEU, Eurasian Economic Union)은 서유럽 국가 중심의 유럽연합(EU)에 대응하기 위해 러시아가 중심이 된 옛 소련권 국가들의 연합체다. 러시아·벨라루스·카자흐스탄·아르메니아·키르기스스탄 등 5개국이 가입돼 있으며 역내 상품, 자본, 노동, 서비스 등의 자유로운 이동을 목표로 한다.

이탈리아서 첫 극우·여성 총리 탄생

▲ 조르자 멜로니 이탈리아형제들 대표

이탈리아에서 9월 25일(이하 현지시간) 실시된 조기 총선에서 극우 정당이 주축이 된 우파 연합의 과반 승리가 사실상 확정됐다. 이탈리아 공영방송 라이(Rai)는 출구조사 결과 우파 연합이 41~45%를 득표한 것으로 나타났다고 보도했다. 이는 정부 구성에 필요한 최소 득표율로 인식되는 득표율 40%를 넘어서는 수치다.

우파 연합은 조르자 멜로니 대표가 이끄는 이탈리아형제들(FdI·극우)과 마테오 살비니 상원의원이 대표인 동맹(Lega·극우), 실비오 베를루스코니 전 총리가 설립한 전진이탈리아(FI·중도우파) 등 세 정당이 중심이다. 정당별로는 FdI이 22~26%, 동맹이 8.5~12.5%, 전진이탈리아가 6~8%의 득표율을 각각 기록했다.

반면 총리를 지낸 엔리코 레타 민주당(PD) 대표가 이끄는 중도좌파 연합은 25.5~29.5% 득표에 그칠 것으로 전망됐다. 민주당이 17~21%로 FdI에 이어 두 번째로 높은 득표율을 기록했으나, 세력 규합에 실패하면서 우파 연합의 집권을 막지 못했다. 민주당은 선거 패배를 인정하고 주요 야당 세력으로서 차기 정부를 견제할 것이라고 밝혔다.

출구조사 결과가 맞을 경우 **우파 연합에서 최대 지분을 가진 FdI의 멜로니 대표가 총리직을 맡을 가능성이 크다.** 멜로니 대표가 총리에 오르면 이탈리아 사상 최초의 여성 총리이자 독재자 베니토 무솔리니 이후 집권한 첫 극우 성향 지도자가 된다.

이탈리아 차기 총리를 예약한 멜로니 대표가 총선 이후 첫 연설에서 국익을 최우선에 두겠다고 선언했다. 멜로니 대표는 "독일처럼 유럽의 다른 나라들도 EU의 이익보다 자신들의 이익을 우선한다"며 "이탈리아도 국익을 수호하는 방향으로 돌아갈 필요가 있다"고 강조했다.

총선 출구조사 발표 직후인 9월 26일 새벽 승리 선언 이후 처음으로 공식 석상에 모습을 드러낸 멜로니 대표는 차기 정부의 첫 번째 과제가 에너지 위기 대응이 될 것이라고 말했다.

➕ 파시즘 (Fascism)

파시즘이란 1919년 이탈리아의 베니토 무솔리니가 제1차 세계대전 이후 유럽(특히 이탈리아와 독일)에서 나타난 대중 정치와 대중 동원에 기초하여 극단적인 민족주의를 주장하며 나타난. 민주주의를 부정하고 독재 정치를 공공연히 주장하는 정치적 행동이자 체제를 말한다. 파시스트 운동의 핵심 요소는 계급 투쟁의 격화를 차단하고 내부의 관심을 영토의 확장과 국가 중흥으로 돌리는 것에 있다. 이를 위해서 파시즘은 계급 협조를 국가 차원에서 강요하며, 형식적으로는 자본가와 노동자를 모두 국가의 통제 아래에 두려고 한다. 파시즘은 대중 동원이 동반되는 보수적 군중의 열렬한 참여로 대표되며, 이 과정에서 파시스트 운동은 반공주의, 반지

성주의, 대중적인 음모론과 기존 사회에서 당연한 것으로 여겨지는 관습 및 인습을 옹호하는 경향이 강하다.

'G7 정상' 빠진 日 아베 국장 27일 거행

지난 7월 참의원(상원) 선거 유세 도중 총격 피습에 사망한 고(故) 아베 신조 전 일본 총리의 국장이 9월 27일 오후 2시부터 도쿄 지요다구의 일본 무도관에서 거행됐다. 아베 전 총리 사망 두 달 반만이다.

이번 국장에는 일본 국내외 인사 약 4300명이 참석했다. 일본 정·재계 관계자 3600여 명, 218개 국가·지역 정부 관계자, 일본 주재 외국대사 700여 명 등이 참여한 것으로 알려졌다. 한국에서는 한덕수 국무총리를 단장으로 한 정부 조문단이 파견됐다.

일본을 제외한 주요 7개국(G7, 미국·영국·프랑스·독일·이탈리아·캐나다) **정상들은 모두 불참했다.** 앞서 G7 정상 중 유일하게 국장 참석 의사를

밝혔던 쥐스탱 트뤼도 캐나다 총리의 경우 지난 9월 24일(현지시간) 허리케인 '피오나' 피해 대응을 이유로 참석 계획을 취소했다.

아베 전 총리의 국장은 일본 내 거센 반대 여론 속에서 치러졌다. 일본의 국장은 전액 정부 예산으로 치르는 만큼 주로 왕실의 일원이 사망한 경우에 진행됐다. 전직 총리에 대한 국장은 1967년 8월 요시다 시게루 전 총리 이후 55년 만이다. 이 때문에 아베 전 총리의 국장을 반대하는 여론의 목소리가 커졌다. 최근엔 도쿄 총리 관저 인근에서 국장을 반대하는 한 남성이 분신을 시도했고, 일본 정치인 상당수가 국장 불참 의사를 밝히기도 했다.

집권 자민당의 무라카미 세이치로 전 행정개혁담당 장관은 "법적 근거도 없이 감정론에 휩싸여 갑자기 국장을 결정하게 된 경위도 문제고, 무엇보다 국장을 반대하는 국민이 절반을 넘었다"며 불참 의사를 밝혔다. 마이니치신문, 산케이신문 등 일본 유력 언론들이 최근 실시한 설문조사에서 '아베 전 총리 국장 반대' 응답률은 모두 60%를 넘어섰다.

➕ 아베노믹스 (Abenomics)

아베노믹스란 '2%의 인플레이션 목표, 무제한 금융완화, 마이너스 금리 정책'을 통해 일본 경제를 장기침체에서 탈피시키겠다는 아베 신조 일본 전 총리의 경제 정책을 말한다. 이른바 '3개의 화살'로 불리는 ▲대규모 양적완화 ▲적극적 재정 정책 ▲과감한 성장 정책 등 3개 축으로 구성된다. 아베노믹스가 일으킨 엔저(엔화 가치 하락)에 힘입어 수출 기업 경쟁력 개선으로 경제 활력이 되살아났다는 주장이 있으나 엔저가 수입 물가 상승으로 이어져 가계와 기업에 부담을 지웠다는 비판도 있다.

美, 3연속 자이언트 스텝으로 '강달러' 지속

미국 연방준비제도가 3연속 자이언트 스텝(기준금리 0.75%p 인상)을 결정하고 가파른 금리 인상 기조를 이어갈 것을 시사하면서 9월 22일 달러 대비 원화 환율이 13년 만에 1400원을 넘어섰다.

달러 환율 급등은 연준이 전일 연방공개시장회의(FOMC) 회의에서 기준금리를 연 2.25~2.5%에서 3~3.25%로, 0.75%p 인상하기로 결정한 데 이어 촉발됐다. 이날 금리 인상 폭은 시장 예상에 부합했지만, 향후 기준금리 인상 속도를 예상하는 점도표에서 FOMC 회의 참석자 19명 중 9명이 **연말 금리를 4.25~4.5%로 내다보는 등 가파른 금리 인상이 한동안 이어질 것임을 시사**했다.

제롬 파월 연준 의장은 FOMC 회의 직후 열린 기자회견에서 경기 침체를 각오하고라도 물가를 잡기 위한 기준금리 인상 기조를 이어갈 방침임을 밝혔다. 파월 의장은 "FOMC는 인플레이션을 낮추기로 결심했고 임무를 완수할 때까지 이 기조를 유지할 것"이라며 "FOMC는 향후 성장이 낮게 지속되더라도 인플레이션이 2%로 다시 내려가고 있다는 명확한 증거를 확인할 때까지 기준금리 인하를 고려하지 않겠다"라고 말했다.

우리 외환 당국은 시장 안정 조치에 나서고 있다. 추경호 부총리 겸 기획재정부 장관은 이날 서울 은행회관에서 열린 비상거시경제금융회의에서 "원·달러 환율 흐름과 관련해 환율 수준 이면에서 가격 변수에 영향을 미치는 세부 요인들에 대해 촘촘히 관리해 나갈 것"이라며 "연기금 등 국내 거주자의 해외 투자 흐름, 수출·수입 업체들의 외화자금 수급 애로 해소 등 외환 수급 불균형을 완화하기 위한 다각적인 대응 방안을 시장 상황에 맞춰 단계적으로 조치해 나가겠다"고 밝혔다.

➕ 엔화 가치 32년 만 최저치 또 경신

일본 엔화 가치가 32년 만에 최저치로 추락. 엔·달러 환율이 150엔대에 근접하면서 당국의 추가적인 시장 개입 여부에 시장이 주목하고 있다. 10월 18일 NHK, 니혼게이자이 신문(닛케이) 등에 따르면 엔화 가치는 1달러당 149엔대로 떨어졌다. 1990년 8월 이후 32년 만에 최고치다.

일본 중앙은행인 일본은행(BOJ)이 공격적인 통화 긴축에 나선 미국 연방준비제도(Fed·연준) 등 세계 주요국과는 달리 통화 완화적 입장을 고수하면서 달러화에 대한 엔화 가치는 올해 들어서만 약 23% 하락했다.

엔화 약세가 이어지자 10월 14일 스즈키 슌이치 일본 재무상은 "외환시장 변동을 높은 긴장감을 갖고 주시하고 있다"며 "과도한 변동에는 적절한 대응을 할 것"이란 입장을 내놨다.

시장에서는 달러당 150엔이라는 환율이 갖는 심리적 의미를 지적하면서 150엔 선이 깨지면 당국이 추가적인 행동에 나서야 한다는 내부 압력이 거세질 것이란 관측이 나왔다.

앞서 일본 정부와 일본 은행은 엔·달러 환율이 장중 145.90엔(일본은행 집계 기준)까지 치솟은 9월 22일. 약 24년 만에 처음으로 달러를 팔아 엔화를 사들이는 시장 개입을 했다. 당일 개입 직후 환율은 달러당 140엔대까지 하락했으나, 일본의 초저금리 기조가 바뀌지 않은 상황에서 개입 효과가 약해지면서 엔화 가치가 다시 149엔대로 추락했다.

美플로리다, 역대급 허리케인에 '쑥대밭'

역대 5번째 강도의 초강력 허리케인 '이언'이 9월 29일(현지시간) 미국 플로리다주를 빠져나가면서 피해가 속출했다. 폭우와 강풍을 동반해 약 260만 가구에 전기가 끊겼고 최소 15명이 사망했다.

플로리다주 전체에 12~24시간 동안 1피트(약 30cm)의 비가 내린 것으로 관측된 가운데 일부 지역은 **1000년에 한 번 발생할 것으로 추정되는 수준이 폭우**가 쏟아졌다. 또 폭풍에 따라 일부 지역에서는 상당한 높이의 해일이 발생하기도 했으며 일부 지역은 바닷물이 빠지지 않아 침수됐다.

인명 피해도 잇따랐다. 플로리다 당국은 이날 오전 수색 구조활동이 재개된 이후 샬럿 카운티, 리 카운티에서만 500명 이상이 구조됐다고 전했다. 샬럿 카운티와 리 카운티에서 각각 6명의 사망자가 보고되는 등 이번 허리케인으로 최소 15명 이상이 사망한 것으로 보인다고 CNN은 보도했다.

조 바이든 미국 대통령은 이날 연방 재난관리청(FEMA)에 방문해 허리케인 이언 관련 브리핑을 받고 "이번 허리케인이 플로리다주 사상 가장 치명적인 허리케인 중 하나가 될 수 있다"고 말했다. 연방정부는 플로리다주를 주요 재해 지역으로 지정하고 주민들이 주택 수리, 재산 손실 등에 대한 추가 지원금을 받을 수 있도록 조치했다.

당초 3등급으로 분류됐던 허리케인 이언은 앞서 따뜻한 멕시코 만을 지나면서 4등급으로 위력이 커졌다. 전날 플로리다주 상륙 시점에서는 **최고 시속 250km**(155마일)**에 달하는 강풍을 동반하며 5등급**(157마일 이상)**에 육박했다.**

지난 30년간 미국에 상륙한 허리케인 중 5등급은 2018년 허리케인 마이클, 1992년 허리케인 앤드루 등 2개뿐이다. 2018년 플로리다에 상륙한 5등급 허리케인 마이클의 경우 16명의 사망자와 함께 250억달러(약 36조원)의 재산피해를 냈다.

▌발생 지역에 따른 열대성 저기압의 명칭

명칭	발생 지역
태풍 (typhoon)	북태평양 서부
윌리윌리 (willy-willy)	호주 부근 남태평양
허리케인 (hurricane)	북대서양, 카리브해, 멕시코만, 북태평양 동부
사이클론 (cyclone)	인도양, 아라비아해, 벵골만

이란 '히잡 의문사'에 시위 격화

22세 여성 마흐사 아미니가 히잡을 느슨하게 착용했다는 이유로 경찰에 구금된 뒤 의문사한 이른바 '히잡 의문사' 사건을 계기로 촉발된 이란의 시위가 전 세계로 번져나가고 있다. 이란에서는

▲ 이란에서 여성의 '히잡 의문사'로 시위가 번졌다.

정권 퇴진 운동이 벌어지고 파리와 런던에서도 시위대가 이란 대사관으로 진입을 시도하며 폭력 시위가 벌어졌다.

9월 26일 외신 보도에 따르면 테헤란 등 이란 전역의 80개 도시 등에서 시위가 벌어졌다. "여성", "생명", "자유", "독재자에게 죽음을" 등의 구호 속에 여성들은 히잡을 벗어 불에 태웠고 남성들은 환호했다. 이란의 최고지도자 아야톨라 알리 하메네이의 사진이 불태워지고, 경찰 본부와 경찰 차량이 불길에 휩싸였다.

중동 언론 알자지라에 따르면 이란 국영 TV는 자체 집계 결과 최소 41명이 숨졌으며 수백 명이 경찰에 체포됐다고 전했다. 언론인과 시민 활동가의 구금도 잇따랐다.

프랑스 파리에서도 9월 25일(현지시간) 이란 당국의 인권 탄압을 규탄하고, 이란 내 반정부 시위에 연대를 표시하는 시위가 에펠탑이 마주 보이는 트로카데로 광장에서 열렸다. 4000여 명이 참석한 가운데 반정부 구호가 터져 나왔으며 시위대는 이란 대사관을 향하며 경찰과 충돌했다. 경찰은 최루탄을 쏘며 진압했다. 영국 런던 중심가 트래펄가 광장에도 이날 500여 명이 모여 이란 당국을 규탄하는 시위를 벌였다.

이란은 개혁·개방 실패와 극심한 인플레이션, 인권 탄압 등 총체적인 어려움을 겪고 있다. 2021년 대선에서는 후보 등록 당시부터 개혁파 후보들을 탈락시켜 젊은 층의 반발을 샀다.

지난해 당선된 **강경 보수파인 에브라힘 라이시 대통령**은 여성들의 히잡 착용 규정을 강화했다. 이런 가운데 대이란 제재의 여파로 이란의 연간 물가상승률은 50% 이상으로 치솟았다.

> ➕ **이슬라모포비아 (Islamophobia)**
>
> 이슬라모포비아(이슬람 공포증)는 이슬람과 무슬림에 대해 극도의 공포와 증오감을 느끼는 것을 말한다. 이슬라모포비아는 1980년대 이후 등장했으나, 빈번하게 사용하기 시작한 것은 2001년 9·11 테러 이후다. 이슬람 무장단체 등이 일으키는 무차별 테러와 무슬림 인구의 증가 등이 이슬라모포비아의 요인으로 꼽히고 있다. 특정 행위가 아닌 사람 자체를 적대시하게 된다는 점에서 이슬라모포비아를 인종주의의 하나로 판단하는 견해도 있다.

인도, 미혼여성 낙태권·부부간 강간 인정...기념비적 판결

보수적인 사회 분위기로 이름난 인도에서 미혼여성의 낙태권과 부부 간 강간을 인정하는 기념비적 판결이 나왔다. 9월 30일(현지시간) 더힌두 등 인도 매체와 외신에 따르면 인도 대법원은 전날 낙태를 희망하는 20대 미혼 여성의 청원을 심사하면서 **"미혼 여성도 기혼 여성과 마찬가지로**

▲ 인도 뉴델리 대법원 청사

임신 24주차까지 낙태할 수 있다"고 판결했다.

인도에서는 1971년 도입된 '의학적 임신 중절법'에 따라 여성의 낙태권이 허용돼왔다. 하지만 이 법은 미혼 여성의 일반적인 선택권을 배제한 채 기혼·이혼 여성이나 과부, 미성년자, 장애인 또는 강간에 의한 임신에만 낙태권을 인정했다.

지난해 이 법이 개정되면서 낙태 가능 시기가 임신 20주에서 24주로 확대됐고 낙태 요건에 결혼 조항이 빠지긴 했지만 미혼 여성의 낙태권은 여전히 명시적으로 보장되지 않은 상태였다.

D.Y. 찬드라추드 대법관은 "싱글 여성의 낙태권을 배제하는 것은 비헌법적"이라며 개정된 법 규정을 명확하게 해석했다. 또 "낙태 결정 여부는 복잡한 인생 상황에서 기인하기 때문에 여성만이 외부의 간섭이나 영향 없이 조건을 선택할 수 있다"고 강조했다.

대법원은 '부부 간의 강간' 개념도 공식적으로 받아들였다. 남편이 강제한 성행위도 낙태 사유 중 하나인 강간으로 인정했다. 다만 현재 인도에서 부부 간 강간은 아직 범죄로는 인정되지 않고 있다.

대법원의 판결이 알려지자 여권 운동가 등은 크게 환영했다. 여권 운동가 브린다 아디게는 이날 판결에 대해 "가장 진보적인 판결 중 하나"라며 "이 판결은 여성의 권리와 선택을 전적으로 존중했다"고 평가했다.

➕ 로 대 웨이드(Roe v. Wade) 판결

로 대 웨이드 판결이란 1973년 미국에서 낙태를 헌법적 권리로 확립한 사건을 말한다. 당시 미국에서는 대부분 주에서 산모의 생명 등 극히 예외적인 상황을 제외하고는 낙태를 전면 금지했다. 텍사스주의 미혼 여성 노마 맥코비는 '제인 로'라는 가명을 사용해 낙태 금지가 미 수정헌법 1·4·5·9·14조에 보장된 자신의 권리를 침해했다며 소송을 냈으며, 대법관은 1973년 1월 22일 7대 2로 로(맥코비)의 손을 들어주며 낙태권을 보장했다.
그러나 2022년 7월 24일 미국 연방대법원이 "임신중단권리는 헌법 어디에도 명시되지 않았다"며 임신중단권을 기본권으로 인정한 '로 대 웨이드' 판결을 뒤집었다.

브라질 대선,
룰라-보우소나루 30일 결선

10월 2일(이하 현지시간) 치러진 브라질 대통령 선거(1차)에서 루이스 이나시오 룰라 다시우바 전 대통령이 자이르 보우소나루 대통령을 눌렀다. 그러나 룰라의 낙승으로 귀결될 것이라는 예상과 달리 박빙의 승부수가 펼쳐진 끝에 룰라 전 대통령이 1차에서 과반 득표에 실패함에 따라 10월 30일 열리는 두 사람 간 결선을 통해 최종 승부가 가려지게 됐다.

이날 외신 보도를 종합하면 99.8% 개표 기준 노동자당의 전 대통령은 48.4%를 득표, 자유당의 보우소나루 대통령(43.3%)을 5.1%p 차이로 제치고 1위를 차지했다.

이번 브라질 대선은 전·현직 대통령 간 대결이라는 사실뿐만 아니라 **좌파 성향으로 '남미의 좌파 대부'로 불리는 룰라와 극우 성향으로 '남미의 트럼프'라 불리는 보우소나루로 대변되는, 브라질 역사상 가장 극단적인 이념 대립**이라는 점에서 큰 관심을 모았다.

룰라가 보우소나루를 두 자릿수 차이로 줄곧 앞서는 것으로 나타났던 여론조사는 빗나간 셈으로, 룰라가 일단 승기를 잡기는 했지만 예측불허의 일전이 치러질 전망이다. 최종 승자가 누구냐에 따라 브라질, 나아가 중남미 정치 지형에 적지 않은 영향을 미칠 것으로 예상된다.

룰라 전 대통령은 1차 투표 후 최종 당선까지 싸우겠다는 의지를 피력했다. 그는 상파울루에서 지지자들에게 "우리가 제시하는 것들을 브라질 사회에 확신시켜야만 할 것"이라며 "싸움은 최종 승리까지 계속되며 그것이 우리의 모토"라고 말했다.

보우소나루 대통령은 그동안 자신의 지지율이 낮

은 여론조사를 '거짓'이라고 규정하며 "우리가 오늘 거짓을 무찔렀다"고 목소리를 높였다.

➕ **핑크타이드 (pink tide)**

핑크타이드란 주로 남미에서 온건한 사회주의를 표방하는 좌파 정당이 연달아 집권하는 기조를 말한다. 1990년대 말부터 2014년 11월까지 남미 12개국 중 파라과이와 콜롬비아를 제외한 10개국에서 좌파 정권이 집권하면서 핑크타이드는 약 20여 년 가까이 지속돼 왔다. 그러나 좌파 정권의 경제정책 실패로 극심한 경제불황이 닥치면서 2015년 아르헨티나의 우파 정권 집권을 시작으로 핑크타이드 물결은 사라지기 시작했다. 이후 코로나19 사태를 거치며 복지 확대 구호가 힘을 얻었고 2021년 6월 페루, 11월 온두라스, 12월 칠레 대선에서 속속 좌파 후보가 승리하며 핑크타이드 현상이 다시 일어났다.

러-독 해저가스관 연쇄 누출사고

러시아와 독일을 잇는 가스관 노르트스트림-1과 노르트스트림-2의 발트해 해저관 4곳에서 연이어 가스가 누출되는 사고가 9월 27일(이하 현지시간) 발생했다. 위치로 따지면 덴마크와 스웨덴의 배타적 경제수역(EEZ)이다.

이번 사고와 관련해 **러시아와 서방은 단순 사고가 아닐 것이라며 상대방을 겨냥한 의구심을 내비쳤다.** 드미트리 페스코프 크렘린궁 대변인은 "이는 전체 대륙의 에너지 안보와 관련된 문제다. 상황이 매우 우려스럽다"고 말했다.

서방에서는 러시아가 서방의 제재에 반발해 유럽에 대한 에너지 공급을 계속해서 줄여온 것을 볼 때 이번 누출 역시 러시아의 의도적 개입이 있었던 것 아니냐고 의심하고 있다.

10월 2일 기준 노르트스트림-1과 노르트스트림-2의 가스 누출은 모두 그친 것으로 확인됐지만 사고 원인 규명까지는 상당한 시일이 걸릴 전망이다. 우선 해저 가스관 특성상 안전 문제 등을 이유로 현장 접근 자체가 현실적으로 어렵다.

누출 지점은 유럽연합(EU) 회원국인 덴마크와 스웨덴 해역이지만, 러시아 국영기업인 가스프롬이 노르트스트림 운영사인 AG의 최대 주주라는 점에서 조사 주체는 물론 방식을 정하는 것도 난제다. 러시아와 서방 모두 조사 필요성엔 한목소리를 내면서도 사고의 배후를 두고 서로에게 화살을 돌리고 있기 때문이다.

하이브리드전 신호탄

한편, 노르트스트림 가스관 누출 사고로 러시아와 서방의 대치가 ■**하이브리드 전쟁** 양상을 띠는 새 국면으로 접어들고 있다는 분석이 제기됐다.

지금까지 우크라이나전을 둘러싼 서방과 러시아의 대리전에서 서방은 우크라이나에 무기를 지원해 전장의 승리를 간접 지원하고 러시아에 제재를 단행해 경제적 압박을 가하는 전략을 구사했

다. 러시아는 서방의 전장 직접 개입을 핵 위협을 통해 차단하고 유럽행 천연가스 공급을 조절하는 등 에너지 무기화를 통해 서방에 고통을 주는 방식으로 이에 맞서왔다.

그러나 최근 우크라이나가 영토 탈환전의 속도를 높이는 상황에서 수세에 몰린 러시아가 전장 밖 반격 수위를 높이고 **다양한 공격 방식을 혼합한 하이브리드전으로 공세를 강화**하고 있다는 분석이 유럽을 중심으로 제기됐다.

독일 중도우파 기민당(CDU) 소속의 로더리히 키제베터 의원은 이번 일을 러시아의 소행으로 단정 지으며 "군사적인 수단이 아닌, 사회적·외교적인 수단을 통해 유럽연합을 분열시키려 하는 러시아의 하이브리드 전법의 특성을 잘 보여주고 있다"고 주장했다.

■ **하이브리드 전쟁 (hybrid warfare)**
하이브리드 전쟁은 기존 군사력뿐만 아니라 공작이나 정보전 등을 비롯한 다양한 정치적 수단을 함께 활용한 전쟁 방식이다. 무력으로 상대를 압도하는 것을 넘어 군사력의 사용을 줄여 공격 주체의 노출을 최소화하고 의도도 숨기면서 상대방에 타격을 가하는 방식이다. 재래전·비정규전·사이버전·전자전·미디어전 등 여러 가지 형태의 전쟁이 혼재되어 나타난다.

분야별
최신상식

북한
안보

北, 중거리미사일 발사...
軍 대응 중 낙탄 사고

사거리별 탄도미사일 구분

사거리	명칭
0~1000km	단거리탄도미사일(SRBM)
1000~2500km	준중거리탄도미사일(MRBM)
2500~3500km	중거리탄도미사일(IRBM)
3500~5500km	준대륙간탄도미사일(SCBM)
5500km 이상	대륙간탄도미사일(ICBM)

北 미사일, 5년 만에 日 열도 상공 넘겨

북한의 미사일 도발 수위가 높아지고 있다. 북한은 9월 말부터 10월 초까지 12일 사이 6차례 미사일 도발을 감행했다. 이틀에 한 번 꼴로 탄도미사일을 발사한 것이다. 북한은 지난 9월 25일 지대지 단거리탄도미사일(SRBM) 1발을 평북 태천 일대에서 발사했다. 9월 28일에는 평양 순안 일대에서 SRBM 2발을 발사한 데 이어 9월 29일에는 평안남도 순천 일대에서 SRBM 2발을 발사했다.

10월 1일에는 평양 순안 일대에서 SRBM 2발을 발사했고, 10월 4일에는 북한 자강도 무평리 일대에서 동쪽 방향으로 중거리탄도미사일(IRBM) 1발을 발사했다. 북한이 이날 발사한 IRBM이 일본 상공을 통과하면서 일본은 긴장감을 감추지 못했다. 일본 방위성은 최북단인 홋카이도와 혼슈 최북단 아오모리현 주민에 대해 대피 경보를 내렸다.

북한이 발사한 미사일이 일본 열도를 넘어간 것은 2017년 9월 15일 이후 5년 만이다. 이번에 발사한 IRBM은 미사일 비행거리는 4500여km, 고도는 970여km, 속도는 약 마하 17(음속 17배)로 탐지됐다. 이는 지금까지 북

한이 정상 각도로 발사한 미사일 중 가장 먼 거리로서 한반도 유사시 북한에서 미국령 괌을 직접 타격할 수 있다.

ICAO "北 규탄 결의 채택"
합동참모본부는 10월 6일에도 북한 평양 삼석 일대에서 동해상으로 발사한 SRBM 2발을 포착했다고 밝혔다. 국가안보실은 **국가안전보장회의**(NSC, National Security Council) 상임위원회를 개최하고 대북 대응방안을 점검했다. NCS 참석자들은 "북한의 미사일 발사는 한반도 및 동북아 지역을 비롯해 국제 평화를 위협하는 중대 도발"이라며 "강력 규탄한다"고 밝혔다.

북한은 10월 8일 최근 ■**국제민간항공기구(ICAO)** 회의에서 미사일 발사가 유엔안전보장이사회 결의 등을 위반했다는 '결의'를 채택했다면서 이를 배격한다고 강하게 반발했다. 앞서 유엔 산하 전문기구인 ICAO는 9월 27일부터 캐나다 몬트리올 ICAO 본부에서 제41차 총회를 열고 10월 3일 "북한이 국제항공노선 상공이나 인근에서 탄

도미사일을 계속 발사하는 것은 민간항공 안전을 심각하게 위협할 수 있다"고 규탄 입장을 재확인했다.

현무2 낙탄...대형 참사될 뻔
한미 양국은 전날 북한의 IRBM 도발에 10월 5일 미사일 4발을 발사하며 무력 대응에 나섰다. 그런데 대응 사격 과정에서 동해 방향으로 발사한 현무2C 미사일 한 발이 발사 직후 비정상 비행을 하다가 목표 방향과 반대인 서쪽 강릉 군부대 골프장에 낙탄(落彈 : 포탄이 떨어짐)하는 사고가 일어났다.

낙탄 지점은 민가와 불과 700m 떨어진 곳으로 자칫 대형 참사가 일어날 수 있었다. 불길과 굉음으로 주민들이 놀랐지만 군이 훈련 사실을 즉각 알리지 않고 늑장 대응해 혼란이 빚어졌다. 현무2는 최대 사거리 800~1000km의 탄도미사일로 유사시 북한 핵·미사일 시설을 선제 타격하는 킬체인(kill chain)의 핵심 전력이다.

■ 국제민간항공기구 (ICAO, International Civil Aviation Organization)
국제민간항공기구(ICAO)는 전 세계 항공업계의 정책과 질서를 총괄하는 유엔 산하 전문기구로서 국제 민간항공의 발전과 안전을 증진하기 위해 1947년 설립됐다. ICAO는 각국의 항공안전평가를 수행하는데 이는 항공 분야의 국제 신인도에 막대한 영향을 끼친다. ICAO 안전등급이 낮아지면 보험료가 인상되고 노선 확장 및 공동운영에 제한을 받게 된다.

POINT 세 줄 요약

❶ 북한이 이틀에 한번 꼴로 탄도미사일을 발사하며 도발했다.

❷ 10월 4일 북한이 발사한 IRBM은 일본을 통과했다.

❸ 우리 군이 북한 도발에 응수하며 미사일을 발사하는 과정에서 낙탄 사고가 벌어졌다.

통일부 "최근 10년간 재월북 탈북민 올해 1명 포함 31명"

최근 10년간 한국에 정착했다가 재월북한 탈북민은 올해 1명을 포함해 총 31명인 것으로 파악됐다. 통일부는 9월 27일 국회 외교통일위원회 소속 국민의힘 김태호 의원에게 제출한 국정감사 답변자료를 통해 "2012년부터 우리 부에서 북한 매체 보도 등을 통해 공식 확인하고 있는 탈북자 중 재입북자는 총 31명"이라고 밝혔다.

연도별로는 2012년과 2013년 각 7명씩을 비롯해 2014년 3명, 2015년 3명, 2016년과 2017년 각 4명, 2019년과 2020년, 2022년 각 1명이다. 이 가운데 2020년 7월과 올해 1월 재입북한 것으로 알려진 탈북민에 대해서는 북한 매체 등에 의해 신원이 공식 확인되지 않았으나, 관계기관 조사 결과 등을 바탕으로 재입북자에 포함했다고 통일부는 설명했다.

이중 올해 발생한 것은 지난 1월 1일 강원도 고성 22사단의 **일반전초(GOP)** 철책을 뛰어넘어 육로를 통해 30대 탈북민 남성이 월북한 사건을 말한다. 통일부는 이들의 재입북 사유에 대해서는 "정착 과정의 어려움, 재북 가족에 대한 그리움, 기타 다양한 요인들이 복합적으로 작용했을 것으로 추정하고 있다"고 밝혔다.

최근 10년간 입국한 탈북민 규모는 2019년까지 1000명대를 꾸준히 유지하다 2020년 이후 급감한 것으로 조사됐다. 통일부가 민주당 이재정 의원에게 제출한 자료에 따르면 입국 탈북민은 2012년 1502명을 시작으로 2013년부터 2019년까지 1000~1500명 선을 유지했으나 2020년에는 229명으로 크게 줄었다.

■ 일반전초 (GOP, General OutPost)
일반전초(GOP)란 남방한계선 철책선에서 24시간 경계근무를 하며 적의 기습에 대비하는 소대단위 초소를 말한다. GOP는 적군과 마주칠 가능성이 큰 지역에서 적의 침투를 경고·지연시키는 등 주력부대의 피해를 최소화하는 것이 목적이다. 한국의 일반전초는 비무장지대(DMZ, Demilitarized Zone)의 남방한계선 남쪽에 배치되어 있으며, 남방한계선을 표시하는 철책을 중심으로 북한군의 침투를 경계·대비하는 등 경계작전을 수행한다.

尹·기시다 25분 통화 "北 무력 도발 엄정 대응"

▲ 일본 기시다 총리와 통화하는 윤석열 대통령 (자료 : 대통령실)

윤석열 대통령은 10월 6일 기시다 후미오 일본 총리와 통화해 북한의 잇따른 탄도미사일 도발에 맞서 안보 협력 강화에 공감했다. **9월 21일**(현지시간) **미국 뉴욕에서 유엔총회 계기에 첫 양자 정상회담**을 한 이후 약 2주 만에 북핵 공조 강화를 다시 강조한 것이다.

윤 대통령은 이날 오후 5시 35분부터 6시까지 25분간 기시다 총리와 최근 북한 탄도미사일 발사와 관련해 전화 통화를 했다고 대통령실이 서면브리핑에서 전했다.

한일 정상은 북한의 탄도미사일 발사가 심각하고 중대한 도발 행위라고 강력히 규탄하는 한편, 북한에 엄정 대응하기 위한 양국 간 협력에 뜻을 모았다. 이를 위해 한미일 안보협력은 물론 유엔 안전보장이사회를 포함한 국제사회와의 연대 중요성에 공감했다.

또 양국 관계 개선을 위한 노력에도 한목소리를 내며 '소통'을 강조했다. 관련 외교적 노력을 계속하고 안보 문제를 포함한 다양한 현안에 대해 수시로 격의 없이 소통해 나가기로 했다고 대통령실은 전했다.

이날 통화는 일본 측의 요청으로 성사된 것으로 알려졌다. 이는 **북한이 지난 10월 4일 일본 상공을 통과하는 형태로 중거리탄도미사일**(IRBM)을 **발사**해 북한발 안보위협이 고조된 것과 맞물린 것으로 보인다.

양국 발표 내용에 ▪**군사정보보호협정(GSOMIA·지소미아)** 재활성화와 관련된 직접적인 언급은 포함되지 않았다. 다만 양 정상이 한미일 안보협

력 필요성을 강조한 만큼, 3국 안보협력의 실질 토대 중 하나로 평가받는 지소미아 재활성화를 위한 논의에도 탄력이 붙을 것이란 관측이 많다.

▪ **군사정보보호협정 (GSOMIA, General Security Of Military Information Agreement)**
군사정보보호협정(GSOMIA)은 국가 간에 군사 기밀을 공유하기 위해 맺는 협정이다. 영어 약자를 따 '지소미아'라고 부른다. 지소미아는 군사기술뿐만 아니라 전술 데이터, 암호정보, 고도의 시스템통합기술까지 전쟁 발생 시 공동 군사작전을 펼치기 위한 모든 기밀정보를 국가 간 교류하는 것을 내용으로 하며 정보 제공 방법, 정보의 보호와 이용 방법, 정보 보호 의무와 파기 방법 등의 내용을 규정한다. 지소미아를 체결해도 군사 정보가 무제한 제공되는 것은 아니며 상호주의에 따라 선별적으로 정보 교환이 이뤄진다.

평양-블라디보스토크 노선 2년 만에 재개 주목

▲ 북한 고려항공

북한이 10월 3일 평양-러시아 연해주 블라디보스토크 항공 노선 운항을 2년여 만에 재개할 수 있다는 관측이 나왔지만 또다시 미뤄졌다. 10월 3일 블라디보스토크 국제공항 등에 따르면 이날 오후 4시 5분(현지시간)에 평양발 북한 ▪**고려항공**

소속 투폴레프 204 항공기 JS271편이 블라디보스토크 공항에 도착할 예정이었다.

하지만 이날 비행은 취소됐으며 정확한 사유는 알려지지 않았다. 다만 블라디보스토크 공항 홈페이지 국제노선 일정표에는 10월 31일 고려항공 소속 JS271편이 블라디보스토크로 들어올 예정이라는 수정된 공지가 올라와 있다.

이번뿐만 아니라 올해 들어 북한 측이 평양-블라디보스토크 노선 항공편 운항을 공지하고도 실제 비행에 나서지 않은 사례는 서너 차례 더 있었다. 이런 까닭에 10월 말 예정된 해당 구간 항공기 운항 또한 재개 여부가 불투명하다.

JS271 기종은 북한이 코로나19 방역을 이유로 모든 국제선 운항을 중단하기 직전인 2020년 2월에도 평양-블라디보스토크 노선에 투입했던 항공기다. **고려항공의 평양-블라디보스토크 노선은 코로나19 이전 북한과 러시아를 연결하는 유일한 항공편**으로 주 2회 운항했다.

올해 하반기 들어 북한이 평양-블라디보스토크 노선 운항 재개를 준비하는 모습은 꾸준히 나왔다. 지난 7월에는 고려항공 투폴레프 204 항공기 JS633편이 평양 순안국제공항을 이륙해 30여 분간 블라디보스토크 방향으로 비행한 뒤 북·러 국경 지역 도착 전 항로를 변경해 평양으로 방향을 튼 모습이 포착된 바 있다.

■ **고려항공 (高麗航空)**
고려항공이란 북한 유일의 민간항공으로, 평양-모스크바-베를린 등의 국제선과 평양-함흥-청진의 국내선을 운항한다. 원래 명칭은 조선항공(朝鮮航空)이었으나 1992년 10월 1일 현재의 명칭으로 바뀌었다. 한반도를 상징하는 날아가는 두

루미 모습을 마크로 사용한다. 2000년 8월 북한 국적기로는 처음으로 남북 이산가족 상봉단을 싣고 평양-서울 간을 왕복한 바 있다.

대통령실 "北, 7차 핵실험 위한 단계적 시나리오 밟는 듯"

대통령실은 10월 5일 북한이 중거리탄도미사일(IRBM) 발사 등, 도발 수위를 높여가는 데 대해 "제7차 핵실험으로의 가능성을 높여가기 위한 단계별 시나리오를 밟아가는 게 아닌가 판단하고 있다"고 밝혔다.

대통령실 관계자는 이날 오후 서울 용산 대통령실에서 "최근 일련의 상황으로 볼 때 **북한 미사일 사거리가 계속 증가하고 미사일 관련 플랫폼이 달라지고 있다**"며 이같이 전했다. 그러면서 "최근 북한의 연이은 탄도미사일 발사와 관련해 한미는 외교장관과 안보실장을 포함한 모든 레벨에서 실시간으로 긴밀히 소통하며 공조하고 있다"고 밝혔다.

이어 "북한의 탄도미사일 발사는 유엔 안전보장이사회 결의의 명백한 위반이자 한반도, 나아가

국제사회에 대한 심각한 위협"이라며 "우리 정부는 한미, 한미일 공조를 더 강화하고 북한의 무모한 도발에는 반드시 대가가 따른다는 점을 인식시키기 위해 국제사회와 긴밀히 협력할 것"이라고 강조했다.

한·미·일 대응 수단에 전술핵도 포함되는지에 대해선 "**확장억제**는 북한의 핵 도발을 억제할 수 있는 모든 패키지를 총체적으로 망라한다는 입장을 윤 대통령이 견지하고 있다"며 "한미는 확장억제의 획기적 변화 방안을 긴밀하게 협의·강구하고 있다"고 답했다.

이 관계자는 '북 미사일과 관련해 미일 정상 간 통화가 이뤄졌는데 한미도 통화를 조율 중이냐'는 질문에는 "북한의 잇따른 도발과 그 이전에도 늘 한미 양국 NSC(국가안전보장회의) 간 긴밀한 소통이 이뤄지고 있다"고 답했다.

■ 확장억제 (extended deterrence)
확장억제란 핵무기 없는 동맹국이 핵 공격을 받거나 위협에 노출됐을 때 미국이 본토 위협에 대응하는 핵무기 및 핵무기 투발(投發 : 내던져 폭발시킴) 수단으로 지원한다는 개념이다. 핵무기를 탑재한 폭격기와 핵 추진 잠수함 등의 전략자산을 비롯한 미사일방어망(MD) 전력 등을 포괄하는 것으로서 핵우산을 구체화한 개념이다.

北 화물열차 150일 만에 운행 재개

북한 신의주와 중국 단둥을 운행하는 북중 화물열차가 9월 26일 운행을 재개했다. 코로나19 여파로 지난 4월 29일 또다시 운행이 중단된 지

150일 만이다.

통일부 등에 따르면 9월 26일 오전 7시 43분 10여 량의 화차에 물자를 적재한 화물열차가 단둥에서 출발해 중조우의교를 건너 신의주로 향하는 모습이 포착됐다. 이번에 재개된 **북중 화물열차는 북한과 중국 내 코로나19가 진정되면서 운행을 정상화**한 것으로 알려졌다. 북중 화물열차는 하루 1~2차례 운행할 것으로 전해졌다.

조중훈 통일부 대변인은 이날 정례 브리핑에서 "북중 간 화물열차 운행 재개와 관련해 아직 북중 양국에서 모두 공식 확인을 하지는 않았다"면서도 "여러 정황을 감안해 볼 때 금일 북중 간 화물열차 운행이 재개된 것으로 보고 있다"고 밝혔다.

북중 화물열차는 코로나19 여파로 북한이 국경을 봉쇄하면서 2020년 8월쯤 운행을 중단했다가 올해 1월 16일 운행을 재개했다. 그러나 중국에서 코로나19가 재확산하고 중국 당국이 단둥을 전면 봉쇄하면서 지난 4월 29일 다시 중단됐다. 북한은 이후 해상 교역에만 의존해 물자를 들여오다가 지난 8월 10일 코로나19 종식 선언을 한 뒤 중국에 계속해서 화물열차 운행 재개를 요청한 것으로 알려졌다.

북한과 중국의 무역 규모가 점차 증가하며 회복세를 보이고 있다. 자유아시아방송(RFA)은 중국 해관총서를 인용해 북한과 중국의 8월 교역량이 9032만1000달러로 나타났다고 전했다. 이는 7월 교역량인 7271만6000달러보다 1760만5000달러 증가한 수치다. 두 국가의 월 교역량이 9000만달러를 넘긴 것은 지난 2020년 코로나19 사태가 시작된 이후 두 번째다. 다만 여전히 코로나19 이전 수준에는 미치지 못한다. 코로나19 영향이 없었던 2019년 북중 교역량은 월평균 2억3375만달러였다. 8월 교역량은 이의 40% 정도에 불과하다.

말레이시아 경찰 "김정남 유족, 현금 등 유품 찾아가야"

▲ 2017년 피살된 김정남

말레이시아 경찰이 김정은 북한 국무위원장의 이복형 김정남의 유가족을 찾고 있다. 2017년 암살된 그의 유품을 돌려주기 위해서다. 10월 4일 말레이시아 세팡지방경찰청 부청장은 전날 성명에서 "현금 등 김철의 유품을 수습할 유가족을 찾는다"고 밝혔다. 이어 "유품은 경찰이 보관 중이며 6개월 이내 유가족이 나오지 않으면 고인의 모든

소지품은 말레이시아 재무부에 귀속된다"고 덧붙였다.

말레이 경찰은 김정남의 유품이 무엇인지 구체적으로 공개하지 않았으나, 과거 재판 과정에서 김정남 가방에 휴대전화 2대와 노트북, 현금 13만8000달러(약 1억9000만원)가 들어 있었음을 증언한 바 있다.

말레이 경찰이 유가족을 공개적으로 수소문하고 나서면서, 김정남 아들 김한솔이 모습을 드러낼지도 관심사로 떠올랐다. **김한솔은 김정남 피살 이후, 반북단체 '자유조선' 도움을 받아 미국으로 피신**했다. 현재는 미연방수사국(FBI) 보호 아래 뉴욕주 인근에 은신하고 있는 것으로 알려졌다.

김정남은 2017년 2월 13일 말레이시아 쿠알라룸푸르 국제공항 출국장에서 대기하다 독극물 테러로 사망했다. 사망한 김정남 얼굴에선 화학무기 일종인 맹독성 ■VX 신경작용제가 검출됐다.

당시 말레이시아 검찰은 인도네시아 국적 시티 아이샤와 베트남 국적 도안 티 흐엉을 체포해 살인 혐의로 기소했다. 하지만 두 여성은 리얼리티 TV쇼 몰래카메라를 찍는다는 북한인들의 말에 속았을 뿐, 살해 의도가 없었다고 주장했다.

말레이 검찰은 2019년 3월 아이샤에 대한 공소를 취소하고 전격 석방했으며, 말레이 법원도 흐엉에게 살인이 아닌 상해 혐의를 적용해 징역 3년 4개월을 선고하는 것으로 사건을 마무리했다. 하지만 흐엉은 그해 5월 석방돼 베트남으로 돌아갔다.

말레이시아 경찰은 최소 8명의 북한인이 사건에 연루됐다고 밝혔으나, 이중 체포된 인물은 약학과 화학 전문가로 알려진 리정철뿐이었다. **김정남 암살 배후로 지목된 북한 정권은 현재까지도 관련성을 부인**하고 있다.

▪ **VX**
VX는 매우 독성이 강한 신경독의 일종이다. 실온에서 호박색의 유성 액체로 존재하고, 비휘발성이며 특별한 맛이나 냄새는 없다. 치사량은 흡입 시 50mg, 피부 접촉 시 10mg(1m² 기준)이다. 현재 대량살상무기로 분류되고 있는 화학무기이며 생산이 금지되어 있다. 미국 랜드연구소 브루스 베넷 박사는 VX 1톤을 7.8km² 면적의 땅에 뿌릴 경우 23만 명의 사망자가 발생할 수 있다고 추정한다.

尹 "강력한 한미 동맹·한·미·일 안보협력...국민안전 챙길 것"

▲ 윤석열 대통령 출근길 문답 (자료 : 제20대 대통령실)

윤석열 대통령은 10월 6일 북한의 탄도미사일 추가 도발과 관련, "국민들께서 걱정은 되시겠지만 우리 정부에서 강력한 한미 동맹, 또 한·미·일 안보협력을 바탕으로 국민생명과 안전을 빈틈없이 다 잘 챙기겠다"고 말했다.

윤 대통령은 이날 용산 대통령실 출근길 문답(도

어스테핑) 모두발언에서 "국제적으로도 우크라이나를 비롯해 안보 상황이 만만치 않다"며 "상황이 만만치 않기 때문에 ▪**한미연합훈련**을 마치고 다음 임지로 진행하던 (항공모함) 로널드 레이건호가 어젯밤 8시경 우리 수역으로 들어왔다"고도 부연했다.

안보 이슈와 함께 민생행보 의지도 부각했다. 윤 대통령은 "이런 상황에서도 어제 9번째 민생경제비상대책회의를 상주 스마트팜 센터에서 가졌다"며 "농업의 미래는 청년이라는 코드, 디지털 전환이라는 코드, 그다음에 농업 경영의 사회적 안전망을 강화한다는 세 가지 관점에서 농업의 미래를 논의했다"고 말했다.

한편, 최근 북한의 미사일 도발에 대응해 **동해상에서 한·미·일 3국이 연합훈련을 벌인 데 대해 이재명 더불어민주당 대표가 "친일 국방"이라고 공격해 논란이 거셌다.** 이에 대해 여당은 "이 대표는 김정은의 수석 대변인인가"라고 비판했다.

▪ **한미연합훈련 (韓美聯合訓練)**
한미연합훈련이란 한국과 미국이 한반도에 발발 가능한 상황을 전제하고 전쟁 억제를 목적으로 하는 양국 연합훈련의 통칭이다. 전쟁 억제의 핵심은 오직 훈련된 군대를 통한 반격태세라는 대원칙하에, 일본 자위대의 방어훈련과 같은 수준으로는 유사시 제대로 싸우지 못하게 되는 경우를 미연에 방지하게 된다.
한미연합훈련은 을지프리덤가디언(UFG) 연습, 키리졸브, 독수리연습 등 3가지로 시행됐으나 문재인 정부는 판문점 선언, 9·19 군사합의 등을 통해 한반도 평화 정착을 위해 한미연합훈련 축소를 추진했다. 이에 따라 한반도 우발 상황을 가정한 한미연합 군사훈련인 UFG 연습이 43년 만인 2019년 폐지됐다가 2022년 을지프리덤실드(UFS) 연습으로 부활했다.

분야별
최신상식

문화
미디어

역대 최고·최대 서울패션위크 개막

＋ 세계 4대 패션위크

세계 4대 패션위크는 전 세계 각국의 패션위크 가운데 남다른 권위를 자랑하는 프랑스 '파리 패션위크', 이탈리아 '밀라노패션위크', 영국 '런던패션위크', 미국 '뉴욕패션위크' 등 4개 도시의 패션위크를 일컫는 말이다. 이들은 패션계에 행사하는 영향력이 몹시 커 전 세계 패션의 방향을 결정하는 역할을 한다.

3년 만에 돌아온 서울패션위크

'2023 S/S 서울패션위크'가 3년 만에 완전한 현장 패션쇼로 돌아왔다. 10월 11~15일 5일간 서울 동대문디자인플라자(DDP)에서 진행된 서울패션위크는 '서울뷰티먼스'의 대표 행사로, **K-패션을 대표하는 33개의 디자이너 패션쇼와 1개의 글로벌 브랜드 패션쇼를 선보였다.**

2020년부터 코로나19 영향으로 비대면 또는 일부 대면으로 진행된 서울패션위크는 이번부터 전면 현장 패션쇼로 꾸려졌다. 행사의 시작과 함께 진행된 박춘무 디자이너의 '데무박춘무' 패션쇼는 한복의 은유적인 아름다움을 의상을 통해 표현했다.

개막쇼는 국내 1세대 디자이너 브랜드 '송지오(SONGZIO)'가 맡았다. 10월 11일 서울 DDP 어울림광장에서 **역대 최대 길이인 120m 초대형 런웨이를 선보였다**(사진). 관객석만 1000석 이상, 이른 추위에도 인파가 몰려 관객석을 가득 채웠다.

이 자리에는 서울 시의원을 비롯한 정재계 인사, 신세계·롯데·현대·갤러

위크 관계자를 포함한 **유럽의 주요 패션 협회 관계자와 바이어를 초청해 서울패션위크의 인지도를 높인다는 계획**이다.

기존 패션업계 관계자만 입장이 가능했던 패션쇼의 문턱을 낮추기 위해 시민 초청 이벤트도 개최했다.

10월 14일 '엔수에' 런웨이 종료 후 오후 3시부터 DDP 어울림 광장 무대에서 디제이 공연이 진행됐다. 이튿날에는 '얼킨'의 런웨이 종료 후 '이희문×까데호 밴드'의 공연으로 화려한 대장정을 마무리했다.

리아 등 국내 주요 백화점 바이어가 모두 참석했다. 프랑스의 대표 백화점인 봉마르셰, 갤러리 라파예트 관계자와 르 피가로, 엘르, 마리클레어 등 해외 패션 언론사 에디터들도 참석했다.

이번 개막쇼에서 선보인 송지오 2023 봄·여름 컬렉션은 지난 6월 '2023 봄·여름 파리패션위크'에서 외신과 바이어들에게 호평받았던 송지오의 63번째 컬렉션이다. 주제는 '월식(ECLIPSE)'으로 단테의 신곡에서 영감을 받아 영원과 순간의 교차를 표현했다.

또한 최근 패션계가 지속가능성에 대한 높은 관심을 보여주는 가운데 '홀리넘버세븐', '두칸', '성주' 등 많은 디자이너가 친환경 소재를 사용해 환경 보호 메시지를 전달했다.

트레이드쇼 개최

패션위크가 진행되는 동안 DDP에서는 트레이드쇼(수주박람회)도 열렸다. 파리패션위크의 수주박람회인 트라노이와 업무 협약을 통해 파리패션

➕ 오트쿠튀르 (haute couture)

오트쿠튀르는 프랑스 말로 고급 주문복 의상점이라는 뜻으로 예술성을 최고 가치로 하는 고급 하이패션 박람회다. 원칙적으로 파리의 고급의상점조합 사무국 생디카(syndicat)에 가입한 세계의 하이패션을 리드하는 의상점을 말한다. 매 시즌 직접적인 의상 판매보다는 트렌드를 결정지을 만한 디자인의 디테일과 소재의 활용, 패션이 예술로 계승되는 정신을 선보이는 무대의 성격이 더 강하다. 1월 중순과 7월 중순에 파리에서 컬렉션이 열리며 유명 브랜드 샤넬·디올·지방시 등이 참가하고 있다.

POINT | 세 줄 요약

❶ '2023 S/S 서울패션위크'가 3년 만에 완전한 현장 패션쇼로 돌아왔다.

❷ 패션위크가 진행되는 동안 DDP에서는 트레이드쇼(수주박람회)도 열렸다.

❸ 패션쇼의 문턱을 낮추기 위해 시민 초청 이벤트도 개최했다.

尹대통령 풍자 그림
학생공모전 수상...전시 찬반 논란

▲ 전국학생만화공모전 금상 수상작 '윤석열차' (인터넷 커뮤니티 캡처)

윤석열 대통령을 풍자한 만화 작품이 최근 개최된 부천국제만화축제에서 전시돼 논란이 일었다. 10월 3일 한국만화영상진흥원에 따르면 9월 30일부터 10월 3일까지 열린 제25회 부천국제만화축제에서 '윤석열차'라는 제목의 만화 작품이 전시됐다.

한국만화박물관에 전시된 이 작품은 고등학생이 그린 것으로 지난 7~8월 진행된 제23회 전국학생만화공모전 카툰 부문 금상 수상작이다. 공모전 심사위원들은 진흥원의 무작위 추천으로 선정됐으며 작품성과 완성도 등을 기준으로 평가해 9월 중순께 이 작품을 금상에 선정한 것으로 전해졌다.

작품에는 윤 대통령의 얼굴을 지닌 열차가 중앙에 배치돼 있고 조종석에는 아내 김건희 여사로 추정되는 여성이 타고 있다. 열차 객실에는 칼을 든 검사 복장의 남성들이 줄줄이 타고 있으며 열차 앞

에는 시민들이 놀란 표정으로 달아나고 있다.

온라인으로 이 작품이 알려지자 각종 커뮤니티와 게시판에서는 논란이 일었다. '문화계 전체의 편향성을 적나라하게 보여주는 현실이다' 등의 비판 글이 게재된 반면, '그림도 잘 그리고 풍자도 잘하고 멋지다' 등 지지 글도 올라왔다.

진흥원 관계자는 애초 예정된 전시회에 수상작을 전시했을 뿐이며 다른 어떤 의도는 없었다는 입장이다. 또 "현실을 풍자한 그림은 예전부터 있었고, 문제가 되지 않는다"며 "수상작을 전시했을 뿐 이외 다른 의도는 없었다"고 설명했다.

이런 가운데 문화체육관광부는 학생 대상 공모전에서 정치적 주제를 다룬 작품을 선정한 것은 행사 취지에 어긋난다며, 공모전 후원 명칭 사용 승인을 취소하는 방안을 검토하겠다고 밝혀 논란을 키웠다.

▎ 미디어의 구분

구분	상세정보	종류(상대적 구분)
핫미디어 (hot media)	표면상으로는 정보량이 많으나 참여성이 낮은 미디어	▲사진 ▲라디오 ▲영화 ▲신문
쿨미디어 (cool media)	시청자의 참여성이 높으나 정보량이 적은 미디어	▲만화 ▲전화 ▲TV

제576돌 한글날 맞아
유공자 13명에 포상

문화체육관광부는 10월 3일 제576돌 한글날을

▲ 한글주간 '고마워 한글' 포스터
(자료 : 문화체육관광부)

맞아 세종문화상 수상자와 한글 발전 유공자 13명을 발표했다. 올해 제41회 세종문화상 수상자는 한국문화 부문 한국방송공사(KBS) 한국어 연구부, 예술 부문 현병찬 제주도한글서예사랑모임 이사장, 학술 부문 권재일 서울대학교 명예교수, 국제문화교류 부문 세종문화회, 문화다양성 부문 김발레리아 최재형고려인민족학교장이다.

1982년 제정한 세종문화상은 5개 분야에서 뛰어난 공적이 있는 개인과 단체를 대상으로 대통령·국무총리 표창과 상금 각 3000만원을 수여했다. 시상식은 10월 8일 국립한글박물관 야외무대에서 열린 '2022 한글주간' 전야제에서 진행됐다.

한글 발전 유공자 포상 대상은 화관문화훈장 이효상 미국 인디애나대 교수, 문화포장 이세희 KBS 책임프로듀서, 대통령 표창 이경아 법제처 공무원·파라즈아티프 파키스탄 이슬라마바드 세종학당장·한국교육방송공사(EBS), 국무총리 표창 허철호 경남신문 기자·이정훈 제주영지학교 교사·디아나 육셀 부카레스트대학교 교수다.

한글 발전 유공자 포상은 한글·한국어 발전과 보급에 헌신한 개인과 단체를 대상으로 하며 10월 9일 제576돌 한글날 경축식에서 수여했다.

한편 문체부는 10월 4~10일 '고마워 한글'을 주제로 '2022 한글주간'을 열어 다채로운 행사를 선보였다. 10월 8일 국립한국박물관에서 열린 한글주간 전야제에서는 서울오케스트라와 서울코다 이싱어즈, 가수 윤하가 공연을 펼쳤다.

이튿날 같은 장소에서 열린 아름다운 한글 누리 음악회는 퓨전 국악 공연과 독일 도르트문트 어린이 합창단, 제주제라진어린이합창단, 용인시립 소년소녀합창단 등의 합동 공연, 가수 양희은의 무대 등으로 꾸며졌다.

■ **법정 공휴일**

명칭	날짜	명칭	날짜
새해 첫날	1월 1일	광복절	8월 15일
설날	음력 1월 1일	추석	음력 8월 15일
삼일절	3월 1일	개천절	10월 3일
어린이날	5월 5일	한글날	10월 9일 (2013년 재지정)
부처님 오신 날	음력 4월 8일		
현충일	6월 6일	성탄절	12월 25일

석촌호수에 8년 만에 돌아온 러버덕

2014년 500만 관람객의 눈길을 끈 노란 고무오리 '러버덕'이 8년 만에 다시 한국을 찾았다. 이번 귀환엔 전시 기간이 핼러윈 시즌임을 고려해 레인보우덕, 드라큘라덕, 해골덕, 고스트덕 등 러버덕의 친구들도 함께다.

롯데물산이 운영하는 롯데월드타워는 서울 송파 구청과 함께 9월 30일부터 10월 31일까지 서울 석촌호수 동호에 18m 높이의 대형 고무오리 조

▲ 러버덕

형물을 띄우는 공공전시 '러버덕 프로젝트 서울 2022'를 진행한다고 밝혔다.

러버덕은 네덜란드 작가 플로렌타인 호프만의 공공미술 프로젝트다. 2007년 프랑스를 시작으로 세계 16개국을 순회하며 전시가 계속되고 있다. 한국에는 2014년 석촌호수에서 러버덕을 전시했다.

호프만 작가는 아이들이 욕조에서 가지고 노는 장난감인 고무오리를 크게 키운 러버덕 프로젝트처럼 일상적인 물건의 크기를 극대화하며 색다른 재미를 주는 작업을 주로 선보이고 있다.

9월 29일 오프닝 행사에 참석한 호프만 작가는 "2014년 러버덕 프로젝트를 서울에서 처음 진행하면서 아주 많은 환영을 받았던 기억에 다시 전시 제안을 받았을 때 망설이지 않고 하겠다고 답했다"고 설명했다.

이어 "8년 만에 다시 한국을 찾은 러버덕이 코로나19 사태를 겪은 사람들에게 위로가 됐으면 좋겠다"며 "특히 최근 태풍으로 인해 큰 피해가 있었다는 이야기를 듣고 더더욱 그런 생각이 들었다"고 덧붙였다.

댕댕이·커여워·팡역시... 국립국어원 '야민정음 행사' 논란

▲ 국립국어원 '야민정음 행사' (국립국어원 트위터 캡처)

국립국어원이 10월 9일 한글날을 앞두고 진행한 온라인 행사에서 '댕댕이(멍멍이)'와 '커여워(귀여워)' 같은 온라인 용어를 '야민정음'이라고 소개해 논란이 일었다. 논란을 빚은 게시물은 국립국어원이 9월 중순 SNS에 '한글날 맞이 누리소통망 댓글 기획 행사'를 알리는 이미지로 올렸다.

국립국어원은 "인터넷 게시판 등에서 특정 음절을 비슷한 모양의 다른 음절로 바꿔 쓰는 것을 야민정음이라고 합니다. 여러분은 야민정음을 어떻게 생각하시나요?"라며 댓글을 유도했다. 이어 '멍멍이→댕댕이', '광역시→팡역시', '귀여워→커여워', '명곡→띵곡'을 야민정음의 예시로 들었다.

행사가 시작하자마자 댓글에는 "국립국어원이 야민정음이라는 말을 써도 되나", "뜻을 알고 있는 게 맞나" 등 부정적인 반응이 쏟아졌다. 정치색이 뚜렷한 특정 커뮤니티에서 비롯된 언어유희 내지 언어파괴 현상을 국립국어원이 나서서 소개하는 것이 옳으냐는 지적이다.

야민정음은 온라인 커뮤니티 디시인사이드의 국내야구 갤러리를 뜻하는 '야갤'과 '훈민정음'을 합성한 말에서 유래한 것으로 알려졌다. '야갤' 이용자는 대다수가 남성이며 보수 성향이 짙다.

논란이 커지자 국립국어원은 2시간여 만에 게시글을 내렸다. 국립국어원 개방형 국어사전인 우리말샘에 등록돼 있던 야민정음도 잠정 삭제했다.

국립국어원 관계자는 "야민정음이라는 단어의 유래를 몰랐다가 누리꾼들의 지적을 통해 알게 됐고 행사를 중단하는 게 맞다고 생각해 이 같은 결정을 내렸다"며 "이 단어가 어디서 유래했는지 더 면밀히 살피고 검토하고 있다"고 말했다.

▋ 언어의 기능

종류	세부내용
정보적 기능	어떤 사실이나 상황, 지식을 전달하는 기능
정서적 기능	화자의 태도, 감정, 판단 등을 언어로 표현하는 기능
친교적 기능	화자와 청자 간의 친교 관계를 확인하며 사회적 유대를 강화하는 기능
명령적 기능	화자가 청자로 하여금 자신의 의도에 따라 행동하도록 유도하는 기능
미적 기능	언어가 효과적으로 전달되도록 미적 언어로 표현하는 기능

13년 만의 아바타 속편
부산국제영화제에서 첫 공개

▲ 영화 '아바타 : 물의 길' 포스터 (자료 : 월트디즈니컴퍼니 코리아)

13년 만에 돌아오는 제임스 캐머런 감독의 '아바타' 후속편 '아바타 : 물의 길'(이하 '아바타2')이 부산국제영화제에서 베일을 살짝 벗었다. 10월 6일 부산 해운대구 CGV센텀시티에서는 약 18분 분량의 '아바타2' 3D 편집 영상이 국내에서 처음 상영됐다.

'아바타2'는 1편에서 시간이 어느 정도 흐른 뒤의 이야기를 그린다. 이날 공개된 편집 영상에는 1편에서 보지 못했던 판도라 행성 곳곳의 모습을 확인할 수 있었다. 가장 눈길을 끈 장면은 푸른빛의 바닷속으로 기괴하면서도 신비로운 온갖 해양 생물과 나비족이 어울려 헤엄치는 대목이다.

3D로 구현된 넓고 깊은 바다의 장엄함과 고해상도 컴퓨터 게임을 하는 듯한 착각을 일으키는 전투 장면 등은 13년간 기술이 얼마나 진보했는지 확인시켜줬다.

편집영상 시사 후에는 캐머런 감독과 존 랜도 프로듀서가 관객과의 대화 시간을 가졌다. 화상으로 행사에 참여한 캐머런 감독은 1편과 달라진 점을 묻자 "이번에는 물로 배경을 가져갔기 때문에 멋진 수중 크리처와 헤엄을 치고, 물에 사는 다른 문화를 가진 종족들과 함께하는 즐거움을 느끼게 될 것"이라고 답했다.

이어 "1편에서 우림에 살았던 종족들이 (인간의) 개발로 위협받게 되는 모습을 담았다면, **2편은 바다 생태계가 어떻게 위협을 받고 있고, 우리의 선택이 환경에 어떤 영향을 미치는지**를 볼 수 있을 것"이라고 말했다.

▍ 영화 장르의 3요소

종류	세부내용
포뮬러 (formula·형식)	장르마다 가지고 있는 고유의 줄거리로 전체 구조, 주제와 내러티브의 틀거리
컨벤션 (convention·관습)	특정 장르에서 반복적으로 등장하는 관습적 장면
아이콘 (icon·도상)	세트, 소품, 의상, 배우 등 장르를 한눈에 알아볼 수 있는 이미지

SK이노베이션, 국내 최대 발달장애인 음악축제 'GMF' 성료

국내 최대 ▪**발달장애인** 음악축제인 GMF(Great

▲ 제6회 GMF에서 참가 팀과 관계자들이 기념사진을 촬영하고 있다.

Music Festival)가 10월 4일 성황리에 개최됐다. 올해로 6번째를 맞이한 GMF는 하트-하트재단이 주최하고 SK이노베이션과 문화체육관광부, SM엔터테인먼트가 후원하는 음악 행사로서 음악에 열정이 있는 발달장애인들이 재능을 펼치며 성장하기 위한 도약의 발판이 되고 있다.

이번 GMF는 3년 만에 오프라인으로 열려 열기가 뜨거웠다. 전국 30개 팀 285명이 예선에 참여했고 이 가운데 6개 팀이 본선에 올랐다. 올해 GMF 대상은 발달장애인 34명, 비장애인 11명, 지휘자 1명으로 구성된 '아인스바움 윈드챔버'가 차지했다. 이들에게는 문화체육관광부 장관상과 상금 1000만원이 수여됐다.

최우수상은 '콘솔피아노 앙상블'이 받았다. 우수상은 '벨루스 클라리넷 앙상블'과 '다소니 챔버 오케스트라'가, 장려상은 '드리미예술단'과 '아리아 난타'가 수상하는 등 이날 6개 팀에 총 2100만원의 상금과 트로피가 주어졌다.

심사위원장을 맡은 이경선 서울대 음악대악 교수는 "본선에 참가한 6팀 모두 감동적인 공연을 선보였다"며 "GMF가 발달장애인들에게 더 많은 연주 기회의 장으로 자리 잡기를 바란다"고 심사평을 전했다. 임수길 SK이노베이션 밸류크리에이션 센터장은 "GMF를 통해 발달장애인이 음악적 재능을 발휘하고 사회와 소통하는 장을 마련한 것에 의미가 있다고 생각한다"고 덧붙였다.

■ 발달장애 (developmental disability)
발달장애란 어느 특정 질환 또는 장애를 지칭하기보다 인지, 운동, 언어 등 발달 영역에서 발생하는 장애를 말한다. 발달장애인은 언어, 인지, 운동, 사회성 등이 또래의 성장 속도에 비해 크게 느려서 실생활에서 활용할 수 있는 자조 능력이 떨어진다. 발달장애는 크게 '정신지체', '전반적 발달장애', '특이적 발달장애'의 세 종류로 나눌 수 있으며 '자폐범주성 장애', '아스퍼거 증후군', 'ADHD(Attention Deficit Hyperactivity Disorder·주의력결핍 과잉행동장애)'도 발달장애에 포함된다.

➕ 메세나 (Mecenat)
메세나란 기업이 문화예술에 적극 지원함으로써 사회 공헌과 국가 경쟁력에 이바지하는 활동을 말한다. 메세나는 프랑스어로 고대 로마제국의 아우구스투스 황제의 대신이자 정치가·외교관·시인이었던 가이우스 마에케나스가 시인 호러스, 버질 등 당대 예술가들과 친교를 두텁게 하면서 그들의 예술·창작 활동을 적극적으로 후원·비호해 예술 부국을 이끈 데서 유래한 말이다.

기출TIP 2021년 인천문화재단 필기시험에서 메세나와 관련해 기업적 측면으로 알맞은 것을 묻는 문제가 출제됐다.

美 미술전서 AI가 그린 그림 1위, 예술계 논쟁 가열

인공지능(AI) 프로그램이 생성한 그림이 인간의 작품을 제치고 미국 미술대회 1위를 차지하면서 예술의 정의를 둘러싼 논쟁이 가열되고 있다. 8월 26일(현지시간) 미국 콜로라도 주립 박람회

▲ 제이스 앨런의 '스페이스 오페라 극장' (콜로라도주 박람회 페이스북 캡처)

미술대회는 디지털 아트 부문 우승작으로 제이슨 M.앨런이 제작한 '스페이스 오페라 극장'을 선정했다. 게임기획자인 앨런은 수상 후 디스코드를 통해 "AI가 이겼고, 인간은 패배했다"며 소감을 전했다.

앨런은 최근 뉴욕타임스(NYT)와의 인터뷰에서 우승작 '스페이스 오페라 극장'은 AI 프로그램 미드저니(Midjourney)를 이용해 제작했다고 과정을 전했다. 텍스트 문구를 입력하면 몇 초 만에 이미지를 생성하는 이 프로그램으로 작품 세 점을 만들어 제출했다. 그중 한 작품이 우승을 차지했다.

앨런은 "작품 제출 시 '미드저니를 거친 제이슨 M. 앨런'이라고 사용 사실을 명시했기 때문에 출처를 속인 적이 없으며 어떤 규정도 어기지 않고 우승했다"고 설명했다.

다양한 예술 분야의 **AI 기술이 날로 정교해지면서 훌륭한 창작 도구라는 옹호 입장과 윤리적 문제를 우려하는 반대 입장 간 대립도 첨예해지는 모양새**다. 콜로라도 미술대회를 둘러싼 논란이 커지자 온라인 아트 커뮤니티들을 중심으로 AI가 생성한 예술작품 게재 금지 움직임이 관측됐다. 미국의 콘텐츠 사이트 뉴스라운즈는 AI로 생성한 작

품 게재를 금지하면서 "사람이 만든 예술에 집중하고 (이 공간이) AI 생성 이미지로 넘쳐나지 않게 운영하겠다"고 밝혔다.

➕ AI 아티스트

작문, 작곡과 그림까지 예술계 전반에서 AI 아티스트가 출연하고 있다. 카카오브레인이 만든 AI 시인 '시아'는 30초 만에 시 한 편을 뽑아낸다. 국내 근현대시 1만 2000편 이상을 학습해 작법을 익혔다. 지난 8월 서울 대학로 예술극장에서는 시아가 쓴 시를 엮어 제작한 국내 최초로 AI 시극 '파포스'가 무대에 오르기도 했다. 9월에는 AI 작곡가 '에이미문'이 만든 가상아이돌 '리더걸스(Litdher Girls)'의 싱글앨범 '록 스타(Rock Star)'가 발매됐다. 에이미문은 AI로 음악을 만드는 가상인간으로 AI 콘텐츠 제작사 엔터아츠가 운영 중인 가상 기획사 '버추얼(Virtual) A.I.M' 소속이다. 걸그룹 베리굿 메인보컬 출신 이소, 가상아이돌 이터니티 싱글 음반 등 80여 곡의 케이팝 음원에 작곡 프로듀서로 이름을 올렸다. 최초의 AI 작곡가로 이름을 알린 '이봄(EvoM)'은 2020년 당시 신인 가수 하연의 데뷔 싱글 '아이즈 온 유(Eyes on you)'의 1차 작·편곡을 맡았다. 해당 곡은 프로듀서 누보(NUVO)와의 협업과 하연의 작사로 최종 완성됐다. AI가 만든 곡으로 실제 가수가 정식 데뷔한 세계 첫 사례였다.

AI 아티스트가 창작물을 만드는 수준까지 온 이상, AI의 저작권 등을 인정해야 한다는 목소리가 높아진다. AI의 창작 활동에 대한 수요가 증가하고 있는 만큼 어떤 형태로든 저작권을 인정해야 한다는 분석이다.

은 만석이 되거나 최대 1200% 일본행 예약률을 기록하는 등 항공사와 여행사에서 활기를 띠고 있다.

제주항공에 따르면 9월 21일 기준 50% 후반에 머물렀던 인천-나리타 예약률이 10월 11일 기준 90% 중반에 달했다. 이 밖에도 인천-오사카, 인천-후쿠오카, 부산-나리타 예약률은 90% 초반에 달했고, 부산-오사카·후쿠오카는 각각 80% 후반, 80% 초반의 예약률을 기록했다. **▪저비용 항공사(LCC)**도 마찬가지다. 티웨이항공 역시 일본 노선 예약률이 9월 26일 기준 67%에서 10월 10일 기준 90% 이상으로 급증했다.

국토교통부는 10월 30일부터 김포-하네다(도쿄) 노선 운항 횟수를 기존 주 28회에서 주 56회까지 증편한다고 밝혔다. 2019년 주 84회 운항했던 김포-하네다 노선은 코로나19 대유행 사태 여파로 2020년 3월 중단됐다가 올해 6월 재개됐다.

▪ 저비용항공사 (LCC, Low Cost Carrier)

저비용항공사(LCC)란 기내 서비스의 최소화, 항공기 기종 통일로 유지 관리비를 절약, 저가 공항 이용 등의 방법으로 비용을 절감해 기존 대형 항공사(FSC, Full Service Carrier)에 비해 70% 이하로 운임을 낮춘 항공사이다. 1971년 미국의 사우스웨스트항공이 성공을 거둔 후 1990년대 초에 유럽, 2000년대 초 아시아로 확산됐다. 3~4시간 이내의 단거리 노선을 중심으로 전 세계에서 운영되고 있다.

일본 무비자 입국 재개에 예약률 폭등

일본 정부가 10월 11일부터 한국인의 무비자(사증 면제) 입국을 허용하면서 대부분의 일본 노선

재일한국인, 조선시대 묘지석 기증

일본에서 떠돌던 조선시대 관리의 묘지석 2건이 국내로 환수됐다. 일본 거주 한국인이 찾아 국내

▲ 백자청화김경온묘지 (자료 : 문화재청)

에 기증하면서다. 문화재청과 국외소재문화재재단은 '백자청화김경온묘지(白磁靑畵金景溫墓誌)'와 '백자철화이성립묘지(白磁鐵畵李成立墓誌)'를 국내로 들여왔다고 9월 28일 밝혔다. 두 기관은 경상북도 안동에 위치한 한국국학진흥원에 문화재를 전달하고 이날 기증·기탁식을 진행했다.

두 묘지석 중 백자청화김경온묘지는 조선 1755년 것으로, 크기는 세로 20cm, 가로 15.3cm, 두께 1.5cm, 5장짜리 완질이다. 유물 이름은 백화청화 방식으로 제작된 김경온의 ▪묘지라는 뜻이다. 희고 부드러운 백토로 만든 판 위에 청화 안료를 이용해 정자로 바르게 쓴 해서체로 정갈하게 묘지문이 작성돼 있다.

또 다른 묘지인 백자철화이성립묘지는 조선 17C 말 것으로, 크기는 세로 22.8cm, 가로 18cm, 두께 1.6cm다. 총 2장짜리고 2장 모두 보관된 완질이다. 백자철화 방식으로 제작됐다.

첫 번째 묘지석의 주인인 단사(丹沙) 김경온(金景溫, 1692~1734)은 본관은 경북 의성, 조부는 강원도 관찰사를 지낸 김성구이다. 김경온 역시 영조 2년(1726) 진사시에 1등으로 합격하여 건원릉 참

봉[參奉 : 조선 때, 능(陵)이나 원(園) 또는 종친부·돈령부·봉상시·사용원·내의원 등 여러 관아에 속했던 종구품 벼슬]으로 임용됐으나, 곧 사직하고 고향인 예안으로 돌아와 후학 양성에 전념한 인물이다.

두 번째 묘지의 주인 이성립(李成立, 1595~1662)은 조선시대 무관이다. 본관은 경주이며 장지는 평안도 철산으로, 현재의 북한 지역에서 활동했던 것으로 보인다. 문화재청은 **"17C 후반 조선 변방 지역 무관들의 혼맥과 장례 등의 생활사를 살피는데 중요한 자료"**라며 "음각과 철화 기법이 사용됐고 묘지가 분리되지 않게 두 장을 마주 포개어 묶기 위한 것으로 추정되는 구멍이 뚫려있는 점 등 제작 방식에서 희귀성과 특수성을 보인다"고 밝혔다.

두 묘지 모두 정확한 반출 시점은 알 수 없었으나 최근 일본의 문화재 유통 시장에 나오게 된 것을 소장자가 발견했다. 이 소장자는 "당연히 한국으로 돌려보내야 하는 유물로 생각한다"며 어떠한 보상이나 조건 없이 기증 의사를 밝혔다고 전해진다.

▪ 묘지 (墓誌)

묘지는 무덤 속에 고인의 시신과 함께 묻는 돌이나 도판(陶板)이다. 고인의 생애와 성품, 가족관계 등의 행적을 적어 넣는다. 묘지는 그 내용이 피장자(被葬者)의 가계(家系)라든가 신분 등 개인 신상에 대한 것을 알려주고 있기 때문에, 당시의 사회를 아는 데 상당히 중요한 자료가 되고 있다. 특히, 장례의식 중 묘지를 안치하는 과정에서 다양한 면모가 엿보이기 때문에 묘지의 작성과 그것의 매납은 단순히 피장자의 이름이나 약력을 알린다는 것 이상의 관념이 투영되어 있다.

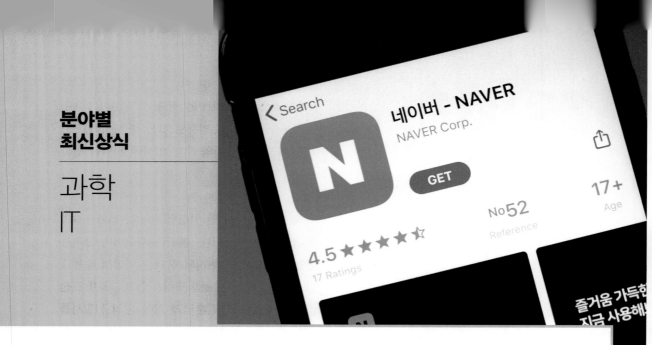

네이버, 북미 최대 패션 중고거래
플랫폼 포쉬마크 인수

■ 포쉬마크 (POSHMARK)
포쉬마크는 북미에서 중고 패션이나 가정용품 및 전자 제품 등을 사고팔 수 있는 소셜 커머스(SNS를 통해 이뤄지는 전자상거래) 플랫폼이다. 인스타그램과 당근마켓을 섞어놓은 듯한 독특한 형태로 인기를 모으며 MZ 세대를 중심으로 8000만 명 이상의 사용자를 보유하고 있다. 인스타그램처럼 특정 인플루언서나 셀러의 게시물을 보며 취향에 맞는 아이템을 당근마켓처럼 직거래하는 형태다.

국내 인터넷 기업 최대 규모 인수

네이버가 10월 4일 '미국판 당근마켓'으로 불리는 북미 최대 중고 패션 C2C(Customer to Customer : 개인 간 거래) 플랫폼인 ■포쉬마크를 인수한다고 발표했다. 네이버는 이번 인수를 통해 북미 커머스 시장 진출을 본격화하면서 커머스와 콘텐츠를 양대 축으로 해외 시장에 적극 진출한다는 계획이다.

네이버는 포쉬마크를 16억달러(약 2조3441억원)에 사들인다고 공시했다. 네이버 창사 이후 최대이자 국내 인터넷 기업의 인수 가운데서도 가장 큰 규모다. 내년 4월 4일 주식 취득이 마무리되면 포쉬마크는 독립된 사업을 운영하는 네이버의 계열사로 편입된다.

네이버는 한국에서 **중고 운동화 거래 플랫폼인 '크림'**을 운영하고 있고 일본에서는 빈티지 콘셉트의 전자상거래 커뮤니티인 '빈티지시티'를 구축했다. 유럽에서는 명품 리세일 플랫폼 '베스티에르 콜렉티브'와 스페인 중고 거래 플랫폼 '왈라팝'에 투자하는 등 C2C 플랫폼 규모를 키우고 있다.

카카오페이까지 모두 52주 신저가를 썼다. **카카오는 무분별한 자회사 상장이 주가 폭락을 부르고 있다.**

지난해 6월 24일 고점(17만3000원)을 찍었던 카카오의 주가는 2020년 이후 카카오게임즈, 카카오뱅크, 카카오페이를 차례로 상장시키면서 내리막을 걷고 있다. 여기에 최근 ▪**손자회사** 라이온하트의 상장을 시도해 카카오 계열사 중복상장 논란이 재점화됐다. 이 회사는 카카오게임즈의 핵심 게임 '오딘'의 개발사다. '쪼개기 상장' 논란으로 주가가 폭락하자 카카오게임즈는 라이온하트의 상장을 철회했다.

인수가 논란에 네이버 주가 곤두박질

네이버 측은 1년을 기다리며 가장 낮은 가격에 포쉬마크를 인수했다고 주장했다. 하지만 네이버 주주들은 **"구글도 유튜브를 2조원대에 인수했는데 2조원을 주고 중고의류 벼룩시장을 인수했느냐"**며 막대한 현금 유출이 네이버 기업가치에 부정적 영향을 미칠 것을 우려했다. 포쉬마크의 매출 성장률이 지난해 24.6%에서 올해 2분기 10% 초반까지 크게 떨어지고 적자 폭도 커진 것이 부담이다.

이에 증권사들이 네이버 목표주가를 줄하향하자 네이버 주가는 10월 4일과 5일 이틀간 15%가량 급락했다. 한국거래소는 10월 6일 네이버를 ▪**투자주의** 종목으로 지정했다. 네이버의 코스피 시가총액 순위는 올해 초 3위에서 10위로 밀려났다.

국민주의 배신...카카오그룹도 '대폭락'

네이버와 더불어 국내 대표 인터넷 기업인 카카오그룹 주가도 10월 7일 일제히 폭락했다. 모기업 카카오를 비롯해 카카오게임즈, 카카오뱅크,

▪ **투자주의 (投資注意)**

투자주의는 시장 경보 중 첫 단계로 당일 종가가 3거래일 전날의 종가보다 15% 넘게 올랐거나 내렸을 때 지정한다. 투자주의 지정 이후에도 해당 요소가 해소되지 않으면 투자경고·투자위험 종목으로 지정된다. 투자경고 단계부터는 거래가 정지된다.

▪ **손자회사 (孫子會社)**

손자회사는 자회사(지주회사에 의해 그 사업내용을 지배받는 국내 회사)에 의하여 사업내용을 지배받는 국내 회사를 말한다. 손자회사로부터 사업내용을 지배받는 국내 회사는 증손회사가 된다.

POINT 세 줄 요약

❶ 네이버가 '미국판 당근마켓'으로 불리는 포쉬마크를 2조3441억원에 인수하기로 했다.

❷ 포쉬마크의 성장 여력에 의문이 제기되며 네이버 주가가 곤두박질쳤다.

❸ 네이버와 함께 국내 대표 인터넷 기업인 카카오그룹도 무분별한 자회사 상장으로 주가가 폭락했다.

머스크, 휴머노이드 로봇
'옵티머스' 공개

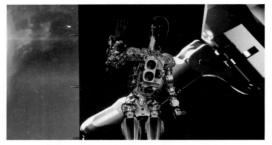

▲ 테슬라가 공개한 휴머노이드 로봇 '옵티머스' (자료 : 테슬라)

일론 머스크 테슬라 최고경영자(CEO)가 **휴머노이드 로봇 '옵티머스'**를 공개하고 향후 수백만 대를 생산해 2만달러 이하로 판매한다는 계획을 밝혔다고 로이터·블룸버그통신 등 외신이 9월 30일(현지시간) 보도했다.

머스크가 지난 2월 개발했다고 밝힌 옵티머스는 무대로 걸어 나와 청중들에게 손을 흔들었다. 이 모델은 외부로 부품과 전선 등이 드러난 모습이었다. 옵티머스는 무대에서 더 복잡한 동작을 선보이지는 않았으나 테슬라는 사전에 제작된 동영상을 통해 옵티머스가 상자를 들어 옮기거나 사무실을 돌아다니며 화분에 물을 주는 등의 임무를 수행하는 모습을 공개했다.

머스크는 "이 로봇은 방금 보여준 것보다 실제로는 더 많은 것을 할 수 있지만 무대에서 넘어지는 것을 보여주고 싶지는 않다"며 "옵티머스를 개선하고 성능을 검증하기 위해 아직 할 일이 많다"고 말했다.

이어 "테슬라는 앞으로 옵티머스를 성능이 매우 우수한 로봇으로 만들고 수백만 대를 양산할 것"이라며 "로봇 가격은 2만달러(2800만원) 이하가 될 것이라고 예상한다"고 덧붙였다. 테슬라는 이 날 행사에서 차세대 옵티머스도 선보였다. 무게 73kg의 이 모델은 2.3kWh 배터리팩을 가슴에 장착하고 내장 칩과 작동장치로 팔다리를 스스로 움직일 수 있는 성능을 갖출 예정이다.

헨리 벤 아모르 애리조나주립대 교수는 옵티머스 공개에 대해 "현재 휴머노이드 로봇 가격이 대당 10만달러(1억4000만원) 정도인 점을 고려할 때 머스크가 대당 가격을 2만달러로 잡은 것은 좋은 화두"라면서도 "야망과 현실 사이에는 상당한 차이가 있을 수 있다"고 말했다.

■ 휴머노이드 (humanoid)

휴머노이드란 인간(human)과 비슷하다(oid)의 합성어로 인간과 닮은 모습의 로봇을 뜻한다. 인간형 로봇이란 뜻에서 안드로이드(android)라 부르기도 한다. 휴머노이드는 사람의 지능, 행동, 감각, 상호작용 등을 모방하여 사람의 일을 대신하거나 사람과 협력하여 다양한 서비스를 제공하는 것을 목표로 한다.

尹 대통령 "AI 경쟁력
세계 3위로 끌어 올린다"

윤석열 대통령이 9월 28일 "글로벌 인공지능(AI) 경쟁력을 세계 3위 수준으로 끌어올리고 데이터 시장 규모를 지금의 2배인 50조원 이상으로 키우겠다"며 디지털 전략을 구체화했다.

윤 대통령은 이날 광주 김대중컨벤션센터에서 제8차 비상경제민생회의를 열고 "반도체, **■양자컴**

퓨팅, 메타버스와 같은 다양한 전략 분야에 집중 투자해서 초일류·초격차 기술을 확보해 나가겠다"며 이같이 말했다.

이날 회의는 **윤 대통령의 이른바 '뉴욕 구상'을 실현하기 위한 후속 조치**를 마련하기 위해 개최됐다. 이 자리에서 윤 대통령은 "우리나라를 디지털 강국으로 도약시킬 체계적인 준비를 하겠다"며 "돌봄 로봇과 AI 의료기술을 활용해서 국민들의 건강을 든든히 지키고, 전국 상권을 빅데이터로 정밀 분석해 소상공인을 적극 지원하겠다"고 강조했다.

회의에서는 ▲AI ▲AI반도체 ▲5·6세대 이동통신 ▲양자 ▲메타버스 ▲사이버보안 등 **6대 디지털 혁신기술** 분야에서 초격차 기술력 확보 방안 등을 담은 '대한민국 디지털 전략'이 발표됐다. 앞서 9월 21일(현지시간) 윤 대통령은 뉴욕대에서 열린 디지털 비전 포럼에 참석해 "인류의 보편적 가치를 지키기 위해 새로운 차원의 디지털 질서가 필요하다"고 밝힌 바 있다.

한편 윤 대통령은 광주를 AI의 대표도시로 치켜세우면서 "명실상부한 한국의 실리콘밸리로 거듭나도록 제도적·재정적 지원을 아끼지 않겠다"고 강조했다. 윤 대통령은 광주 복합쇼핑몰도 언급했다. 윤 대통령은 "인공지능을 비롯한 최첨단 디지털기술이 적극 활용돼서 세계적인 디지털 혁신의 명소가 될 수 있도록 광주시에서도 각별한 노력을 기울여 주시기 바란다"고 말했다.

■ **양자컴퓨팅 (quantum computing)**

양자컴퓨팅은 얽힘이나 중첩 같은 양자역학적인 현상을 활용하는 컴퓨터 이용 방식이다. 양자역학 원리에 따라 병렬 처리가 가능한 미래형 컴퓨터로, 컴퓨터 계산력을 증폭하는 게 특징이다. 양자컴퓨팅은 전통적인 컴퓨터가 해결하지 못하는 문제를 풀 수 있는 잠재력이 있다고 평가된다. 고전적인 컴퓨터에서 자료의 양은 비트(bit)로 측정되는데 양자컴퓨터는 비트 데이터 0과 1을 동시에 처리할 수 있다. 단위는 비트가 아닌 큐비트(Qubit)다. 에너지, 화학공학, 신약 개발 등 여러 산업을 혁신하고 정보 보호를 강화할 것으로 기대된다.

세계적 기업들은 양자컴퓨팅 연구에 매진하고 있다. 국내 삼성전자와 LG전자를 비롯해 글로벌기업 IBM, 아마존웹서비스(AWS), 마이크로소프트(MS), 구글. 인텔 등이 기술과 테스트, 서비스 개발을 추진 중이다. 우리나라는 정부 주도로 2022년부터 양자컴퓨터 구축을 본격화한다. 과학기술정보통신부는 2022년 1월 '2022년도 연구개발(R&D) 사업 종합시행계획'을 통해 2024년까지 50큐비트급 국내 양자컴퓨터 시스템을 구축한다고 발표했다.

애플 인앱결제 가격 인상에 국내 이용자 3500억 추가 부담

애플이 최근 미국 달러화 강세를 배경으로 우리나라와 유럽 등지에서 앱스토어 앱 가격과 ■**인앱결제** 요금을 올림에 따라 국내 이용자들이 추가 부담해야 하는 금액이 연간 최대 3500억원에 달하는 것으로 추산됐다.

국회 정무위원회 소속 양정숙 무소속 의원은 애플 단말기를 이용하는 국내 온라인동영상서비스(OTT), 뮤직, 웹툰·웹소설 가입자 수와 인상된 앱 가격을 분석해 추산한 결과 이같이 나타났다고 10월 5일 밝혔다.

앞서 9월 애플은 한국을 비롯한 일부 국가의 앱과 인앱결제 가격을 올린다고 밝혔다. 인상 국가는 한국을 비롯해 일본·말레이시아·베트남·칠레·이집트와 유로화를 사용하는 모든 지역이다.

애플은 상품 결제에 있어 1~87단계의 티어(구간) 표를 정하고 있는데, 이번 인상 정책으로 1구간 가격은 기존 1200원에서 1500원으로, 2구간 가격은 2500원에서 3000원으로, 3구간 가격은 3900원에서 4400원 등으로 개편된다.

이 여파로 개발사 별 콘텐츠 가격도 속속 오르고 있다. 카카오는 카카오톡의 이모티콘 단품 가격을 현행 2500원에서 3000원으로 인상키로 했으며, 멜론은 30일 스트리밍 이용권 가격을 현행보다 1000원 올리기로 했다.

양 의원 측은 애플에 환율 변동에 따른 앱 가격 조정 여부, 앱 가격 인상 경과 등을 자료로 요청했으나 애플코리아는 이에 응답하지 않았다고 밝혔다. 특히 구글과 원스토어는 앱 가격 설정 시 개발자가 소비자가격을 직접 입력하도록 하지만, 애플은 자사가 정한 가격표의 구간을 선택하게 하고 자의적인 요금 인상을 단행하며 수익을 극대화하고 있다고 지적했다.

■ 인앱결제 (in-app purchase)

인앱결제는 소비자가 유료 앱 콘텐츠를 결제할 때 앱마켓 운영 업체가 자체적으로 개발한 시스템을 활용해 결제하도록 하는 방식을 말한다. 앱 개발사는 이용자가 인앱결제로 결제한 금액의 10~30%를 주요 앱마켓 운영 업체인 구글이나 애플에 수수료로 내야 한다. 앱 개발사의 선택에 따라 6~26% 수수료가 부과되는 '개발자 제공 인앱결제' 시스템을 추가로 도입할 수 있다. 그 외 결제방식은 허용되지 않는다.

지하 1000m에서 우주비밀 찾는다...베일 벗은 '예미랩'

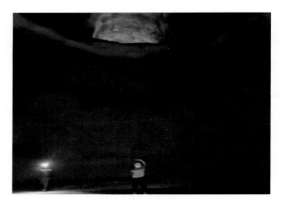

▲ '예미랩' 지하실험실 (자료 : 기초과학연구원)

강원도 산골의 지하 1000m에서 우주의 비밀을 푸는 국내 유일의 실험실이 문을 열었다. 기초과학연구원(IBS)은 10월 5일 강원도 정선군 신동읍 예미산 지하 약 1000m에 위치한 실험실인 '예미랩' 준공식을 열었다.

예미랩 면적은 총 3000m² 규모로 10개 이상의 독립적 실험이 가능한 구조다. 면적 기준으로 세계 6위급 지하 실험시설이다. 연구실에서 IBS 지하실험 연구단은 세계 물리학계 과제인 ■암흑물질의 존재와 우주의 신비를 담은 ■중성미자의 특징을 연구한다.

물리학계는 우주의 신비를 알아내기 위해 우선적으로 풀어야 할 과제로 암흑물질의 존재와 중성미자의 특징을 밝히는 것을 꼽고 있다. 특히 암흑물질과 중성미자가 내는 신호는 포착하기 상당히 어려워 배경잡음을 최대한 줄일 수 있는 연구 환경이 필수적이며, 예미랩은 이 같은 조건을 완벽하게 갖췄다.

IBS는 지금까지 강원도 양양군 지하 700m에 위치한 $300m^2$ 규모의 지하실험실에서 연구해왔지만, 연구시설의 깊이와 규모 모두 제대로 된 연구를 하기에는 한계가 있었다.

지하실험연구단은 올 연말까지 양양 지하실험시설의 장비를 예미랩으로 옮겨와 '중성미자 미방출 이중베타붕괴 연구'와 '암흑물질 탐색 연구' 등 우주의 근원을 탐구하는 본격적인 연구에 돌입할 예정이다.

■ 암흑물질 (dark matter)

암흑물질은 우주를 구성하고 있는 것으로 추정되지만 아직 알려지지 않은 물질을 말한다. 1960년대 미국의 천문학자 베라 루빈(Vera Rubin, 1928~2016)이 거대한 미지의 질량이 은하 안에 있다고 주장했는데 이것이 암흑물질과 관련된 연구의 출발이다. 암흑물질은 우주의 26.8%를 차지, 일반물질을 다 합한 것보다 5배 이상 많으면서도 현재까지 관측된 적 없다. 암흑물질의 후보로는 행성, 블랙홀 등 잘 관측되기 어려운 마초(MACHO) 같은 천체들이나 전하를 가지고 있지 않아서 빛을 흡수하거나 방출하지 않아서 검출하기 어려운 윔프(WIMP)와 엑시온(Axion) 같은 소립자들이 있다.

■ 중성미자 (neutrino)

중성미자는 우주를 구성하는 근본입자 중 하나로 전기적으로 중성이며 질량이 0에 가까운 소립자다. 약력과 중력에만 반응하며 너무 작아 아직 질량을 측정하지 못하고 있다. 중성미자는 1930년에 파울리(W. Pauli, 1900~1958)가 이론적으로 예측했다. 1950년대에는 보통 물질과 중성미자의 상호작용이 검출됨으로써 그 존재가 증명됐으며 1990년에는 중성미자의

종류가 전자형, 뮤온형, 타우형 세 가지 있다고 결정됐다. 중성미자는 다른 입자들과 상호작용을 거의 하지 않아 우주 내에서 가장 포착하기 힘들며, 따라서 중성미자를 검출하기 위한 관측소는 지하 깊은 곳에 설치된다.

구글 클라우드, 코인베이스와 손잡고 '암호화폐 결제시스템' 도입

구글 클라우드가 내년부터 가상화폐로도 결제를 받는다. 데이터센터 성능 향상을 위해 미국 반도체 기업 인텔과 공동으로 설계한 칩도 출시한다. 구글 클라우드는 10월 11일(현지시간) 연례 기술 콘퍼런스인 '구글 클라우드 넥스트 22'를 개최하고 이런 내용의 업그레이드 버전을 소개했다.

구글은 미국 최대 가상화폐 거래소인 코인베이스와 제휴해 2023년 초부터 가상화폐로 클라우드 서비스를 결제할 수 있도록 하겠다고 밝혔다. 구글은 가상화폐 결제를 통해 치열하고 빠르게 성장하는 클라우드 서비스 시장에서 최첨단 기업들을 유인할 수 있을 것이라고 설명하며 더 많은 고객이 가상화폐로 결제할 수 있도록 허용할 것이라며 설명했다.

코인베이스는 비트코인, 이더리움, 도지코인, 라이트코인 등 10개 암호화폐를 지원한다. 아마존 웹서비스(AWS)와 마이크로소프트 애저 등 클라우드 서비스 업체들 가운데 가상화폐 결제를 시작한 것은 구글 클라우드가 처음이다.

구글 클라우드는 또 데이터 센터를 더 안전하고 효율적으로 하기 위해 인텔과 공동 설계한 칩을 출시했다고 밝혔다. 마운트 에번스(Mount Evans)라는 코드명의 E2000 칩은 메인 컴퓨팅을 하는 중앙처리장치(CPU)로부터 네트워킹을 위한 데이터 패키징 작업을 한다. 이를 통해 클라우드에서 CPU를 공유하는 고객 간 더 나은 보안을 제공하고, 신제품에 탑재돼 이전 모델보다 20% 향상된 성능을 제공한다고 구글 측은 설명했다.

아울러 기업이 자사 메인프레임의 디지털 복사본을 만들어 구글 클라우드에서 동시에 실행할 수 있는 '듀얼 런'(Dual Run)과 팀이나 조직, 국경을 넘어서도 민감한 데이터를 사용해 협업을 촉진할 수 있도록 하기 위한 '비밀 공간'(Confidential Space)도 소개했다. 이와 함께 인프라 지역을 기존 35개 나라에서 오스트리아와 그리스 등 6개국을 추가해 41개 나라로 확대하기로 했다.

➕ 무어의 법칙 (Moore's law)

무어의 법칙은 1965년 페어차일드(fairchild)의 연구원으로 있던 고든 무어가 마이크로칩의 처리 능력이 18개월마다 2배로 늘어날 것이라고 예측하여 만든 법칙이다. 인터넷 경제 3원칙의 하나로, 장래 반도체의 성능 향상을 예측할 수 있는 기준으로 사용되고 있다.
한편, 젠슨 황 엔비디아 최고경영자(CEO)는 최근 반도체 업계에서 정설로 여겨졌던 무어의 법칙을 부정했다. 비용 부담 때문에 과거처럼 비슷한 비용으로 꾸준히 2배씩 성능을 올리는 게 어려워졌다는 것이다.

해양쓰레기 청소하는 무인 로봇 개발

▲ 해양쓰레기 청소하는 무인 로봇 (자료 : 한국생산기술연구원)

한국생산기술연구원은 바다에 떠다니는 쓰레기를 수거하는 무인 자율 청소로봇을 개발하고 충남 서천 홍원항에서 실증실험을 마쳤다고 9월 29일 밝혔다. 해양쓰레기의 대부분은 플라스틱, 스티로폼 등의 부유성 쓰레기로, 경관을 해칠 뿐 아니라 수중에 침전되어 해양생태계를 교란시키지만, 수거율은 40%에도 못 미치는 실정이다.

특히 조류나 파도에 실려 항·포구에 유입된 해양쓰레기의 경우 방파제, 부잔교, 계류 중인 선박 사이에 쌓이기 때문에 사람이나 대형 수거선박은 접근하기 어려운 경우가 많다. 그동안 해양 부유 쓰레기 문제를 해결하기 위해 다양한 형태의 시스템 개발이 추진돼 왔지만, 항·포구에 특화된 수거장치 개발은 없었다.

생기원 해양로봇센터 하경남 박사팀은 기획단계에서부터 지역주민, 지자체(충청남도)로 구성된 리빙랩을 통해 항·포구의 환경, 쓰레기 밀집지역 및 종류, 수거방법 등에 대한 의견을 듣고 시스템 설계에 반영했다.

도출된 목표는 파고가 있는 해양 환경에서 1.2m/s의 속도로 4~6시간 운용할 수 있는 무게 250kg급 수거 로봇이었다. 운영 환경에 따라 쓰레기가 밀집된 좁은 구역에서는 사람이 개입해 수거 로봇을 원격조종하고, 상대적으로 넓은 구역에서는 수거 로봇 스스로 GPS 기반의 항법시스템을 활용해 자율적으로 이동하며 작업을 수행할 수 있는 투 트랙 방식이다.

연구팀은 원격조종을 위해 1㎞ 이상 떨어진 곳에서도 제어 가능한 원격 제어기술을 개발했으며, 조종법이 쉽고 제작비용이 저렴한 무선 컨트롤러를 적용해 사용자 편의성을 높였다. 또 자율주행, GPS를 융합한 위치 추정, 이동 속도와 방향, 중력, 가속도를 파악하는 **■관성측정장치(IMU)**를 통해 **정해진 구역 내에서 수거 로봇 스스로 이동하며 작업을 수행할 수 있는 자율제어기술을 개발**해 적용했다.

특히 외형은 가벼우면서도 강한 **■섬유강화플라스틱(FRP)**을 소재로 사용했고 좁고 복잡한 구역에서 선체가 걸리는 일이 없도록 구성 장비는 모두 내부에 탑재했다. 개발된 로봇은 시험평가에서 무게, 속도, 운용시간, 통신거리 전 항목에서 목표로 한 성능을 만족시키는 것으로 나타나 서천 홍원항에서의 실증시험을 거쳐 충청남도에 이관됐다.

■ 관성측정장치 (IMU, Inertial Measurement Unit)

관성측정장치(IMU)는 가속도계와 회전 속도계, 때로는 자력계의 조합을 사용하여 신체의 특정한 힘, 각도 비율 및 때로는 신체를 둘러싼 자기장을 측정하고 보고하는 전자 장치이다. IMU는 일반적으로 무인 항공기를 포함한 항공기와 인공위성과 육지를 포함한 우주선을 조종하는 데 사용된다. 최근 기술은 IMU를 사용할 수 있는 GPS 장치의 생산을 가능하게 했다. IMU는 터널, 건물 내부 또는 전자적 간섭이 있어 GPS 신호를 사용할 수 없을 때 GPS 수신기를 사용할 수 있도록 한다.

■ 섬유강화플라스틱 (FRP, Fiber Reinforced Plastics)

섬유강화플라스틱(FRP)이란 각종 섬유로 강화한 플라스틱 복합재료를 말한다. FRP는 강도를 한층 개선시킨 신소재로서 기계적 특성 외에도 복합 효과에 의해 부식 저항, 치수 안정성, 열적 안정성 등을 개선할 수도 있다. 크게 나누면 열경화성과 열가소성이 있고, 보강재의 섬유와 모재의 수지 조합으로 다종다양의 것이 개발되고 있다. 보강섬유의 대표적인 것은 유리섬유로, 그 밖에 탄소섬유, 아라미드 섬유(aramid fiber) 등이 있다. 모재로서의 수지에는, 열경화성에서는 불포화 폴리에스테르 등이, 열가소성에서는 폴리프로필렌, 폴리에틸렌, 폴리스틸렌, 나일론 등이 사용되고 있다. FRP는 자동차에서는 에어댐 등의 에어로 파트, 레이싱 카의 차체나, 헤드 커버, 연료 탱크 등에도 사용되고 있다.

셀트리온 항암제, 美 FDA 판매 허가 획득

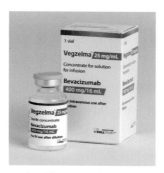

▲ 셀트리온 베그젤마(CT-P16) (자료 : 셀트리온)

셀트리온이 자사의 **■바이오시밀러**(바이오복제약) 항암제 '베그젤마(CT-P16)'가 미국 식품의약국(FDA)으로부터 품목 허가를 획득했다고 9월 28일 밝혔다.

베그젤마는 로슈의 대장암 치료제 '아바스틴(Avastin·성분명 : 베바시주맙)'의 바이오시밀러다. 전 세계 베바시주맙 성분 바이오의약품 시장은 연매출 약 9조원에 이른다.

셀트리온은 지난 5월 오리지널 의약품(아바스틴) 개발사이자 로슈 자회사인 제넨텍과 베그젤마에 대한 글로벌 특허에 합의했다. 이후 지난 8월 ■유럽연합집행위원회(EC), 9월 영국 의약품규제당국(MHRA)과 일본 등 주요 국가의 규제기관으로부터 베그젤마의 허가를 순차적으로 획득했고, 이번에 미국 FDA 허가까지 추가했다.

미국 FDA의 허가를 마친 데 따라 베그젤마가 글로벌 연매출 약 9조원 베바시주맙 시장에 본격 진출하게 됐다는 것이 회사 측 설명이다. 셀트리온 제품의 판매 및 마케팅을 담당하는 셀트리온 헬스케어는 올해 하반기 유럽을 시작으로 베그젤마 해외 판매에 나선다.

셀트리온은 이번에 FDA에 베그젤마를 전이성 직결장암, 비소세포성폐암, 전이성 신세포암, 자궁경부암, 상피성 난소암, 난관암(자궁관암), 원발성 복막암, 순환성 교모세포종 등 치료에 대한 적응증(치료 효과 있는 증상)으로 승인받았다.

셀트리온은 자체 의약품 개발 및 생산 노하우에서 오는 원가 경쟁력을 앞세워 베그젤마로 글로벌 시장을 공략할 계획이다. 글로벌의약품 시장 조사 기관인 아이큐비아(IQVIA)에 따르면 지난해 글로벌 베바시주맙 시장 규모는 64억3530만달러(약 8조9700억원)에 이르고, 미국에서만 26억200만달러(약 3조6300억원)가 팔려나갔다.

■ 바이오시밀러 (Biosimilar)
바이오시밀러는 특허가 만료된 바이오(생물)의약품에 대한 복제약을 말한다. 바이오복제약, 바이오제네릭, 동등생물의약품. FOB(Follow-On Biologics)라고도 불린다. 일반 의약품은 화학식을 알면 동일한 성분을 합성하는 것이 가능하다. 이처럼 화학적으로 복제한 약품은 복제약(generic·제네릭)이라고 한

다. 그러나 바이오의약품은 동물세포나 효모, 대장균 등을 이용해 고분자의 단백질 제품을 만드는 과정을 거치므로 완벽히 동일한 제품을 복제할 수가 없고 유사한(similar·시밀러) 약을 만들 수 있을 뿐이다.

■ 유럽연합집행위원회 (EC, European Commission)
유럽연합집행위원회(EC)는 20명의 위원으로 구성된 EU의 주요 집행기관으로 각 국가의 이익이 아닌 EU 차원의 이익을 대변하는 독립 기구이다. EU 집행위 위원의 임기는 5년이며 중임제한은 없다. EU 집행위는 합의체로 운영되며 각 집행위원은 특별 담당업무가 있으나 행위의 책임은 전체가 지며 모든 사항은 다수결에 의해 결정한다. 2022년 10월 기준 EU 집행위원장은 독일 출신의 우르줄라 폰 데어 라이엔이다. 지난 2019년 12월부터 임기를 시작한 폰 데어 라이엔은 EU 역사상 최초의 여성 집행위 위원장이다.

'개인정보 불법수집' 구글·메타 과징금 1000억원

■개인정보보호위원회가 개인정보보호법을 위반한 구글과 메타에 과징금 약 1000억원을 부과했다. 이는 온라인 맞춤형 광고 플랫폼의 행태정보 수집·이용과 관련한 국내 첫 제재이자, 개인정보보호 법규 위반으로는 가장 큰 규모의 과징금이다.

개인정보보호위는 9월 14일 구글과 메타의 법 위반에 대해 심의한 결과, 위반행위 시정명령과 함께 구글에는 692억원, 메타에는 308억원의 과징금 부과를 의결했다고 밝혔다. **구글과 메타가 그**

동안 이용자 동의 없이 자사 서비스 이용자의 타사 행태정보를 수집·분석해 맞춤형 광고 등에 사용했기 때문이다.

개인정보보호위는 2021년 2월부터 국내외 주요 온라인 맞춤형 광고 플랫폼의 행태정보 수집·이용 실태를 점검해 왔다. 조사 결과 구글과 메타는 자사 서비스 이용자의 타사 행태정보를 수집·분석해 이용자의 관심사를 추론하거나 맞춤형 광고에 사용하면서 그 사실을 이용자에게 명확히 알리지 않고 사전에 동의도 받지 않은 것이 확인됐다.

개인정보보호위 측은 구글이 최소 2016년부터 현재까지 약 6년간 서비스 가입 시 타사 행태정보 수집과 이용 사실을 명확히 알리지 않고, '옵션 더보기' 화면을 가려둔 채 기본값을 '동의'로 설정하는 방법을 썼다고 봤다.

또 메타는 2018년 7월 14일부터 현재까지 약 4년간 자사 서비스에 가입한 이용자의 타사 행태정보를 수집해 맞춤형 광고에 이용하면서 그 사실을 해당 이용자에게 명확하게 알리고 동의 받지 않았다.

구글은 한국과 달리 유럽 이용자가 회원으로 가입할 때는 행태정보 수집, 맞춤형 광고 및 개인정보 보호 설정을 이용자가 직접 선택하도록 단계별로 구분해 동의를 받고 있다.

메타는 지난 5월 한국의 기존 이용자들을 대상으로 행태정보 수집에 동의하지 않으면 서비스를 제한하는 내용으로 동의 방식('필수 동의')을 변경하려다 거센 반발에 부딪히자 결국 이를 철회하

기도 했다.

이날 개인정보위의 과징금 부과 의결에 구글과 메타는 반발했다. 구글은 입장문을 통해 "개인정보위의 심의 결과에 깊은 유감을 표하며, 서면 결정을 면밀히 검토할 계획"이라고 밝혔다. 메타 측은 "법원의 판단을 포함한 모든 가능성을 열어둔 채 사안을 검토할 방침"이라며 소송까지 예고했다.

■ **개인정보보호위원회 (個人情報保護委員會)**
개인정보보호위원회는 개인정보의 처리와 보호에 관한 사안을 독립적으로 수행하기 위해 설립된 합의제 중앙행정기관이다. 개인정보보호위원회는 개인정보 보호와 관련된 법령 개선. 정책·제도·계획 수립·집행. 권리침해에 대한 조사·처분. 고충처리·권리구제 및 분쟁조정. 국제기구 및 외국의 개인정보 보호기구와의 교류·협력. 법령·정책·제도·실태 등의 조사·연구. 교육. 홍보. 기술개발의 지원·보급 및 전문 인력의 양성 등에 대한 업무를 수행한다.

➕ MAMAA
MAMAA란 세계적인 빅테크 기업 '메타(Meta)·애플(Apple)·마이크로소프트(Microsoft)·아마존(Amazon)·알파벳(Alphabet)'의 머리글자를 딴 용어다. 2013년 미국 대표 빅테크 기업을 나타내는 신조어 'FAANG'[페이스북(Facebook)·아마존(Amazon)·애플(Apple)·넷플릭스(Netflix)·구글(Google)]을 만든 짐 크레이머 CNBC '매드머니' 진행자가 이를 대체할 새로운 신조어로 'MAMAA'를 소개했다. MAMAA에는 기존 FAANG에서 넷플릭스(N)가 빠지는 대신 마이크로소프트(M)가 합류했다. 페이스북(F)은 새 사명인 메타(M)로, 구글(G)은 모기업인 알파벳(A)으로 변경됐다.

분야별
최신상식

스포츠
엔터

부산국제영화제 코로나 뚫고
3년 만에 정상화

■ **부산국제영화제 (BIFF, Bu-san International Film Festival)**

부산국제영화제는 1996년부터 시작한 국내 최초의 국제 영화제로, 아시아를 대표하는 영화제로 성장했다. 영상문화의 중앙 집중에서 벗어나, 한국 영화의 발상지인 부산을 지방자치 시대에 걸맞은 문화예술의 고장으로 발전시키고자 기획됐다. 최초에 PIFF(Pusan International Film Festival)라는 영문 표기로 개최했으나, 2011년부터 지역명 로마자 표기 통일성을 위해 지금과 같은 BIFF로 영문 표기를 변경했다.

부산국제영화제 '화려한 팡파르'

제27회 ■**부산국제영화제(BIFF)**가 10월 5일 3년 만에 화려한 막을 올렸다. 코로나19 영향으로 최근 2년간 영화제가 온라인으로 진행되거나 대폭 축소됐던 것과는 달리 올해는 100% 오프라인·전 좌석 운영으로 사실상 팬데믹 이전 수준을 회복한 것으로 평가된다.

이날 오후 6시부터 시작된 식전행사에 이어 배우 류준열과 전여빈이 개막식 사회자로 무대에 올랐다. 5000여 석 야외 객석을 가득 메운 관객들은 실외 마스크 해제를 만끽하며 레드카펫을 밟는 영화인들을 향해 아낌없는 박수로 환호했다.

71개국 243편 초청 상영...개막작에 이란 영화 '바람의 향기'

3년 만에 정상화된 만큼 각국 거장의 신작과 칸·베를린 등에 초청된 화제작 등 총 354편의 작품이 약 17만 명의 관객과 스크린에서 만났다. 올해 영화제에는 개막작인 이란 영화 '바람의 향기'(Scent of Wind, 감독 하디 모하게흐)를 비롯해 **71개국 243편이 초청돼 7개 극장 30개 스크린에서 상영**됐다.

폐막작에는 일본의 이시카와 메이 감독의 작품 '한 남자'(A Man)가 선정됐다. 이 작품은 2018년 요미우리 문학상을 받은 히라노 게이치로의 동명 소설을 영화로 옮긴 작품으로, 정체성에 대한 진지한 질문을 던지는 미스터리극이다.

올해 영화제는 기존 극장 개봉작 외에도 온라인동 영상서비스(OTT)에 문호를 활짝 연 것이 특징이다. 드라마 시리즈를 상영하는 온 스크린 섹션을 강화해 지난해 연상호 감독의 '지옥' 등 넷플릭스 드라마 3편에 이어 올해는 넷플릭스·왓챠·디즈니플러스·웨이브·티빙 등 국내외 OTT 신작 9편이 쏟아졌다. 드라마와 영화, 온라인과 오프라인의 경계가 갈수록 희미해지는 현실을 반영했다.

스토리마켓 첫 출범과 관객 서비스 확대

코로나19 여파로 우여곡절을 겪은 부산국제영화제는 올해부터 팬데믹 이전 영화제 모습으로 돌아간다. 아시아영화펀드(ACF)와 아시아 영화인들의 교류의 장인 플랫폼부산이 달리 열리고, 팬데믹 기간에도 유지됐던 아시아프로젝트마켓은

올해 6개의 어워드를 추가해 대폭 확대됐다. 아시아콘텐츠&필름마켓 역시 3년 만에 정상 개최됐다. E-IP(엔터테인먼트 지식재산권)마켓을 확장한 세계 최초의 스토리마켓인 부산스토리마켓은 올해 출범했다. 부산스토리마켓에서는 국내외 주요 콘텐츠 관련 기업 및 기관들이 대거 참여해 도서, 웹툰, 웹소설 등 영화제작의 출발점인 스토리를 거래한다.

영화제 기간에 감독, 배우 등 멘토와 함께 영화제를 즐기는 시네마투게더 프로그램도 확대했다. 부산국제영화제 시그니처 관객 프로그램인 올해 시네마투게더에는 역대 최다인 16명이 멘토로 나섰다. 지역 맞춤형 프로그램인 '동네방네 비프'는 범어사, 다대포 해변공원, 송도오션파크 등 부산 전역인 17곳에서 열렸다.

▋ 영화 편집 기법 종류

종류	세부내용
몽타주 (montage)	주제와 관련된 필름을 모아 하나의 작품으로 결합시키는 기법
교차 편집 (cross cutting)	동일한 시간대에 서로 다른 장소에서 진행되는 두 가지 이상의 상황을 교대로 편집해 하나의 흐름으로 통합하는 기법
플래시백 (flashback)	현재 시제로 진행되는 영화에서 과거에 일어난 일을 묘사하는 장면 혹은 그 기법
디졸브 (dissolve)	앞 장면이 사라짐과 동시에 다음 장면이 서서히 밝아지면서 두 장면이 겹쳐지며 전환되는 기법

POINT 세 줄 요약

❶ 제27회 부산국제영화제(BIFF)가 3년 만에 화려한 막을 올렸다.

❷ 올해 영화제에는 71개국 243편이 초청돼 7개 극장 30개 스크린에서 상영됐다.

❸ 모든 행사가 3년 만에 정상적으로 개최되고 관객 서비스가 확대됐다.

정호연 美 '타임 100 넥스트' 선정

▲ 모델 겸 배우 정호연 (타임 홈페이지 캡처)

모델 겸 배우 정호연이 한국 배우로는 유일하게 미국 시사주간지 '**타임**'이 선정한 '떠오르는 인물 100인'(TIME100 NEXT)에 선정됐다. 타임이 9월 28일(현지 시간) 발표한 100인 명단에서 정호연은 **한 분야에서 신드롬을 일으킨 신인을 선정하는 '경이로운 인물'**(phenoms) 부문에 이름을 올렸다.

타임은 '오징어 게임'의 황동혁 감독을 통해 정호연을 소개했다. 황 감독은 자신이 정호연을 '전사'라고 부른다며 "정호연이 매일 자신의 명성, 기대, 성공을 향한 질투, 욕망과 싸우고 있다고 생각한다"고 적었다.

이어 "정호연이 수많은 전투를 치를 기술과 용기를 갖고 있다는 것은 의심할 여지가 없다"라며 "그의 연기가 전장이 아닌 휴식처가 되길 바란다"고 덧붙였다.

정호연은 '경이로운 인물' 부문에서 할리우드 배우 시드니 스위니, NBA 농구 선수 자 모란트, 할리우드 유명 배우 시몬 애슐리 등과 함께 이름을 올렸다. 정호연 외에도 세계적인 팝스타 시저, 배우 릴리 콜린스, 에스토니아 총리 카야 칼라스 등이 '타임 100 넥스트'에 선정됐다.

한편, 정호연은 데뷔작인 넷플릭스 오리지널 시리즈 '오징어 게임'으로 지난해 미국 주요 시상식을 휩쓸었다. 미배우조합상(SAG) 여우주연상과 '크리틱스초이스 슈퍼 어워즈' 액션 시리즈 부문 여자 연기상을 받았고, 미국 방송계 최고 권위상인 에미상 여우조연상 후보로 올랐다.

■ 타임 (Time)

타임은 미국 뉴욕시에서 발행되는 시사 주간지로 '뉴스위크(Newsweek)', 'US뉴스앤월드리포트(U.S. News&World Report)'와 함께 3대 주간지로 손꼽힌다. 미국과 세계 각국에서 일어나고 있는 시사 문제에 대해 체계적이고 간결한 정보를 전달하고자 신문기자 헨리 R. 루스(Henry R. Luce)와 브리튼 해든(Briton Hadden)에 의해 1923년 창간됐다. 1926년에는 발행부수 10만 부를 넘어 미국에서 가장 영향력 있는 시사 해설지가 됐다. 매년 연말 '올해의 인물'과 '타임 100'(세계에서 가장 영향력 있는 100인)을 선정하고 있다.

경찰, 돈스파이크 마약 투약 혐의 구속 송치

▲ 작곡가 겸 사업가 돈스파이크 (돈스파이크 페이스북 캡처)

마약 투약 혐의를 받는 작곡가 겸 사업가 돈스파이크가 구속 상태로 검찰에 넘겨졌다. 서울 노원경찰서는 10월 5일 돈스파이크와 보도방(유흥업

소에 인력을 파견하는 소개소) 업주 A 씨를 마약류 관리에 관한 법률 위반 혐의로 검찰에 송치했다.

돈스파이크는 지난해 12월부터 올해 9월까지 8회에 걸쳐 A 씨와 함께 필로폰을 사들였고 4월께부터는 강남 일대 호텔 파티룸을 3차례 빌려 여성 접객원 2명과 마약을 투약한 혐의를 받는다. 또 호텔과 차량 등에서 여러 차례 혼자 마약을 투약하고 텔레그램을 통해 마약을 구매한 것으로 조사됐다.

경찰은 별건의 마약 사건을 조사하던 중 돈스파이크의 범죄 정황을 포착해 9월 26일 오후 8시께 서울 강남구 한 호텔에서 그를 체포했다. 당시 **그가 지니고 있던 필로폰 양(30g)은 통상 1회 투약량(0.03g)을 기준으로 약 1000회분**에 달했다.

이틀 뒤 그는 구속 전 피의자 심문(영장실질심사)을 받은 뒤 취재진 앞에서 "다 제 잘못이고 조사에 성실히 임해서 죄(죗값) 달게 받겠다"고 말했다.

경찰에 따르면 돈스파이크와 A 씨를 비롯해 이번 마약 사건으로 입건된 피의자는 총 17명이다. 경찰 관계자는 "현재까지 총 12명이 송치됐다"며 "나머지 5명은 순차적으로 검거해 조사할 계획"이라고 말했다.

➕ '마약 청정국'은 옛말

한국은 더 이상 '마약 청정국'이 아니다. 마약중독으로 치료받은 10~20대 환자 수가 최근 5년간 92% 증가했다. 건강보험심사평가원 자료에 따르면 지난해 마약중독으로 치료를 받은 10~20대 환자는 총 167명으로 2017년 87명에서 92% 증가했다. 같은 기간 전체 마약중독 환자 수가 32%(469명→618명) 증가한 것과 비교하면 10~20대 마약중독이 더 가파르게 증가한 것을 확인할 수 있다.

10대와 20대 사이에서는 도박중독 환자의 증가세도 가파르다. 10대 도박중독 환자 수는 2017년 39명에서 2021년 127명으로 226% 늘었다. 같은 기간 20대 도박중독 환자는 349명에서 754명으로 116% 증가해 10대 다음으로 높은 증가율을 기록했다.

박수홍 친형,
10년간 62억 횡령 혐의 구속기소

▲ 방송인 박수홍 (박수홍 인스타그램 캡처)

검찰이 방송인 박수홍 씨의 친형 박 모 씨에게 10년간 연예 기획사를 운영하며 62억원에 달하는 박수홍 씨의 출연료 등을 횡령한 혐의를 적용해 구속 기소했다. 박 모 씨의 부인이자 박수홍 씨의 형수 역시 공범으로 보고 재판에 넘겼다.

검찰은 구속영장 청구 시 박 모 씨에게 21억원의 횡령 혐의를 적용했는데, 이후 수사 과정에서 추가 횡령 정황이 드러났다고 한다. 검찰 조사 결과 박 모 씨는 2011년부터 2021년까지 인건비를 허위로 계상하고 기타 자금 무단 사용·무단 인출로 총 61억7000만원을 횡령한 것으로 파악됐다.

다만 검찰은 박수홍 씨가 친형 부부 권유로 다수

의 생명보험을 가입했다는 의혹에 대해서는 그 자체로 범죄가 구성되기 어렵다고 판단했다. 박수홍 씨의 생명보험 납입 금액만 14억원에 달하는 것으로 알려졌다.

검찰은 지난 10월 4일 박수홍 씨와 박 모 씨의 대질조사를 진행했다. 이 자리에는 아버지와 형수 이 씨도 참고인 신분으로 참석했다. 당시 박수홍 씨의 아버지는 "인사도 안 하느냐, 흉기로 배를 XX버리겠다"고 박수홍 씨의 정강이를 발로 차는 등 폭행해 논란이 됐다. 박수홍 씨는 "어떻게 아들한테 이렇게까지 할 수 있느냐"며 절규하며 실신한 것으로 전해졌다.

박수홍 씨의 아버지는 모든 횡령 혐의를 자신이 했다고 주장해 일각에서 ■친족상도례 제도를 적용받아 박 모 씨의 처벌을 면하게 하려는 것 아니냐는 지적이 나왔다. 그러나 검찰은 박수홍 씨 개인 계좌에서 29억원을 무단으로 인출한 주체가 친형인 박 모 씨라고 판단하고 친족상도례 제도를 적용할 수 없다고 봤다.

박 모 씨는 지난 10년간 116억원에 달하는 박수홍 씨의 출연료 등을 횡령했다는 의혹을 받고 있다. 박수홍 씨는 지난해 6월 친형 부부를 상대로 86억원의 손해배상을 청구하는 소송도 제기한 상태다.

■ **친족상도례 (親族相盜例)**
친족상도례란 친족 사이 재산범죄(강도죄, 손괴죄, 점유강취죄는 제외)에 관해 그 형을 면제하거나 친고죄로 정한 형법상 특례를 말한다. 직계혈족, 배우자, 동거친족, 동거가족 또는 그 배우자 사이 절도죄·사기죄·공갈죄·횡령죄·배임죄·권리행사방해죄나 장물죄는 그 형을 면제하고, 그 밖 친족 사이 이러한 죄를 범했을 때 피해자의 고소가 있어야 기소할 수 있

다. 형법은 가족 사이 발생한 재산범죄에 관해 개입을 자제하려는 취지에서 이러한 특례를 인정하고 있다. 그러나 친족이라는 이유만으로 형을 반드시 면제하는 규정(형법 제328조 제1항 및 그 준용 규정)에 대해서는 시대착오적이라는 비판이 제기되고 있다.

테니스 열풍에 코리아오픈 역대급 흥행

▲ 코리아오픈 테니스 경기 (코리아오픈 인스타그램 캡처)

여자프로테니스(WTA)투어 하나은행 코리아오픈과 남자프로테니스(ATP)투어 유진투자증권 코리아오픈이 성황리에 막을 내렸다. 올해에는 지난 1996년 KAL컵 이후 26년 만에 국내에서 ATP 투어까지 열리며 올림픽공원 테니스 코트는 그 어느 때도 볼 수 없었던 '가을 테니스 축제' 열기로 뜨거웠다.

최근 테니스 열풍이 고스란히 코리아오픈 흥행으로 이어졌다. 주말마다 센터코트는 만원 관중을 기록했고, 평일에도 많은 젊은 테니스 팬들이 경기장을 찾으면서 달라진 문화를 실감케 했다. 코리아오픈에서 매진 사례가 나온 것은 마리야 샤라포바(은퇴·러시아)가 출전했던 2004년 1회 대회와 오스타펜코가 우승한 2017년에 이어 세 번

째다. 테니스 인구가 늘어나면서 수준 높은 경기를 직접 눈으로 보겠다는 '테린이(테니스+어린이)'들이 그만큼 많아진 셈이다.

직접 테니스를 즐기는 인구 역시 크게 늘어났다. 유통업계 추산에 따르면 지난해 기준 국내 테니스 인구는 약 50만 명, 국내 테니스 시장 규모는 2500억원이었지만 조만간 60만 명을 돌파해 3000억원대 시장이 될 전망이다. 특히 신규 유입 동호인 중에는 20·30대 비중이 높아 앞으로 시장 성장 속도가 더욱 빨라질 것이라는 예측이 나온다.

젊은 세대가 많이 이용하는 온라인 패션 플랫폼 무신사는 스포츠 전문관인 무신사 플레이어를 지난 4월 개시한 뒤 9월까지 테니스 의류와 용품의 판매액이 전년 동기 대비 225% 증가한 것으로 나타났다. 같은 기간 수량 기준으로도 테니스 의류·용품 거래는 평균 549% 증가했다.

➕ 테니스 4대 메이저 대회
▲호주 오픈 ▲프랑스 오픈 ▲윔블던 ▲US오픈

UEFA, 유로 2024
러시아 출전 금지 확정

▪**유럽축구연맹(UEFA)**은 우크라이나를 침공한 러시아에 대한 제재의 일환으로 2024년 유럽축구선수권대회(유로 2024) 출전 자격을 부여하지 않기로 했다. UEFA는 9월 20일(현지시간) 크로아

티아 흐바르에서 집행위원회를 열어 유로 2024 예선 관련 내용을 논의하며 러시아를 이번 예선 조 추첨에 포함하지 않기로 했다고 밝혔다.

UEFA는 "모든 러시아 팀은 2월 28일 UEFA 집행위원회 결정에 따라 현재 출전이 중단된 상태이며, 이는 7월 국제스포츠중재재판소(CAS)에서도 재확인됐다"고 설명했다. 올해 2월 러시아가 우크라이나를 침공한 이후 UEFA는 국제축구연맹(FIFA)과 함께 러시아 대표팀과 러시아 클럽팀의 국제 대회 출전을 금지했다.

앞서 러시아는 2022 카타르 월드컵 유럽 예선 플레이오프를 치르지 못해 탈락했다. 여자 유로 2022도 불참했다. 러시아 상트페테르부르크에서 개최 예정이었던 UEFA 챔피언스리그 결승전도 프랑스 파리로 옮겨 열었다.

한편 유로 2024 본선에는 24개 팀이 참가한다. 예선은 2023년 3~11월 열린다. UEFA 55개 회원국 중 개최국 자격으로 자동 출전하는 독일과 출전이 금지된 러시아를 제외한 53개국이 23장의 본선행 티켓을 두고 경쟁한다. 53개 팀은 10월 조 추첨을 통해 10개 조로 나뉘어 경기하고, 각 조 1~2위가 본선에 직행한다. 나머지 3개 팀은 플레이오프를 통해 결정한다.

■ 유럽축구연맹 (UEFA, Union of European Football Associations)

유럽축구연맹(UEFA)은 국제축구연맹(FIFA) 산하의 축구 종목을 총괄하는 유럽 기구다. 1953년 FIFA 특별총회에서 각 대륙별로 축구연맹을 설립할 수 있게 승인함으로써 1954년 6월 15일 스위스 바젤에서 설립됐다. 설립 목적은 유럽 지역의 축구를 발전시키고 회원국 간 우호를 증진하기 위함이다. 출범 당시 회원국은 25개국이었으며, 2022년 기준 55개국이 속해 있다. UEFA가 주관하는 대표적인 대회로는 UEFA 유럽축구선수권대회, UEFA 네이션스리그, UEFA 챔피언스리그, UEFA 유로파리그, UEFA 슈퍼컵 등이 있다.

배우 곽도원, 만취 상태로 11km 운전

▲ 배우 곽도원 (자료 : 마다엔터테인먼트)

배우 곽도원이 제주에서 음주운전 혐의로 입건된 가운데, 면허 취소 수치(0.08% 이상)를 훨씬 웃도는 상태로 11km 거리를 운전한 것으로 확인됐다. 제주서부경찰서에 따르면, 곽도원은 9월 25일 새벽 5시께 술에 취한 채 제주시 한림읍 금능리에서 애월읍 봉성리사무소 인근 교차로까지 약 11km를 운전한 혐의(도로교통법 위반)를 받고 있다.

그는 봉성리 어음초등학교 부근 한 도로에 자신의 SUV를 세워 둔 채 차 안에서 잠들어 있다가 경찰의 음주단속에 걸렸다. 경찰은 "도로에 세워진 차가 움직이지 않는다", "음주운전으로 의심된다"는 주민 신고를 받고 출동해 차 안에서 잠들어 있는 그를 깨워 음주 측정을 실시했다.

당시 **곽도원의 혈중알코올농도는 면허 취소 수치를 넘는 0.158%**로 나타났다. 동승자는 없었다. 경찰은 한림 금능리에서 적발 장소인 봉성리의 초등학교 인근까지 차를 몰았다는 곽도원의 진술을 토대로 술에 취한 채 대략 10km가량을 운전한 것으로 추정하고 있다.

곽도원 소속사 마다엔터테인먼트는 "불미스러운 일이 발생한 점에 대해 깊은 사죄의 말씀드린다"며 "이유를 불문하고 곽도원 씨와 소속사는 변명의 여지 없이 책임을 통감하고 있다"고 밝혔다.

곽도원은 몇 해 전 제주로 이주해 생활해왔으며 2018년 제주도 홍보대사로 활동하기도 했다. 곽도원은 곽경택 감독 차기작인 영화 '소방관'과 티빙 오리지널 시리즈 '빌런즈' 촬영을 마쳤다. 두 작품 모두 공개 시기를 두고 최종 조율 중인 가운데 민폐를 끼치게 됐다.

➕ **윤창호법**

윤창호법은 음주운전으로 인명 피해를 낸 운전자에 대한 처벌 수위를 높이는 내용의 '특정범죄 가중처벌 등에 관한 법률(특가법) 개정안'을 말한다. 음주운전 사고로 숨진 윤창호 씨 사건을 계기로 마련된 법안이다. 고인은 2018년 9월 부산 해운대구에서 만취 운전자가 몰던 차량에 치여 뇌사상태에 빠졌다가 끝내 세상을 떠났다.

국회는 2018년 11월 29일 본회의를 열고 음주운전 처벌 강화 방안을 골자로 한 윤창호법을 재석 250인 중 찬성 248인, 기권 2인으로 통과시켰다. 윤창호법은 음주운전으로 사망사고를 낸 경우 법정형을 '현행 1년 이상의 유기징역에서 '3년 이상의 징역 또는 무기징역'으로 높였다. 또한 사람을 다치게 했을 때도 기존 '10년 이하의 징역 또는 500만원 이상 3000만원 이하의 벌금'에서 '1년 이상 15년 이하의 징역 또는 1000만원 이상 3000만원 이하의 벌금'으로 형량을 강화했다. 그러나 2021년 음주운전 반복 시 가중처벌이 위헌이란 결정으로 윤창호법 효력이 상실됐다.

'파괴자' 홀란, EPL 사상 첫 홈 3경기 연속 해트트릭

▲ 엘링 홀란 (엘링 홀란 인스타그램 캡처)

잉글랜드 프로축구 프리미어리그(EPL) '괴물 공격수' 엘링 홀란(맨체스터 시티)이 크리스티아누 호날두(맨체스터 유나이티드) 앞에서 ■**해트트릭**을 기록하며 EPL 세대교체의 기수임을 증명했다. EPL 역대 최초 홈 3경기 연속 해트트릭을 기록했다.

홀란은 10월 2일 영국 맨체스터의 에티하드 스타디움에서 벌어진 맨체스터 유나이티드와의 2022~2023 EPL 9라운드에서 해트트릭과 함께 2도움을 곁들이며 맨체스터 시티의 6-3 대승을 이끌었다.

유럽축구통계전문 '옵타조'에 따르면, **홀란은 EPL 역사상 최초로 홈 3경기 연속으로 해트트릭을 달성**했다. 앞서 8월 27일 크리스털 팰리스, 9월 1일 노팅엄 포레스트를 상대로 2경기 연속 해트트릭을 기록했다.

영국 BBC에 따르면, 홀란이 EPL에서 해트트릭 3회를 달성하는데 걸린 8경기는 역대 가장 빠른 흐름이다. 마이클 오원이 48경기(2위), 판 니스텔로이가 59경기(3위) 만에 세 번째 해트트릭을 기록했다.

이날 3골을 보탠 홀란은 14호골로 득점부문 선두를 굳건히 했다. 2위 해리 케인(7골·토트넘)에 무려 7골이나 앞선다. 또 유럽축구연맹(UEFA) 챔피언스리그를 포함해 8경기에서 연속골을 기록했다. 8경기에서 무려 15골을 퍼부었다. 리그에서 12골, 챔피언스리그에서 3골이다.

■ **해트트릭 (hat trick)**
해트트릭이란 축구 경기에서 1명의 선수가 1경기에서 3득점을 하는 것을 말한다. 원래는 크리켓(cricket) 관련 용어였다. 20C 초 영국의 크리켓 경기에서 3명의 타자를 연속 아웃시킨 투수를 칭송하여 소속 클럽에서 증정한 새 모자(hat·해트)에서 비롯된 용어다.

MLB 에런 저지, 61년 만에 AL 최다 홈런 기록

에런 저지(뉴욕 양키스)가 쏘아 올린 홈런포가 미국프로야구 메이저리그(MLB) 아메리칸리그(AL)의 61년 세월을 거슬러 '한 시즌 61홈런' 기록을

▲ 에런 저지

되살려냈다. 저지는 9월 29일 토론토 방문경기에서 양 팀이 3-3으로 맞선 7회 초 무사 주자 1루 상황에서 상대 불펜 팀 메이자와 풀카운트 승부를 벌인 끝에 왼쪽 담장을 넘기는 2점 홈런을 날렸다.

61호 홈런은 앞서 7차례 나온 바 있지만, 저지는 '깨끗한 홈런왕'으로 인정받고 있다. 이전에 홈런을 61개 이상 친 마크 맥과이어, 배리 본즈, 새미 소사는 경기력향상약물(PED, Performance Enhancing Drugs) 사용이 만연했던 '스테로이드 시대'에 약물의 힘으로 기록을 만들었기 때문이다. 또한 이들 '약물 홈런왕'들은 모두 내셔널리그(NL)에서 기록을 세웠다.

저지는 올 시즌 2012년 미겔 카브레라(디트로이트) 이후 10년 만에 타율, 홈런, 타점에서 모두 1위에 오르는 '트리플 크라운'도 노리고 있다. 이 때문에 경매 전문가들은 61년 만의 '61홈런 시즌'과 트리플 크라운의 상징성을 지닌 저지의 61호 홈런공이 경매에 나오면 최소 25만달러(약 3억 6000만원)를 넘길 것으로 평가하고 있었다.

61호 공은 저지가 바로 어머니에게 선물해 경매에 나올 가능성은 없다. 다만 앞으로 나올 저지

의 홈런은 곧 AL 최다 홈런 기록이 되기에 가치는 더 높아질 수밖에 없다. 저지의 시즌 마지막 홈런공 가치는 최소 100만달러(약 14억3500만원) 이상으로 평가된다. 홈런공 경매 역대 최고가는 1999년 맥과이어의 70호가 기록한 300만달러(약 43억원)다. 한편, 저지는 10월 5일 62호 홈런을 쳐 AL 최다 홈런 기록을 경신했다.

▌ MLB 단일 시즌 홈런 역대 상위 10

순위	소속팀	선수	선수 홈런 개수	시즌
1	샌프란시스코 자이언츠	배리 본즈	73홈런	2001년
2	세인트루이스 카디널스	마크 맥과이어	70홈런	1998년
3	시카고 컵스	새미 소사	66홈런	1998년
4	세인트루이스 카디널스	마크 맥과이어	65홈런	1999년
5	시카고 컵스	새미 소사	64홈런	2001년
6	시카고 컵스	새미 소사	63홈런	1999년
7	뉴욕 양키스	에런 저지	62홈런	2022년
8	뉴욕 양키스	로저 매리스	61홈런	1961년
9	뉴욕 양키스	베이브 루스	60홈런	1927년
10	뉴욕 양키스	베이브 루스	59홈런	1921년

울산 현대, 17년 만에 K리그 제패

울산 현대 축구단이 17년 만에 프로축구 K리그 1 우승을 달성했다. 울산은 10월 16일 열린 강원 FC와의 리그 37라운드 원정 경기에서 2-1로 이겼다. 승점 76점(22승 10무 5패)이 된 울산은 2위 전북 현대(승점 70점·20승 10무 7패)를 제치고 ■**매직넘버**를 달성하며 1위를 확정했다.

울산은 2005년 이후 17년 만에 리그 정상에 오르는 감격을 맛봤다. 울산의 리그 우승은 1996년과 2005년에 이어 세 번째다. **홍명보 울산 감독**은 K리그에서 역대 네 번째로 조광래, 최용수, 김상식에 이어 선수는 물론 감독으로서 모두 리그 우승을 경험한 주인공이 됐다.

울산은 시즌 최우수선수(MVP) 후보로 이청용을 선택했다. 이변이 없는 한 감독상과 MVP는 시즌 우승팀이 가져가는 경우가 대부분인 만큼 이청용의 리그 MVP 수상 가능성이 높다.

■ **매직넘버 (magic number)**

매직넘버란 리그에서 1위 팀이 나머지 경기 결과와 상관없이 무조건 1위가 확정되기 위해 거둬야 할 승수를 뜻한다. 어떤 1위 팀의 매직넘버가 3이라고 하면 3경기를 이긴 후 나머지 경기에서 모두 지고 2위 팀이 모두 이겨도 1위 순위가 확정된다는 뜻이다. 반대로 최하위 팀의 최종 탈락이 결정되는 패배 수는 '트래직넘버(tragic number)'라고 한다.

中 귀화 임효준,
중국 쇼트트랙 국가대표 선발

한국 ■**쇼트트랙** 남자 대표팀 간판으로 활약하다 중국으로 귀화한 린샤오쥔(26·한국명 임효준)이 국제빙상경기연맹(ISU) 2022-2023시즌 월드컵 시리즈 중국 국가대표 명단에 이름을 올리며 국제대회 복귀를 알렸다.

▲ 쇼트트랙 임효준 (브리온컴퍼니 인스타그램 캡처)

중국 쇼트트랙 국가대표 훈련팀은 9월 26일 기자회견을 열어 린샤오쥔 등 17명(남 9명·여 8명)으로 구성된 월드컵 시리즈 참가 선수단 명단을 공개했다. 린샤오쥔은 남자 선수로는 베이징 동계올림픽 2관왕인 런쯔웨이에 이어 두 번째로 중국 대표로 선발됐다.

린샤오쥔은 지난 **2018 평창동계올림픽에서 남자 1500m 금메달을 목에 걸며** 한국 쇼트트랙 간판 주자로 떠올랐다. 그러나 2019년 6월 훈련 중 동성 후배의 반바지를 잡아당겨 강제추행 혐의로 재판에 넘겨졌다. 이 사건으로 자격정지 1년 중 징계를 받자 2020년 6월 중국으로 귀화했다.

■ **쇼트트랙 (short track speed skating)**

쇼트트랙은 실내 트랙에서 하는 스피드 스케이트 경기로, 한 바퀴의 거리가 111.12m인 짧은 링크에서 경기를 한다. 1988년 제15회 캘거리 동계올림픽에서 시범종목으로 시행되었다가 1992년 제16회 알베르빌 동계올림픽부터 정식종목으로 치러지고 있으며, 우리나라가 메달을 많이 획득하는 효자 종목이다.

쇼트트랙이 정식종목이 된 알베르빌 동계올림픽에서 김기훈이 남자 1000m 금메달을 획득하며, 동계올림픽 사상 한국의 첫 금메달이 탄생한 이후로 우리나라가 동계올림픽에서 획득한 금메달 중 대다수가 쇼트트랙에서 나왔다. 한편, 2022 베이징동계올림픽에서는 최민정이 여자 1500m에서 금메달을, 황대헌이 남자 1500m에서 금메달을 획득했다.

분야별
최신상식

인물
용어

트러스노믹스
Trussonomics

트러스노믹스는 9월 6일 영국 보수당 정부의 새 총리로 취임한 리즈 트러스 영국 총리의 경제 정책으로 대규모 감세 및 경기 부양 정책을 말한다. 트러스 내각은 9월 23일(이하 현지시간) 2027년까지 소득세 최고세율 45%를 폐지하는 방안 등이 담긴 450억파운드(약 73조원) 규모의 대규모 감세와 규제완화책을 발표했다. 소득세 기본세율은 20%에서 19%로 낮췄으며 고소득자에게 물리는 최고세율은 45%에서 40%로 5%나 낮췄다.

감세안은 발표 직후 전 세계 금융시장에 큰 혼란을 일으켰다. **영국 정부의 재정 부담이 늘어날 것이 확실해지자 불안감에 휩싸인 투자자들이 영국 파운드화를 매도하면서 '파운드화 쇼크'가 일어났다.** 영국 국채 금리도 크게 상승해 9월 27일에는 30년물 금리가 2002년 이후 20년 만에 처음으로 5%를 넘었다.

결국 트러스 총리는 대규모 감세안 발표 열흘 만인 10월 3일 계획을 전격 철회했다. 집권당 내부에서 정부의 감세 정책, 특히 소득세 최고세율 45% 폐지에 반대하는 목소리가 공개적으로 분출한 여파가 컸다는 관측이 지배적이다. 대규모 감세안은 거둬들였지만 감세 정책 후폭풍은 가라앉지 않고 있다. 국제 신용평가사 피치는 10월 6일 영국의 국채에 대한 신용등급 전망을 하향 조정했다고 밝혔다.

컨티뉴에이션 펀드
continuation fund

컨티뉴에이션 펀드는 사모펀드 운용사가 특정 자산을 장기 보유하기 위해 신규 출자자를 모집해 새로운 펀드를 만들고 거기에 기존 자산을 옮겨 담는 투자 기법이다. **운용사는 그대로이되 펀드만 새롭게 만들어 기존 펀드에 있던 자산을 새 펀드로 매각**하는 식이다. 포트폴리오의 추가적인 가치 향상을 추구하기 위해 도입됐다. 성장 잠재력이 큰 우량 포트폴리오의 만기일을 연장하기 위해 활용하는 경우가 대부분이다.

국내에서는 지난 7월 한앤컴퍼니가 새로운 출자자를 모집해 신규 펀드를 만들고, 기존 펀드에 들어 있던 쌍용 C&E를 새 펀드에 매각하면서 처음 등장했다. 한앤컴퍼니의 기존 펀드는 쌍용 C&E의 지분 77.68%를 컨티뉴에이션 펀드에 팔았다. 컨티뉴에이션 펀드가 주목받는 것은 국내외 대체투자 시장에서 우량자산을 장기 투자하려는 수요가 늘어나고 있어서다. 세컨더리펀드를 활용하면 운용사는 성장 가능성이 큰 포트폴리오 자산을 계속 가져갈 수 있고, 신규 투자자는 상대적으로 안정성이 보장된 자산에 참여할 수 있다. 국내외 투자자 사이에서도 매력적인 투자수단 중 하나로 부상하고 있다.

기가 프레스
giga press

기가 프레스란 2020년 미국 전기자동차 업체인 테슬라가 모델 Y 공정 과정에 도입한 초대형 다이캐스팅(Die casting : 금속 주조 공정) 장비이다. 이탈리아의 이드라(IDRA) 그룹과 테슬라가 공동으로 연구해 개발한 합작품으로 IDRA에서 생산을 맡고 있다. 2020년부터 사용하고 있는 기가 프레스는 **6000톤에 달하는 힘을 가해 용융된 알루미늄 합금을 주물과 같은 형태로 찍어 낸다.** 기가 프레스는 가로 20m, 세로 7.5m, 높이 6m의 거대한 크기로 24대의 인쇄기를 포함, 430톤의 철강 재료를 처리할 수 있다.

테슬라는 기가 프레스를 도입함으로써 **80개 패널을 용접해 만들어야 했던 것을 하나의 주조품으로 대체할 수 있게 됐다.** 이에 따라 용접 공정이 필요 없게 됐으며 이에 따라 비용 절감, 경량화, 공정 단축, 품질 향상을 달성할 수 있다. 차량 1대의 차체를 약 45초 만에 생산하는 것으로 알려졌다. 테슬라는 기가팩토리 가동을 확장해 올해 말까지 연간 200만 대 생산체제를 갖출 전망이다.

발사의 왼편
left on launch

발사의 왼편은 발사 이전 단계인(왼편) 발사 준비에서 미사일 기지나 이동식 발사대를 무력화하는 것을 말한다. 미사일 통제 시스템을 해킹하거나 미사일에 고출력 마이크로파를 쏴 유도 장치를 망가뜨리는 등의 방법이 있다. 한국과 미국이 **북한의 핵미사일에 맞서 기존의 핵, 재래식, 미사일 방어에 더해 우주, 사이버, 전자전을 동원하고 외교, 정보, 경제 수단을 모두 포함하는 입체적 확장 억제 전략**을 펴기로 했다.

신범철 국방부 차관은 한미 확장억제전략협의체(EDSCG) 회의 이후 미 사이버사령부에서 한미 연합 사이버 작전 방안을 논의했다. 이에 미국이 '발사의 왼편'을 한국에 보장했다는 해석이 나오고 있다. 미국은 2014년부터 북한의 미사일 시험발사를 사전에 포착할 경우 수 초 내 무력화하는 사이버·전자전 능력을 키워왔다. 한미는 지난 5월 한미 정상회담의 합의 사항인 전략 자산의 적기(適期) 전개를 공조하기로 밝혔다. 공동성명에서 양국은 지난 7월 F-35A 스텔스 전투기의 연합훈련과 9월 로널드 레이건 핵추진항공모함 강습단의 부산 방문을 전략 자산 전개의 사례로 들었다.

세계 철새의 날
World Migratory Bird Day

세계 철새의 날은 철새와 환경보존의 인식을 높이기 위해 국제연합(UN)에서 매년 5월, 10월 둘째 주 토요일로 제정한 날이다. **이동성 철새들이 직면하고 있는 위협과 그들의 생태적 중요성, 철새들을 보호하기 위한 국제적인 협력의 필요성에 대한 세계적인 인식을 높이는 것을 목표**로 삼고 있다. 국내에서는 2006년부터 EAAFP(동아시아·대양주철새이동경로파트너십)가 세계 철새의 날 캠페인을 진행하고 있다.

EAAFP는 '빛공해'로 인한 새들의 피해를 줄이기 위한 캠페인도 실시한다. 빛공해란 필요 이상의 빛과 잘못된 조명 환경이 인간과 생태계에 심각한 피해를 주는 현상을 말한다. 특히 빛공해는 밤에 비행 중 방향을 잃어 건물과 충돌하고, 내부 생체시계를 망가뜨려 장거리 이동을 방해하는 등 철새에게 심각한 위협을 초래한다. EAAFP는 '새들의 밤'을 위해 시민들이 동참할 수 있는 방법으로 빛 공해 문제에 관심 가지기, 불필요한 야간 조명 줄이기, 밝기를 조절할 수 있는 조명 사용하기, 매년 3월 26일마다 진행되는 전 세계 불 끄기 캠페인 '어스아워(Earth Hour)' 참여하기 등을 제안해 왔다.

그랜드바겐
Grand Bargain

그랜드바겐이란 북한의 핵 폐기와 더불어 그에 상응하는 지원을 하겠다는 제안이다. 2009년 이명박 정부에서 제시했던 북핵 관련 해법 가운데 하나다. 당시 미국외교협회에서 개최된 연설에서 처음 언급했다. **북한의 핵 폐기가 이뤄지면 북한의 안전을 보장하고 국제적 지원을 추진하겠다**는 것을 골자로 한다. '줄 것은 주고, 받을 것은 받는다'는 '행동 대 행동'의 원칙을 강조한 외교 용어다. 기존의 북핵 문제에 대한 접근법이 별다른 성과를 얻지 못해 접근법을 달리한 것이다.

윤석열 대통령은 지난 9월 뉴욕타임스(NYT)와의 인터뷰에서 문재인 정부의 대북 정책을 비판하면서, 한일 관계 해법과 관련해서 그랜드바겐을 언급했다. 윤 대통령은 "그랜드바겐 방식으로 미래지향적으로 풀어가야 한다"고 말했다. 역사 문제부터 경제·안보 분야 현안까지 모든 안건을 협상 테이블에 올려 합의를 만드는 일괄 타결식 접근법을 주장했다. 그러나 한일 양국은 ▲초계기 저공비행 사건과 지소미아(군사) ▲일본의 수출규제(경제) ▲강제동원 피해자 배상(역사) 등 다양한 현안에 걸쳐 이견이 있어 그랜드바겐이 어렵다는 비판이 나온다.

파트너스 인 더 블루 퍼시픽
PBP, Partners in the Blue Pacific

파트너스 인 더 블루 퍼시픽(PBP)은 미국·호주·일본·뉴질랜드·영국이 결성한 새로운 태평양 협력체다. PBP는 기후 위기, 코로나19 등에 대해 지역 행동 주요 추진 기관으로서 대응할 것이다. **PBP는 태평양에서 영향력을 높이고 있는 중국에 대한 견제 목적**이다. 전문가들은 중국이 외국 투자를 갈망하는 태평양 섬 국가들과 경제, 군사 등 관계 증진에 노력하자 조 바이든 미 행정부도 인도·태평양 지역에 더 많은 자원 지원을 약속한 것이라고 분석한다.

PBP 회의가 9월 22일(현지시간) 뉴욕에서 개최됐다. 입장이 비슷한 태평양도서국 고위 인사들이 한자리에 모여 PBP의 비전과 향후 계획을 공유하는 자리다. 구체적으로 ▲기후 변화의 탄력성 ▲안전하고 탄력적인 기술 연결 ▲해양과 환경보호 ▲사람 중심의 개발 ▲자원과 경제개발 ▲정치 리더십과 지역주의 등에 대해 논의했다. PBP 공식 참여국으로는 미국과 일본, 호주, 뉴질랜드, 영국이 참석했다. PBP 옵서버 자격으로는 한국을 포함 프랑스와 EU(유럽연합), 독일, 캐나다, 인도, 태평양도서국포럼(PIF)이 함께했다.

죽음의 소용돌이
death spiral

죽음의 소용돌이란 **특정 자산의 가치 하락이 이와 연동된 다른 자산의 가치 하락으로 이어지는 현상**을 의미한다. 암호화폐 루나와 테라가 연일 폭락을 기록하자 주요 외신들은 해당 사태를 분석하면서 '죽음의 소용돌이'라는 말을 언급했는데, 최근에는 가상자산은 물론 주식 하락장에서도 해당 용어가 언급되고 있다.

루나와 UST는 2018년 설립한 블록체인 기업 '테라폼랩스'가 발행하는 가상화폐다. 테라폼랩스는 애플 엔지니어 출신 권도형 최고경영자(CEO)와 소셜커머스 티몬 창업자인 신현성이 설립했다. 루나는 2022년 4월까지만 해도 119달러까지 치솟아 가상화폐 시가총액 순위권에 올랐지만 이후 빠르게 폭락했다. 단 하루 만에 가치가 제로에 수렴하자 비트코인이나 이더리움 등 다른 가상자산 역시 영향을 받기 시작했다. 특히 루나와 특이한 거래 알고리즘을 형성한 자매 코인 UST가 직격탄을 맞았다. 루나가 디파이 등에 쓰이는 스테이블 코인 UST를 뒷받침하는 용도로 발행된다는 점 등이 발목을 잡았다. UST와 루나의 연쇄 급락은 다시 두 코인의 가격 하락을 촉발하는 악순환으로 이어져 죽음의 소용돌이 현상을 대표했다.

테오 좀머
Theo Sommer, 1930~2022

▲ 테오 좀머 (테오 좀머 페이스북 캡처)

테오 좀머는 독일의 대표적 지한파 언론인으로 전 디 차이트(DIE ZEIT) 편집장 겸 발행인이었다. 지난 8월 23일 별세했다. 향년 92세. 그는 독일 튀빙겐대에서 박사학위를 받고 1958년부터 디 차이트 정치 주필로 활약했다. 1973년부터 1992년까지 디 차이트 편집장을, 이후 2000년까지는 공동 발행인을 역임했다. 이후엔 대기자로 활동했다. 외교 국방정책 분야에서 주로 활약했다. 1970년에는 서독 총리를 지낸 헬무트 슈미트 당시 국방장관 아래 정책기획실에서 국방백서를 발행하는 데 관여하기도 했다.

고인은 **한국과 독일의 전문가 논의 틀인 한독포럼 초대 공동의장**(2002년~2008년)을 **지낸 대표적 지한파 언론인**으로도 잘 알려져 있다. 독일 연방 1급 공로 훈장과 연방군 금 무공훈장, 한국 수교훈장 숭례장을 받았다. 그는 한반도의 통일을 위한 조건으로 정치인의 기민함과 주변국과의 협조를 꼽은 바 있다. 그는 또한 "북한의 비핵화는 협상의 선결 조건이 아니라 협상의 과정에서 논해야 하는 문제"라고 강조하기도 했다. 또한 동서독처럼 남북 간 접촉을 유지하고 북한이 작은 조처라도 할 수 있게끔 압력을 가하되 서로 하나의 국가라는 생각을 버려서는 안 된다고 말했다.

힐러리 멘텔

Hilary Mantel, 1952~2022

▲ 힐러리 멘텔

힐러리 맨텔은 영국 헨리 8세 시대의 역사를 재조명한 3부작 역사소설의 저자이다. 맨텔은 2009년, 2012년 부커상을 수상했다. 맨텔은 **부커상을 두 번 수상한 최초의 영국 작가**다. 맨텔은 영국이 로마 카톨릭으로부터 개신교 성공회를 세우며 독립한 종교개혁 시기인 1500~1535년 기간에 초점을 맞춰 『울프 홀』 3부작을 썼다. 2009년의 1편 『울프 홀』과 2012년의 2편 『시신을 들여올려라』에 이어 2020년 3편 『거울과 빛』이 출간되었다. 대하소설 타이틀이기도 한 1편은 물론 2편도 잇따라 부커상을 받았다.

대하소설 시기는 헨리 8세 치하 초중반으로 엘리자베스 1세의 친모 앤 볼린의 부상과 런던탑 유폐 및 처형으로 잘 알려져 있다. 맨텔의 3부작은 여기에 초점을 맞추지 않고 토마스 크롬웰을 통해 영국이 역사적으로 성인이 되는 과정을 살피고 있다. 토마스 크롬웰은 헨리 8세가 앤 볼린과의 이혼에 반대하는 강직한 토머스 모어를 처형하도록 꼬드긴 인물로 지금까지 인식되어 왔다. 맨텔은 이를 뒤집어 『유토피아』의 저자이기도 한 모어를 사대주의적이고 편협한 인물로 그리고 '간신배' 크롬웰을 시대 의식이 깨인 인물로 그렸다.

김성동

金聖東, 1947~2022

▲ 작가 김성동 (자료 : 솔출판사)

김성동은 불교 승려 출신의 소설가다. 1947년 충청남도 보령군 전통적인 유학자 집안에서 출생한 그는 어릴 때부터 할아버지에게 한학 수업을 받으며 성장했다. 김성동의 부친은 남로당원으로 1950년 좌익인사, 보도연맹원, 대전형무소 수형자 등이 포함된 8000여 명이 죽임을 당한 '대전 산내 학살사건'으로 처형됐다. 가정사의 비극과 사상범으로 처형된 아버지와 관련한 연좌제의 부담으로 방황하다가 서울 서라벌고등학교 3학년 중퇴 후 1965년 불교 승려로 입산 출가하였다.

그러나 1975년 종교소설 현상 모집에 『목탁조(木鐸鳥)』가 당선됐는데, 이 소설 작품이 불교계를 모욕했다는 이유로 그는 승적에서 박탈되었다. 이후 1978년 『만다라』가 한국문학 신인상에 당선되어 등단하였다. 주요 작품으로 『피안의 새』, 『국수(國手)』 등이 있다. 『국수』는 임오군란(1882)과 갑신정변(1884) 무렵부터 동학농민운동(1894) 전야까지 각 분야의 예인과 인걸들이 한 시대를 풍미하는 이야기로 1991년 문화일보 창간호에 연재를 시작한 이후 27년 만인 2018년 6권으로 완간했다. 김성동은 **작품에서 자신의 종교적 경험을 토대로 종교적인 인간의 본질 문제**를 주로 다루었다.

미마모리 산업

미마모리 산업이란 **저출산·고령화 현상으로 인해 발생하는 문제들을 보완하고 해결하기 위해 상품을 개발하고 기술을 고안하는 산업**이다. 저출산·고령화 사회에 먼저 진입한 일본에서 생겨난 개념으로 미마모리(見守り)는 '지킴이'라는 뜻이다. 저출산·고령화 시대 특별히 보호해야 할 어린이와 노년층을 지켜야 한다는 뜻 이외에, 인구절벽에 직면한 상황에서 국가의 존립을 지켜내야 한다는 의미로도 풀이된다.

일본은 고령화 사회에 한 보험 가입 등과 같은 수동적인 대책에서 미마모리 산업을 통해 적극적인 대책으로 나아갔다. 또, 초기 인공지능(AI)과 사물인터넷(IoT) 등 4차 산업 기술과 접목하면서 지킴이 산업은 더욱 고도화되었다. 통신기기를 활용해 홀로 사는 부모의 안부를 확인하는 정도에서 나아가 치매 노인의 몸에 부착된 수신기를 이용해 가족들의 휴대전화에 위치와 이동시간을 알려주는 서비스, 손목밴드형 제품을 찬 노인이 돌연 의식을 잃거나 쓰러졌을 때 긴급 출동해 미리 등록해둔 병원으로 운송하는 '세콤 마이 닥터 워치' 서비스로 발전했다.

공가율
空家率

공가율이란 전체 집 중 빈집의 비율을 뜻한다. 건물이 빈 상태를 공실이라 하며, 전체 건물(면적이나 실) 중 그 비워놓은 건물의 공간 비율을 공실률이라 한다. 한 단위의 지역이나, 한 나라의 비율로 나타낸다. **주택을 공급하는 사업자 입장에서 공가율은 주택 공급의 중요한 지표**가 된다. 예를 들어 공가율이 아주 낮으면 그만큼 주택 수요가 많다는 뜻으로 해석하여 주택 공급을 증가시킬 수 있지만, 반대로 공가율이 높다면 주택 수요가 낮아 공급이 어렵다는 판단을 할 수 있다.

10월 4일 국회 국토교통위원회 국정감사에서 한국토지주택공사(LH)의 공공임대주택의 높은 공가율에 대한 문제가 제기됐다. 박상혁 더불어민주당 의원은 "교통이나 인프라가 없는 곳에 공공임대주택을 짓고, 특정 지역에 공급이 편중돼 수요와 공급이 불일치하며 소형 평수나 마감재 등이 불량하다"면서 "공가율이 높은 이유는 LH가 제대로 된 공공임대주택을 공급하지 못했기 때문이지 공공임대주택이 필요 없어서가 아니다"고 주장했다.

하위 테스트
Howey Test

하위 테스트란 **미국 대법원에서 네 가지 기준에 해당할 경우 투자로 보고 증권법을 적용하도록 하는 테스트**다. 가상자산에 대해서도 미국 금융감독 당국인 증권거래위원회(SEC)가 증권성 여부를 판단하는 기준으로도 쓰인다. 하위 테스트란 용어는 1933년 미국 플로리다에서 대규모 오렌지 농장을 운영하던 하위 컴퍼니(Howey Company)의 투자성을 미 정부가 판단하기 위해 만든 테스트 기준에서 유래됐다. 하위 테스트는 크게 네 가지 기준으로 ▲돈이 투자되고 ▲그 돈이 공동의 사업에 쓰이게 되고 ▲투자에 따른 이익을 기대할 수 있으며 ▲그 이익은 타인의 노력으로 발생될 경우 증권으로 본다.

최근 이더리움이 지분증명(PoS) 방식으로 업그레이드 한 이후 SEC 수장인 개리 젠슬러 위원장은 이더리움을 증권(securities)으로 간주해 연방 증권법으로 규제할 수 있다는 점을 시사한 바 있다. 젠슬러 위원장은 "이더리움처럼 지분증명으로 발행되는 가상자산에 투자할 경우 다른 사람들의 노력에 따라 수익을 기대할 수 있는 셈"이라며 "하위 테스트에 따라 증권으로 판명될 수도 있다"고 말했다.

숨은 코브라 찾기
Unhiding Hidden Cobra

숨은 코브라 찾기란 미국 국무부가 북한의 멀웨어(악성 소프트웨어)에 대응하는 국제적 역량의 강화를 위해 동맹과 협력국에 지원하는 훈련 프로그램이다. '숨은 코브라'는 라자루스를 비롯한 북한 해커 집단으로 사이버 업계에서 통용되는 용어다. 숨은 코브라 찾기 프로그램에는 **미 정부 기관들이 공개하는 사이버보안 정보를 이용해 악성 사이버 행위를 예방, 탐지, 완화하는 방법을 실제 체험해 볼 수 있는 연습들이 포함**돼 있다고 한다.

북한의 사이버 금융 역량이 전 세계 1위를 기록했다는 조사 결과가 나왔다. 미국 하버드대 케네디스쿨 벨퍼센터가 발표하는 '국가별 사이버 역량 지표 2022'에서 집계된 순위다. 북한은 사이버 방어력, 해외 정보 수집력, 인터넷 정보 통제력 등 나머지 7개 분야에서는 하위권인데 유독 사이버 금융 분야에서만 기형적으로 점수가 높다. 북한의 해킹은 신종 기술을 이용해 더 치밀하게 이뤄지는 게 특징이다. 북한 해커들이 이를 이용해 미국의 공중보건, 의료 관련 기관들로부터 50만달러 상당의 비트코인을 뜯어낸 사례가 7월 연방수사국(FBI)에 적발됐다.

워크자본주의
woke capitalism

워크자본주의는 **정치적 이슈에 대해 적극적으로 의견을 내는 기업들의 경영 방식**을 일컫는 용어로 2018년 뉴욕타임스(NYT) 칼럼니스트 로스 더댓이 처음 썼다. 최근 미국 연방대법원이 연방 차원의 임신 중단권 보장을 폐기하자, 애플과 아마존 등 미국 기업들이 직원들의 낙태 원정 시술 비용을 지원하겠다고 나선 것이 워크자본주의의 사례다.

그러나 최근 들어 미국 보수 진영에서 '안티 워크(anti-woke)' 운동에 나서는 등 기업의 정치화에 대해 반대하고 있다. 워크자본주의가 정치권과의 마찰을 불러 기업 경영의 불확실성을 심화하고 사법 리스크를 가중한다는 것이다. 안티 워크 운동을 이끄는 건 미국 보수 세력의 중심인 공화당이다. 디즈니월드가 위치한 플로리다주는 지난 3월 공화당 소속의 론 드샌티스 주지사 주도로 유치원과 초등학교 저학년생에게 동성애 등성 정체성에 대한 교육을 금지시키는 '부모의 교육권법'을 제정했다. 성소수자에 대한 혐오와 차별을 강화한다는 진보 진영의 비난 여론이 들끓었지만 디즈니는 이 법에 대해 특별한 입장을 내놓지 않다가 뒤늦게 반대 입장을 밝혔다.

테크외교
tech diplomacy

테크외교란 첨단 과학과 기술, 정보 등의 창출과 이용, 이와 관련된 산업을 중점으로 하는 외교를 의미한다. 이는 2017년 덴마크에서 전 세계 최초로 '테크 대사(Tech Ambassador)'라는 직책을 신설해 해당 직책을 해외에 파견, 미 실리콘밸리 팰로 앨토를 근거지로 삼아 빅테크와의 소통 교두보를 확보한 데서 시작된 개념이라 할 수 있다.

토니 블링컨 미 국무부 장관이 미국 외교의 근간으로 '테크 외교(tech diplomacy)'를 내세웠다. **반도체와 배터리, 바이오 등의 분야에서 미국 이익을 최우선으로 하고, 가치와 이해관계를 공유하는 동맹과 강력한 협력 관계를 구축해 중국·러시아 등과 맞서겠다는 의미다.** 블링컨 장관은 "테크 외교에 돌입해 기술이 어떻게 사용되는지 규칙과 규범과 기준을 결정하는 협상 테이블에 반드시 미국이 있도록 해야 한다"고 말했다. 블링컨 장관은 국무부 조직도 이에 맞게 개편하고 있다고 공개했다. 미 국무부는 과학자와 기술 전문가 채용을 지속적으로 늘리고 있다. 2021년 10월 핵심 신흥 기술 특사직을 신설한 데 이어, 지난 4월에는 사이버공간·디지털정책국을 새로 만들었다.

스말로그
smalogue

스말로그는 디지털 기반 스마트 교육과 전통의 대면 아날로그식 교육을 조합한 용어이다. '스마트 교육'은 스마트폰에 사용되던 '스마트'라는 용어에 새로운 의미를 부여하여 만든 신조어이다. 스마트(SMART)는 Self-directed(자기주도), Motivated(학습흥미), Adaptive(수준과 적성), Resource Enriched(풍부한 자료), Technical Embedded(정보기술 활동)을 의미한다고 정의했다.

스말로그는 포스트 코로나 시대를 맞아 더욱 주목받고 있다. 코로나19로 인한 원격 수업이 교육 격차를 심화시켰다는 비판이 나오고 있기 때문이다. 이에 **대면 위주의 교육을 하되 첨단 에듀테크를 최대한 활용하는 스말로그를 할 수 있도록 필요 역량을 길러야 한다**는 주장이 있다. 또한 스말로그 교육 실천을 위해 학교와 교실에 스마트 수업이 가능한 인프라 구축, 1인 1 스마트 학습기기 구비, 교사와 학생의 에듀테크 활용 역량 재고, 스말로그 교육 수용 문화 축적 등의 선결 과제가 꼽힌다.

힘패시
himpathy

힘패시란 코넬대 철학과 교수인 케이트 만이 저서 『남성특권』에서 처음 언급한 말로 성폭력 가해 남성에게 관대한 사법체계의 편향성을 의미한다. 케이트 만은 힘패시가 "잔혹한 범죄를 이해받을 만한 애정으로 인한 범죄로 전환시킨다"고 주장했다.

신당역 살인 사건의 내막이 알려지면서 힘패시가 주목받고 있다. 경찰 조사에 따르면 전주환은 2019년 11월부터 피해자를 협박·스토킹해 왔다. 전주환은 351차례에 걸쳐 피해자에게 전화를 걸거나 메시지를 남기는 등 피해자를 괴롭게 한 혐의를 받았다. 피해자는 2021년 10월 7일 전주환을 고소했고, 이에 경찰은 그를 긴급 체포하고 구속 영장을 신청했으나 법원은 "주거가 일정하고 증거인멸 우려와 도주 우려가 없다"며 기각했다. 실제로 **법원은 스토킹 범죄와 관련해 경찰이 신청한 구속영장을 3건 중 1건 꼴로 기각하고 있다**는 지적이 제기됐다. 경찰은 2021년 10월 스토킹처벌법(스토킹 범죄의 처벌 등에 관한 법률)이 시행된 후 2022년 8월까지 스토킹 범죄와 관련해 총 377건의 구속영장을 신청했다. 그러나 이 중 32.6%(123건)는 법원에서 기각됐다.

샤프파워
Sharp Power

샤프파워란 미국 비영리 싱크탱크 '민주주의 기금'(NED, National Endowment for Democracy)이 제시한 개념으로, 권위주의 정권이 다른 나라의 내정이나 국제기구의 운용에 알게 모르게 영향을 미치는 외교 전략이다. 소프트파워가 상대를 설득해 자발적으로 따르도록 하는 것인 반면 샤프파워는 **막대한 음성자금이나 경제적 영향력, 유인, 매수, 강압 등 탈법적 수법까지 동원해 상대로 하여금 강제로 따르도록 하는 힘**이라 할 수 있다.

중국 정부가 중국 및 해외 여론에 샤프파워를 행사하기 위해 댓글 부대를 운영한다는 것이 밝혀졌다. 망명 시 위조 한국 여권을 소지한 것으로 알려진 중국 스파이 왕리창은 대만 선거에서 친중국 후보를 당선시키기 위해 수십만 개의 가짜 계정으로 댓글을 다는 여론 조작이 이루어졌다고 폭로했다. 2017년 미국 하버드대학 연구팀도 보고서를 통해 약 1100만 명 규모로 추정되는 중국의 댓글 부대가 SNS에 올리는 댓글 수만 매년 5억 건에 달한다고 분석하기도 했다. 또한 중국 정부가 중국 문화를 전파하기 위해 해외 대학에 설치한 교육기관인 공자학원이 일각에선 스파이 활동을 벌인다는 의혹도 받고 있다.

수리할 권리
right to repair

수리할 권리는 **전자제품이 고장 났을 때 손쉽게 수리를 받을 수 있는 권리**로 EU의회가 지난 2020년 11월 이를 보장하는 법안을 통과시켰다. 법안에는 EU 내에서 판매되는 스마트폰, 세탁기, 냉장고, TV 등 전자기기들의 부품을 사설업체에서도 살 수 있도록 강제하는 내용이 담겼다. 또 수리점은 최소 10년 동안 제품 수리가 가능하도록 전자제품 부품을 보유하고 있어야 한다. 미국의 연방거래위원회(FTC)도 2022년 7월부터 '수리할 권리'를 보장하는 법을 시행했다.

최근 출시된 애플 아이폰 14가 아이폰 7 이후 가장 수리하기 쉬운 모델이라는 평가가 나왔다. 가장 흔하게 수리하는 부품들을 더 쉽게 교체할 수 있게 바뀌었다는 것이다. 미국에선 올해부터 '셀프 수리'가 가능해졌고 애플도 이를 여러 국가로 확대하겠다고 밝혔다. 9월 21일 CNBC 등 외신에 따르면 아이폰 14는 디스플레이, 뒷유리, 배터리 등은 나사 2개만 풀면 모두 교체할 수 있도록 내부 구조가 재설계됐다. 애플 스토어와 수리업체 직원들은 물론 소비자들도 쉽게 부품을 교체할 수 있게 된 것이다.

죽비
竹篦

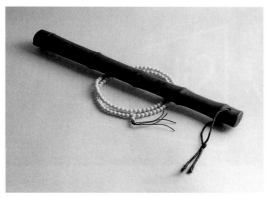

▲ 죽비 (자료 : 대한불교조계종)

죽비란 불교의 선종에서 좌선 중에 수행자를 지도하거나 경책(警責 : 정신을 차리도록 꾸짖음)할 때 사용하는 대나무로 만든 도구를 말한다. 죽비는 불교 수행의 상징처럼 느껴지는 불구(佛具)다. 불교가 중국으로 들어와 선종이 형성되었을 때 발명됐다. 죽비는 작은 충격에도 큰 소리가 나기 때문에, 수행자가 졸음을 참지 못할 때 스님이 긴 대나무로 수행자의 어깨를 내리치는 용도로 사용한다. **죽비의 쓰임새 때문에 '따끔한 가르침' 혹은 질타를 요하는 일을 죽비에 빗대어 표현**하기도 한다.

이준석 전 국민의힘 대표는 지난 9월 '보수의 심장' 대구에서 '윤핵관(윤 대통령 핵심 관계자)'과 그의 전위대 역할을 하는 초선 의원들에 대해 "호가호위하는 간신들"이라고 직격하며 심판을 호소했다. 이 전 대표는 또 당내 상황에 대해 박근혜 전 대통령 탄핵 당시보다 더 위험하다며 대구가 죽비를 들어달라고 촉구한 바 있다.

슈퍼컴퓨터
super computer

슈퍼컴퓨터는 "당대의 컴퓨터들 중에서 가장 빠른 계산 성능을 갖는 컴퓨터들"이라고 정의된다. 이와 같은 정의는 상대적인 개념으로, 한때는 슈퍼컴퓨터로 불리던 컴퓨터들이 컴퓨터 성능의 발전에 따라 미래에는 일반적인 고성능 컴퓨터 정도로 지칭될 수 있다는 것을 의미한다.

과학기술정보통신부는 국가 초고성능컴퓨터, 일명 '슈퍼컴퓨터' 6호기 구축·운영을 위한 사업이 예비타당성조사를 통과했다고 8월 22일 밝혔다. '국가 플래그십 초고성능컴퓨팅 인프라 고도화' 사업이 예타를 통과함에 따라 과기정통부는 2023년부터 6년간 총 2929억원의 예산을 투입하게 된다. 향후 정부는 600페타플롭스(PF)급 이상의 성능을 갖춘 슈퍼컴퓨팅 시스템 및 기반 시설 구축 등에 사업비를 투입하고 국내 과학난제 해결 및 4차 산업혁명 신산업 창출 등을 위한 인프라를 구축할 예정이다. 한편, 현재 전 세계에서 가장 빠른 슈퍼컴퓨터는 일본의 '후가쿠(富岳)'다.

SAF
Sustainable Aviation Fuel

SAF란 지속 가능한 항공연료를 말한다. SAF는 식물, 폐식용유, 동물성 지방 등을 활용해서 만든다. 2010년 네덜란드 항공사 KLM이 지속 가능한 바이오 연료를 이용해 최초로 상업 비행에 성공하면서 관심을 얻기 시작했으며, **2021년 12월 미국 유나이티드 항공사가 최초로 SAF를 100%로 사용한 여객기 운항을 성공**적으로 마침으로써 큰 주목을 받은 바 있다. SAF는 기존 화석연료와 비교해 생산 과정에서부터 사용에 이르기까지 이산화탄소 배출량을 약 80% 줄일 수 있어 항공업계의 탄소중립 달성을 위한 대안으로 여겨진다.

글로벌 항공업계는 SAF 도입을 위해 발 빠르게 움직이고 있다. 유럽연합(EU)은 오는 2030년까지 역내 모든 항공사를 대상으로 SAF 혼용을 의무화하는 법안을 추진하고 있다. EU는 탄소중립 달성을 위해 유럽발 모든 항공편은 2025년까지 최소 2%의 SAF를 사용해야 하며, 2050년에는 그 비중을 63%로 확대할 예정이다.

마타나
MATANA

마타나는 ▲마이크로소프트(MS) ▲애플 ▲테슬라 ▲알파벳 ▲엔비디아 ▲아마존의 머리글자를 딴 신조어로, 미국 주식을 이끄는 차세대 기업이다. 팡(FAANG)에서 페이스북과 넷플릭스가 빠지고 MS, 테슬라, 엔비디아가 추가됐다. 지난 몇 년간 기술주를 선도한 '팡' 대신 '마타나'가 새롭게 주목받고 있다. 마타나는 IT 산업 전문 분석가 레이 왕이 처음 사용한 것으로 알려졌다.

MS는 미국 기술기업의 상징이고, 테슬라는 미국 전기차의 간판이며, 엔비디아는 그래픽카드 전문 업체로 미국의 대표적인 반도체 회사다. 이들 업체들은 신생기업이 아니고 어느 정도 업력을 구축한 업계의 리더들이다. 하지만 넷플릭스는 최근 가입자 감소 여파로 주가가 약세를 면치 못하고 있으며, 페이스북 이용자도 늘지 않고 있다. 팡의 주가 흐름이 최근 큰 편차를 보이면서 더 이상 하나의 집단처럼 묶어서 취급할 수 없게 되면서 팡의 자리를 마타나가 대신할 것이란 전망이 나오고 있다.

유지어터

유지어터란 '유지하다'와 '다이어트'의 합성어로 체중 감량 후 그 상태를 꾸준히 유지하는 것을 말한다. 단기간 다이어트만으로는 체중을 유지할 수 없어, **식이조절과 함께 규칙적인 운동을 생활화해야 건강한 체중을 유지**할 수 있다. 전문가들은 다이어트 이후 체중을 유지하기 위한 식단으로 정제된 탄수화물(빵, 과자, 케이크 등)보다는 복합탄수화물(현미, 잡곡, 고구마 등)을 섭취하고, 끼니마다 야채, 단백질 식단으로 구성할 것을 권장하고 있다.

또한 견과류, 등푸른생선에 포함된 불포화지방산 식품을 선택하고, 동물성 포화지방의 섭취는 줄이는 것이 좋다. 하루 3끼, 규칙적인 식사 패턴과 탄수화물, 단백질, 야채로 구성된 식사를 유지하면 유지어터가 가능하다고 말한다. 한편, 유지어터 열풍과 함께 유통업계에서는 단백질을 강화한 식품이나 음료 매출이 늘고 있다. 마켓컬리에 따르면 올해 7월까지 단백질 스낵류 판매량은 지난해 같은 기간 대비 41% 뛰었다.

유럽정치공동체
EPC, European Political Community

유럽정치공동체(EPC)는 우크라이나 전쟁 장기화 국면에서 범유럽 차원의 정치적 통합을 가속하기 위해 10월 6일(현지시간) 공식 출범한 협의체다. 에마뉘엘 마크롱 프랑스 대통령이 처음 제안한 EPC는 **참여국 간 안보, 에너지와 교통, 인프라 투자, 유럽인의 이동과 교류 등에 대한 정치적 협력 공간을 제공하는 것이 목표**다. 특히 서로 다른 이해관계로 얽혀있지만, 에너지 위기나 인플레이션 등 공통된 위기 속에서 EU를 넘어선 유럽 민주국가 간 '반(反) 러시아 스크럼'을 공고히 하려는 시도다.

10월 6일 EPC 첫 회동에는 EU 27개 회원국과 영국·스위스·튀르키예·우크라이나 등 비EU 17개국 등 총 44개국 정상이 참석했다. 회의에서는 개막총회를 시작으로 정치 및 안보, 에너지, 기후위기, 경제 현안 등을 다루는 원탁회의가 이뤄졌다. 특히 우크라이나 전쟁에 따른 안보 및 에너지 위기 등에 대응하기 위한 현안들이 집중 논의된 가운데, 화상으로 참여한 볼로디미르 젤렌스키 우크라이나 대통령은 국제사회의 지지를 호소했다.

김동길

金東吉, 1928~2022

▲ 고(故) 김동길 연세대 명예 교수 (김동길 교수 공식 홈 페이지 캡처)

김동길은 연세대 사학과 명예교수이자 보수 진영 원로 인사로, 10월 4일 숙환으로 별세했다. 향년 94세. 고인은 연세대 사학과 교수로 재직하면서 사회비판적인 글을 쓰며 학생운동권 배후로 지목돼 1974년 전국민주청년학생총연맹(민청학련) 사건으로 징역 15년형을 선고받았으나 곧 형집행정지로 풀려났다. 이어 1980년에는 김대중 내란음모 사건에 연루되기도 했다. 이 같은 2차례 사건으로 잇따라 대학교수에서 해직됐다. 이후 민주화운동과 거리를 뒀던 고인은 1991년 강의 중 학생운동가 강경대 구타치사 사건을 비판했다가 학생들의 반발이 커져 결국 스스로 강단을 떠났다.

고인은 고(故) 정주영 현대그룹 회장이 창당한 통일국민당에 합류하면서 본격적으로 정치권에 뛰어들었다. **나비넥타이가 트레이드마크인 고인은 정치 평론을 하면서 "이게 뭡니까"라는 유행어를** 남기기도 했다. 그는 특유의 유머와 논리로 국내 시사평론의 새로운 장을 열었다는 평가를 받기도 한다. 1992년 제14대 국회의원 선거에 출마해 당선됐으며, 1994년 신민당을 창당하고 이듬해 고(故) 김종필 전 총리의 자유민주연합에 합류했다. 그러나 15대 총선을 앞두고 탈당하며 정계은퇴를 선언했다.

리걸테크

legal-tech

리걸테크는 법(legal)과 기술(technology)의 합성어로, 정보통신(IT) 기술을 바탕으로 새로운 법률 서비스를 제공하는 산업을 의미한다. 수십만 건의 법령과 판례, 규제, 논문 등을 자동으로 검색하고 분석한 뒤 특정 법률 전략의 성공 가능성을 예측하는 리걸테크 산업이 선진국에서는 이미 활성화되고 있다. 대표적인 리걸테크 기업으로 미국의 피스컬노트(FiscalNote), 렉스마키나(LexMachina) 등이 있다.

판례에 의존하는 영미법 기반 리걸테크로는 법조문 중심인 대륙법 계통 국가에서 경쟁력을 갖추기 어렵다. 한국과 독일, 일본, 중국 등 대륙법 국가에서는 아직 리걸테크로 두각을 나타내는 기업이 없는 상황이다. 이러한 가운데 '2019 대한민국 지식재산대전 서울국제발명전시회(SIIF)'에서 리걸테크 업체인 인텔리콘연구소가 주목을 받았다. 인텔리콘은 지능형 법률정보시스템 '유렉스(U-LEX)'를 비롯해 계약서 분석 법률 인공지능(AI) '알파로(Alpha-Law)', 하이브리드 법률 질의응답 머신 '법률메카' 등을 선보여 SIIF에서 대상·금상·은상을 휩쓸었다.

선감학원

▲ 선감학원 (자료 : 국가인권위원회)

선감학원은 조선총독부가 1942년 태평양전쟁의 전사를 확보한다는 구실로 경기도 안산시 단원구에 있었던 선감도에 설립한 감화시설이다. 1982년까지 운영되며 부랑아 갱생·교육 등을 명분으로 아동과 청소년을 강제로 연행해 격리 수용했다. 원생들은 강제노역에 동원되거나 폭력과 고문 등 인권침해를 당했으며, 다수는 구타와 영양실조로 사망하거나 섬에서 탈출하는 과정에서 바다에 빠져 목숨을 잃었다.

9월 27일 일제강점기부터 1980년대까지 아동 인권 유린이 자행된 선감학원 암매장지에서 발굴이 시작된 지 하루 만에 피해자의 것으로 추정되는 유해가 발견됐다. 2기 진실·화해를위한과거사정리위원회(진실화해위)는 유해 매장지에서 치아 10여 개와 단추 4개를 발견했다고 9월 28일 밝혔다. 치아의 특징으로 미뤄 유해 연령대는 10대로 추정되며, 단추는 피해자의 옷에서 떨어진 것으로 보인다고 위원회는 설명했다.

사친 리틀페더
Sacheen Littlefeather, 1946~2022

▲ 사친 리틀페더 (The Academy 페이스북 캡처)

사친 리틀페더는 미국의 배우이자 권리운동가로, 10월 3일 별세했다. 향년 75세. 리틀페더는 이날 정오 미국 캘리포니아 북부 노바토에 있는 자택에서 숨을 거뒀다. 리틀페더는 2018년 유방암 판정을 받고 투병해왔다. 리틀페더는 1973년 아카데미 시상식에서 영화 '대부'(감독 프란시스 포드 코폴라)로 남우주연상 후보로 오른 배우 말론 브란도를 대신해 시상식에 참석했다. 당시 브란도는 할리우드가 아메리카 원주민을 차별하고 있다며 시상식을 보이콧했다. 아파치족 원주민인 리틀페더는 브란도를 대신해 시상대에 올라 브란도가 쓴 성명문을 대독했다.

리틀페더는 이 사건으로 곧 영화 업계에서 블랙리스트에 올랐고 연예계로부터 외면당했다. 아카데미 시상식을 주관하는 **미국 영화예술과학아카데미(AMPAS)는 이 일이 있은 지 50여 년 만인 올해 8월 성명을 내 사과**했다. 데이비드 루인 AMPAS 회장은 사과 편지에서 "당신이 보여준 용기는 너무 오랫동안 인정받지 못했다"며 "이에 깊은 사과와 존경을 표한다"라고 말했다.

SNS 톡! 톡!

해야 할 건 많고, (이거 한다고 뭐가 나아질까) 미래는 여전히 불안하고 거울 속 내 표정은 (정말 노답이다) 무표정할 때!
턱 막힌 숨을 조금이나마 열어 드릴게요. "톡!톡! 너 이 얘기 들어봤니?" SNS 속 이야기로 쉬어가요.

#이_정도는_알아야 #트렌드남녀

미국 '녹색 쫄쫄이' 강도단 지하철 습격
· · · ·

▲ 녹색 쫄쫄이 강도단 (뉴욕포스트 홈
페이지 캡처)

미국 뉴욕 지하철에서 머리부터 발끝까지 형광색 옷을 입은 무리
가 나타나 승객을 폭행하는 일이 벌어졌다. 이들은 10월 3일(현지
시간) 뉴욕 맨해튼 타임스퀘어 지하철역에서 10대 여성 2명을 폭
행하고 휴대전화 등을 빼앗았다. 사건 당시 영상에는 형광 옷의 강
도단이 피해자의 얼굴을 수차례 때리는 모습도 담겼다. 피해자들
은 병원 진료를 받는 상황으로 전해졌다.

@ 소시오패스 (sociopath)
타인을 속이고 범죄행위를 하는 데 죄책감을 느끼지 않는 반(反)사회적 인격장애를 뜻한다.

#묻지_마_폭행 #이제는_제발_그만

피카소 명화에 접착제로 손 붙여...“기후위기 대응하라”
· · · ·

▲ 시위 중인 영국 환경단체 ['멸종저항'
(Extinction Rebellion) 트위터 캡처]

10월 9일(현지시간) 영국 가디언에 따르면 영국 환경단체 '멸종
저항'(Extinction Rebellion)의 활동가들은 이날 호주 멜버른의 빅토
리아 국립 미술관을 찾아 피카소의 그림 '한국에서의 학살' 위에
강력접착제를 바른 손을 올렸으며 발아래에 "기후위기 = 전쟁과
기근"이라고 적힌 현수막을 펼쳐놓았다. 이들은 다음 달 주 선거
를 앞두고 환경에 대한 관심을 촉구하려고 이 같은 시위를 벌였다.

@ 그린스완 (green swan)
그린스완(녹색 백조)은 기후 변화가 초래할 수 있는 경제 · 금융 위기를 말한다.

#작품_훼손은_아니라니 #정말_다행

신화 신혜성, 도난 차량 타고 음주측정 거부하다 체포

▲ 가수 신혜성 (신혜성 인스타그램 캡처)

그룹 신화 멤버 신혜성(43·본명 정필교)이 도난 차량에서 음주측정을 거부하다 현행범으로 체포됐다. 10월 11일 경찰에 따르면 서울 송파경찰서는 서울 송파구 탄천2교에서 신혜성을 도로교통법상 음주측정거부 혐의로 체포했다. 신혜성이 당시 타고 있던 차량은 도난됐다는 신고가 접수된 것으로 파악돼 절도 혐의도 함께 수사 중이다. 신혜성은 2007년 4월에도 술을 마시고 운전하다가 적발된 적이 있다.

@ 음주운전 삼진아웃
음주운전 삼진아웃은 음주운전을 세 번 이상했을 때 더욱 강력한 처벌을 부과하는 제도다.

#삼진아웃까지 #한번_남았다

졸리·피트 '기내 난투극' 공개

▲ 안젤리나 졸리(왼쪽)와 브래드 피트

미국 할리우드 스타 부부였던 안젤리나 졸리와 브래드 피트는 지난 2016년 헤어졌지만 지금도 여전히 재산분할과 자녀의 양육권에 관해 분쟁 중인데, 소송 과정에서 이혼 계기가 됐던 기내 난투극 상황이 공개됐다. 졸리의 진술을 담은 미국 FBI 수사 보고서에 따르면 피트가 자녀 중 한 명의 목을 졸랐고, 다른 자녀의 얼굴을 때렸다고 한다. 여기서 그치지 않고 졸리와 자녀들에게 맥주와 포도주를 쏟아붓기도 했다는 게 졸리 측의 주장이다. 가정 폭력 의혹까지 이어지면서 두 사람의 공방은 더욱 치열해질 것으로 보인다.

@ 할리우드 (Hollywood)
미국 캘리포니아주(州) 로스앤젤레스에 있는 지구로 영화의 중심지다.

#기내_난투극_전말 #무엇이_진실일지

페이스북에서 이벤트도 참여하세요.

• **페이스북**
facebook.com/
eduwillnet

• **에듀윌 도서몰**
book.eduwill.net

• **시사상식 App**
에듀윌 시사상식

구글 플레이스토어 or 애플 앱스토어에서 에듀윌 시사상식을 검색하세요.

* Cover Story와 분야별 **최신상식**에 나온 중요 키워드를 떠올려보세요.

01 버클을 '똑딱(click·클릭)' 소리가 나게 채워 연결하듯이 두 분자를 간단하고 빠르게 결합하는 반응에 대한 화학 연구는?

p.9

02 정보 기술을 바탕으로 사람, 프로세스, 데이터, 사물이 서로 연결됨으로써 지능화된 네트워크를 구축하여 이를 통해 새로운 가치와 혁신의 창출이 가능해지는 사회는?

p.16

03 주변에 녹음기가 있거나 마이크가 켜져 있는 줄 모르고 내키는 대로 발언한 내용이 노출돼 문제를 일으키는 것을 뜻하는 단어는?

p.19

04 달러의 초강세 현상을 일컫는 말은?

p.33

05 회생을 희망하는 법인이 인수 희망자를 내정하고 인수계약을 체결하는 방식은?

p.34

06 경기 침체 시 물가 상승이 둔화되고 경기가 활성화되면 물가가 오르는 일반적인 상황과 달리, 경기 침체에도 물가가 오히려 오르는 현상은?

p.46

07 주로 남미에서 온건한 사회주의를 표방하는 좌파 정당이 연달아 집권하는 기조를 뜻하는 단어는?

p.72

08 기존 군사력뿐만 아니라 공작이나 정보전 등을 비롯한 다양한 정치적 수단을 함께 활용하는 전쟁 방식은? p.73

09 핵무기 없는 동맹국이 핵 공격을 받거나 위협에 노출됐을 때 미국이 본토 위협에 대응하는 핵무기 및 핵무기 투발 수단으로 지원하는 것을 뜻하는 단어는? p.79

10 표면상으로는 정보량이 많으나 참여성이 낮은 미디어는? p.84

11 얽힘이나 중첩 같은 양자역학적인 현상을 활용하는 컴퓨터 이용 방식은? p.95

12 주제와 관련된 필름을 모아 하나의 작품으로 결합시키는 영화 기법은? p.103

13 친족 사이 재산범죄(강도죄, 손괴죄, 점유강취죄는 제외)에 관해 그 형을 면제하거나 친고죄로 정한 형법상 특례는? p.106

14 영국 보수당 정부의 새 총리로 취임한 리즈 트러스 영국 총리의 경제 정책으로 대규모 감세 및 경기 부양 정책은? p.112

정답 **01** 클릭화학 **02** 초연결 사회 **03** 핫 마이크 **04** 킹달러 **05** 스토킹호스 **06** 스태그플레이션
07 핑크타이드 **08** 하이브리드 전쟁 **09** 확장억제 **10** 핫미디어 **11** 양자컴퓨팅 **12** 몽타주
13 친족상도례 **14** 트러스노믹스

당신이 상상할 수 있다면 그것을 이룰 수 있고,
당신이 꿈꿀 수 있다면 그 꿈대로 될 수 있다.

– 윌리엄 아서 워드(William Arthur Ward)

에듀윌, 9급 공무원 수험생 집중 관리 제공
'300% 환급 평생패스' 운영

종합교육기업 에듀윌이 1타 교수의 집중 관리 프로그램을 전면에 내세운 9급 공무원 '300% 환급 평생패스'를 오픈하고 2023년도 공무원 시험 합격을 목표로 하는 공시생들을 지원한다고 10월 16일 전했다.

에듀윌 공무원은 9급 공시생들의 단기 합격을 위해 교수진, 학습 매니저의 밀착 케어를 꾸준히 강화해왔다. '300% 환급 평생패스'는 에듀윌 공무원 교수가 실시간 Q&A, 시크릿 자료, 데일리 테스트와 해설강의, 의욕 향상을 위한 돌발 이벤트 등을 진행하는 집중 관리 프로그램을 운영한다.

또, 전문 학습 매니저가 개인별 맞춤 합격 플랜을 제공하며 효율적이고 성공적인 수험 생활을 돕는다. 또, 각종 수험 정보와 타이트한 생활 관리를 통해 시험까지 꾸준한 페이스를 유지할 수 있게 만들어준다.

합격생의 학습 패턴을 반영한 체계적 9회독 커리큘럼과 베스트셀러 공무원 교재, 스스로 합격 습관을 형성할 수 있게 지원하는 '에듀윌 합격생활', 매주 약 100개의 신규 문제 업데이트로 문제 풀이 감각을 올려주는 '문풀훈련소', 당일 끝장 복습 프로그램과 실전 맞춤형 프리미엄 모의고사 등의 학습 서비스를 추가로 제공한다.

에듀윌 공무원은 '300% 환급 평생패스' 수강 등록을 완료한 수험생에게 에듀윌 홈페이지에서 사용할 수 있는 10만 에듀캐시를 증정해 교재비 부담까지 덜어주며 실전 감각 향상을 위한 문풀패키지 3종도 추가로 제공한다.

에듀윌 공무원은 '300% 환급 평생패스'로 2024년 12월 31일까지 최종 합격하는 수험생에겐 최대 300%의 수강료 환급 혜택을 제공한다. 또, 평생 언제든 9급 공무원 시험에 합격만 하면 수강료 100% 환급 혜택을 받을 수 있다.

취업상식
실전TEST

취업문이 열리는 실전 문제 풀이

최근 출판된 에듀윌 자격증·공무원·취업
교재에 수록된 문제를 제공합니다.

01 2022년 10월 기준 당과 원내대표의 연결이 잘못된 것은?

① 국민의힘 – 주호영
② 더불어민주당 – 박홍근
③ 정의당 – 배진교
④ 기본소득당 – 용혜인

해설 2022년 10월 기준 정의당 원내대표는 이은주다.

🗀 국민의힘 새 원내대표 주호영 당선

▲ 신임 원내대표로 선출된 주호영 의원이 당선 소감을 밝히고 있다. (자료 : 국민의힘)

국민의힘 새 원내대표로 5선의 주호영(대구 수성 갑) 의원이 9월 19일 선출됐다. 당 비상대책위원장에서 물러난 지 약 한 달 만이다. 주 신임 원내대표는 이날 열린 의원총회에서 투표한 의원 106명 중 61명의 지지를 얻어 당선됐다. 주 원내대표와 양자 대결을 벌인 재선의 이용호 의원은 42명의 지지를 얻어 선전했다는 평가를 받는다.

주 원내대표는 "우선 당이 안정돼야 한다"며 "그다음에 외연 확장을 통해 지지율을 올려야겠다"고 밝혔다. 또 "약자와의 동행, 호남 동행, 청년 정치참여, 빈부격차 해소, 이런 것을 통해 국민에게서 신뢰를 회복해 당의 지지율을 높이는 게 가장 중요하다"고 강조했다. 직무정지 가처분 신청을 내 자신을 비대위원장에서 물러나게 했던 이준석 전 대표에 대해서는 "진행되는 절차에 따라 정리되는 걸 봐 가면서 당원·의원들과 상의해 문제를 풀려고 한다"고 말했다.

정답 ③

02 2023~2024 유엔 안전보장이사회 비상임이사국이 아닌 나라는?

① 일본
② 독일
③ 스위스
④ 에콰도르

해설 2023~2024 유엔 안전보장이사회 비상임이사국은 ▲모잠비크 ▲에콰도르 ▲일본 ▲스위스 ▲몰타 등 5개국이다.

🗀 尹 대통령, 첫 유엔총회 연설 진행

▲ 윤석열 대통령이 유엔총회에서 기조연설을 하고 있다. (자료 : 제20대 대통령실)

윤석열 대통령은 9월 20일(현지시간) 미국 뉴욕 유엔본부에서 열린 제77차 유엔총회에서 연설하며 유엔 무대에 데뷔했다. 짙은 남색 넥타이에 태극기 배지를 단 윤 대통령은 이날 튀르키예·키르기스스탄·카자흐스탄·카타르 정상 등에 이어 10번째 기조연설자로 나섰다. 윤 대통령은 통상 각국 정상에 배정된 연설 시간인 15분보다 4분 짧은 11분간 연설을 이어갔다.

연설을 시작한 윤 대통령은 차분한 어조로 '자유'와 '연대'의 키워드를 부각했다. 윤 대통령은 왼쪽과 오른쪽을 번갈아 바라보며 국제사회가 직면한 복합 위기를 돌파할 해법으로 자유와 연대를 제시했다. 김건희 여사는 유엔총회장 특별석에서 윤 대통령 연설을 지켜봤다. 윤 대통령 연단과 가까운 두 번째 줄에 위치한 북한 대표부 자리는 비어있었다. 김성주 유엔 주재 북한대사는 9월 26일 일반토의에서 한미훈련을 경고하고 핵무기 개발의 정당성을 주장했다.

정답 ②

*한 달 동안 세상을 뜨겁게 달구었던 시사 이슈를 핵심 문제에 담았습니다.

03 OECD 가입국이 아닌 나라는?

① 중국
② 핀란드
③ 스위스
④ 슬로베니아

📁 OECD "한국 2060년 부채비율 140%↑...연금개혁 필요"

경제협력개발기구(OECD)가 한국의 국민연금 제도와 관련해 '더 내고 더 받는' 방식의 개혁을 제안했다. 9월 20일 보건복지부에 따르면 OECD는 이날 '한국 연금제도 검토 보고서'를 발간해 국민연금 보험료율을 인상하면서도 기준소득월액 상한 인상을 통한 급여 인상을 제안해야 한다고 권고했다.

보고서는 "저출산·고령화 등을 고려해 연금개혁이 필요하다"며 "국민연금 보험료율을 가능한 한 빨리 합리적인 수준으로 인상하고 60세 이후에도 보험료 납부를 지속할 수 있도록 의무 가입연령을 상향해야 한다"고 강조했다. OECD는 한국의 국민연금 제도에 대해 두 차례의 연금 개혁을 실시하고 다층노후소득보장체계를 구축하는 등 발전이 있었으나 인구구조 변화 등으로 연금개혁이 필요하다고 지적했다. 보고서는 특히 공적연금 제도 간 기준을 일원화해 직역 간 불평등을 해소하고 행정비용을 절감해야 한다고 강조했다.

해설 경제협력개발기구(OECD) 가입국은 ▲그리스 ▲네덜란드 ▲노르웨이 ▲뉴질랜드 ▲대한민국 ▲덴마크 ▲독일 ▲라트비아 ▲룩셈부르크 ▲리투아니아 ▲멕시코 ▲미국 ▲벨기에 ▲스웨덴 ▲스위스 ▲스페인 ▲슬로바키아 ▲슬로베니아 ▲아이슬란드 ▲아일랜드 ▲에스토니아 ▲영국 ▲오스트리아 ▲이스라엘 ▲이탈리아 ▲일본 ▲체코 ▲칠레 ▲캐나다 ▲코스타리카 ▲콜롬비아 ▲튀르키예 ▲포르투갈 ▲폴란드 ▲프랑스 ▲핀란드 ▲헝가리 ▲호주 등 총 38개국이다.

정답 ①

04 어떤 산업 분야가 친환경 산업인지를 분류하는 체계로서, 환경적으로 지속가능한 경제 활동의 범위를 뜻하는 단어는?

① CF100
② fit for 55
③ 2050 LEDS
④ 그린 택소노미

📁 정부 '원전은 친환경' 공식화

정부가 원자력발전을 '친환경 경제활동'에 포함하겠다고 공식 발표했다. 소형모듈원자로(SMR)와 사고저항성핵연료(ATF) 등 원전 기술 개발은 '진정한 친환경 경제활동'으로 규정하고 원전 건설과 운영은 '진정한 친환경은 아니지만, 탄소중립을 위한 과도기적 경제활동'으로 분류했다.

다만 원전은 '안전'과 '폐기물'이라는, 해결이 요원한 문제를 안고 있어 녹색 분류체계 포함을 두고 논란이 계속될 전망이다. 환경단체는 방사성 폐기물이라는 위험하고 완전한 처리법을 못 찾은 폐기물이 나오는 원전을 포함하면 '그린워싱'(green washing : 친환경적이지 않으면서 친환경으로 위장하는 행위)을 막겠다는 녹색분류체계 의미가 완전히 상실된다고 주장한다. 환경부는 이번에 발표한 개정안은 '초안'으로 이후 각계각층 의견을 수렴해 최종안을 마련하겠다는 입장이다. 다만 환경부는 이날 브리핑에서 '원전을 녹색분류체계에 포함한다'라는 방침은 바꿀 수 없다고 밝혔다.

정답 ④

해설 그린 택소노미(녹색 분류체계)는 환경적으로 지속가능한 경제 활동의 범위를 정한 것으로서 2020년 6월 유럽연합(EU)에서 처음 발표했다.

05 스토킹처벌법에 대한 설명으로 옳지 않은 것은?

① 이전까지 스토킹은 경범죄 처벌법에 의해 처벌해왔다.
② 피해자 보호조치 중 긴급응급조치 위반 시 형사처벌이 이뤄진다.
③ 피해자 지원제도로 긴급보호, 경제적 지원, 법률적 지원이 있다.
④ 스토킹범죄자는 3년 이하 징역이나 3000만원 이하의 벌금에 처해진다.

해설 긴급응급조치 위반 시 1000만원 이하의 과태료가 부과된다.

🗀 신당역 살인사건...가해자는 스토킹하던 전 동료

서울 지하철 2호선 신당역 여자 화장실에서 20대 여성 역무원을 살해한 혐의로 전 모 씨가 체포됐다. 전 씨는 피해자를 지속해서 스토킹한 혐의 등으로 기소돼 불구속 상태로 재판을 받던 중 1심 선고를 하루 앞두고 9월 15일 범행을 저질렀다. 경찰은 전 씨의 혐의를 형법상 살인에서 보복살인으로 변경했다고 밝혔다. 보복살인은 최소 10년 이상의 징역에 처하도록 규정하고 있어 최소 징역 5년 이상인 형법상 살인죄보다 형이 무겁다.

수사 과정에서 전 씨는 흉기를 미리 준비하는 등 사전에 치밀하게 범행을 계획한 정황이 속속 드러났다. 범행 당일의 구체적인 행적도 확인됐다. 그는 범행 전 지하철 6호선 구산역 고객안전실에서 자신을 서울교통공사 직원이라 설명한 뒤 공사 내부망인 메트로넷에 접속해 피해자의 근무지를 알아냈다. 신당역으로 이동한 후에는 피해자를 1시간 넘게 기다리다 화장실로 뒤따라가 범행을 저질렀다.

정답 ②

06 다음 중 mRNA 백신에 해당하는 것은?

① 얀센 백신
② 모더나 백신
③ 노바백스 백신
④ 아스트라제네카 백신

해설 대표적인 mRNA 백신으로는 화이자 백신과 모더나 백신이 있다.

🗀 AZ 백신 맞고 뇌질환 "정부 보상해야" 첫 판결

코로나19 아스트라제네카(AZ) 백신을 접종한 뒤 뇌질환 진단을 받은 피해자에게 정부가 보상해야 한다는 법원 판단이 나왔다. 9월 20일 법원에 따르면 서울행정법원 행정 6부(이주영 부장판사)는 30대 남성 A 씨가 "예방접종 피해보상 신청을 거부한 처분을 취소하라"며 질병관리청장을 상대로 낸 소송을 최근 원고 승소로 판결했다. 코로나19 백신 부작용 피해보상을 둘러싼 소송에서 피해자가 승소한 판결이 알려진 것은 이번이 처음이다.

A 씨는 작년 4월 말 AZ 백신을 접종한 지 하루 만에 열이 나고 이틀 뒤에는 어지럼증과 다리 저림 등의 증상이 나타나 대학병원 응급실을 찾았다. 병원은 백신 접종자인 A 씨에게 뇌내출혈과 대뇌해면 기형, 단발 신경병증 진단을 내렸다. 이에 A 씨는 피해보상을 신청했지만 기각돼 소송을 제기했으며 재판부는 "질병과 예방접종 사이에 인과관계가 있다고 보는 것이 타당하다"고 판단했다. 질병관리청은 이 판결에 불복해 항소했다.

정답 ②

07 중국 주도의 육·해상 신(新) 실크로드 전략을 일컫는 단어는?

① B3W
② PGII
③ 일대일로
④ 신북방정책

해설 일대일로(一帶一路)란 중국이 추진 중인 신(新) 실크로드 전략이다. 일대란 중앙아시아와 유럽을 잇는 육상 실크로드, 일로는 동남아시아와 유럽, 아프리카를 연결하는 해상 실크로드를 뜻한다.

📂 **바이든 "中 대만 공격 시 방어"...군사 개입 가능성 시사**

▲ 조 바이든 미국 대통령

조 바이든 미국 대통령이 중국의 대만 침공 시 미국이 직접 군사적으로 개입할 수 있다는 입장을 재확인했다. 바이든 대통령은 미국 CBS의 심층 인터뷰 프로그램인 '60분'(60 Minutes)에서 중국의 침공 때 대만을 방어할 것이냐는 물음에 "사실, 전례 없는 공격이 있다면 그렇게 할 것"이라고 말했다. 우크라이나에서와 달리 미군 부대, 병력이 방어에 나서는 것이냐고 구체적으로 따져 묻는 말에도 "그렇다"고 답했다.

이날 인터뷰에서 바이든 대통령은 중국을 향해 러시아에 군사지원을 하면 미국과 다른 국가들의 대중국 해외투자가 차단될 것이라며 마음을 달리 먹으면 '거대한 실수'가 될 것이라는 강성 발언도 쏟아냈다. 바이든 대통령의 이날 인터뷰 발언은 중국, 대만과 관련한 미국 정부의 '전략적 모호성' 정책이 바뀌었을 가능성을 시사하는 것인지 주목된다.

정답 ③

08 역대 유엔 사무총장과 국적이 잘못 짝 지어진 것은?

① 코피 아난 – 이집트
② 쿠르트 발트하임 – 오스트리아
③ 안토니우 구테흐스 – 포르투갈
④ 하비에르 페레스 데 케야르 – 페루

해설 제7대 유엔 사무총장으로 선출된 코피 아난(Kofi Annan, 1938~2018)은 가나 출신이다.

📂 **한일 외교장관, 뉴욕서 회담..."강제징용 해법 논의"**

▲ 박진 외교부 장관(오른쪽)과 하야시 요시마사 일본 외무상 (자료 : 외교부)

유엔 총회 기간 한일 양국 외교 수장이 만나 일제 강점기 강제노역 피해자 배상 문제 등을 논의했다. 9월 19일 이뤄진 회담은 최대 현안으로 꼽히는 강제노역 배상 문제의 해법에 관한 깊은 의견 교환이 이뤄진 것으로 전해졌다. 외교부 당국자는 "박 장관이 직접 피해자의 목소리를 경청한 사례를 소개하면서 국내 각계의 의견을 구체적으로 일본에 전달하고, 성의 있는 호응을 촉구했다"고 말했다. 일본 측은 이를 경청하며 한국 측과 심도 있게 의견을 교환했다는 것이 외교부 측의 전언이다.

강제노역 배상 문제 외에도 북핵 문제를 위한 협력이나 한미일 안보협력, 양국 간 인적 교류 활성화 등 미래지향적 파트너십을 구축하기 위한 방안도 이날 회담에서 논의됐다. 두 장관은 북한의 핵 무력 정책 법제화와 관련해 한일·한미일 협력과 연계의 중요성에 대한 양국의 의견이 일치했다고 한일 양측은 전했다.

정답 ①

09 오커스(AUKUS) 소속 국가가 아닌 것은?

① 호주
② 영국
③ 미국
④ 프랑스

해설 오커스(AUKUS)는 호주·영국·미국 세 국가가 2021년 9월 15일 공식 출범한 외교안보 삼각동맹이다. 미국의 대중국 포위망 강화와 영국의 브렉시트 전략에 따른 아시아·태평양 지역에서의 역할 증대, 그리고 중국 팽창에 대비해 국방력 증가를 추진하고 있는 호주의 이해관계가 맞아떨어져 탄생했다.

📁 '70년 군주' 엘리자베스 여왕 웨스트민스터에서 장례식

영국의 가장 오랜 군주였던 고(故) 엘리자베스 2세 여왕의 장례식이 9월 19일(이하 현지시간) 영국 런던 웨스트민스터 사원에서 엄수됐다. 윈스턴 처칠 전 총리 서거 이후 57년 만에 국장으로 거행된 이날 '세기의 장례식'에는 윤석열 대통령을 비롯한 세계 주요국 정상과 왕족 500여 명 등 2000여 명이 참석했다. 런던에는 수백만 명이 장례 행렬을 직접 보기 위해 운집했다. 나흘간 30만여 명의 일반인 참배를 마친 여왕의 관은 이날 오전 11시 44분 웨스트민스터 홀에서 웨스트민스터 사원으로 옮겨지면서 영면을 향한 마지막 여정에 올랐다.

이날 장례식은 윤석열 대통령을 비롯해 조 바이든 미국 대통령, 에마뉘엘 마크롱 프랑스 대통령, 프랑크발터 슈타인마이어 독일 대통령, 우르줄라 폰데어라이엔 유럽연합(EU) 등 세계 주요국 정상이 참석한 조문외교의 현장이기도 했다.

정답 ④

10 핵무기 없는 동맹국이 핵 공격을 받거나 위협에 노출됐을 때 미국이 본토 위협에 대응하는 핵무기 및 핵무기 투발 수단으로 지원한다는 개념은?

① 확장억제
② 상쇄전략
③ 유연반응전략
④ 확증파괴전략

해설 확장억제란 핵무기 없는 동맹국이 핵 공격을 받거나 위협에 노출됐을 때 미국이 본토 위협에 대응하는 핵무기 및 핵무기 투발(投發 : 내던져 폭발시킴) 수단으로 지원한다는 개념이다.

📁 美 핵항모 입항...핵잠 동해 연합훈련 합류

미국 핵 추진 항공모함 로널드 레이건호(CVN-76)가 한국을 방문해 약 5년 만에 동해에서 한미 연합훈련을 하는 등 핵실험 준비를 마친 북한에 강력한 경고 메시지를 보냈다. 해군은 레이건호를 포함한 항모강습단이 한미 양국 해군 간 우호협력 강화와 연합 해상훈련 참가를 위해 부산 작전기지에 입항했다고 밝혔다.

양국은 동해상에서 연합 해상훈련을 실시해 군사대비 태세를 강화함은 물론 한반도 평화와 안정을 위한 한미동맹의 굳건한 의지를 보였다. 미 항모강습단과 핵 추진 잠수함의 한반도 일대 전개와 연합훈련은 7차 핵실험 준비를 마치고 최근 핵무력정책 법제화를 통해 선제적·자의적 핵무기 사용 범위 확대를 선언한 북한에 대해 한미가 연합방위태세로 결연히 맞서겠다는 경고로 보인다. 아울러 미국의 확장억제 공약 이행 의지를 드러내는 신호로도 풀이된다.

정답 ①

11 판소리 6마당에 해당하지 않는 작품은?

① 춘향가
② 적벽가
③ 변강쇠타령
④ 옹고집타령

📁 **명창 안숙선, 판소리 국가무형문화재 인정**

국악인 안숙선 명창이 판소리 국가무형문화재 보유자로 인정받았다. 문화재청은 "안 명창은 (국가무형문화재) 보유자였던 고(故) 김순옥 씨에게 춘향가를 배워왔으며, 판소리 명창으로서 대중에게 널리 알려져 있을 만큼 판소리 전승에 힘써 왔다"고 설명했다.

안 명창은 소리의 길에 들어선 뒤 60여 년을 국악과 함께한 인물로 1979년 국립창극단에 입단해 주역을 도맡았으며 1986년 판소리 5바탕(춘향가, 흥보가, 심청가, 수궁가, 적벽가)을 완창했다. 창극 스타로 이름을 알리던 그는 국립창극단 단장 겸 예술감독, 국립국악원 민속악단 예술감독, 한국예술종합학교 전통예술원 성악과 교수 등 굵직한 수장 자리를 맡기도 했다. 안 명창은 국제무대에서 활발히 활동하며 우리 전통문화 선양에 힘쓴 공로로 1998년 프랑스 정부로부터 예술문학훈장을 받았으며 지난해 대한민국 은관 문화훈장을 수훈했다.

정답 ④

12 20C 초 파블로 피카소와 조르주 브라크에 의해 시작돼 화폭의 2차원적 평면성을 강조한 미술 운동은?

① 야수파
② 입체파
③ 사실주의
④ 다다이즘

📁 **모네부터 피카소까지…국립현대미술관 특별전**

▲ 모네의 '수련이 있는 연못' (자료 : 국립현대미술관)

고(故) 이건희 회장이 기증한 피카소의 도자부터 고갱과 모네, 샤갈의 회화 작품을 한자리에서 볼 수 있는 전시가 열렸다. 국립현대미술관(MMCA)은 과천관에서 9월 21일부터 'MMCA 이건희 컬렉션 특별전 : 모네와 피카소, 파리의 아름다운 순간들'을 개최한다고 밝혔다.

이 회장이 국립현대미술관에 기증한 1488점의 작품 가운데 고갱·달리·르누아르·모네·미로·샤갈·피사로의 회화 7점, 피카소의 도자 90점 등 서양 현대미술에 한 획을 그은 작가 8명의 미술 작품 97점을 선보인다. 모네의 작품을 제외하고는 모두 이번이 첫 공개다. 국립현대미술관은 이 작가들이 대부분 '벨 에포크'(19C 말~20C 초·아름다운 시절) 시기 프랑스 파리에서 활동했다는 점에 착안해 이들의 관계성과 연계점을 중심으로 전시를 구성했다. 전유신 국립현대미술관 학예연구사는 "이 8명의 작가는 인상주의, 후기 인상주의, 입체주의, 초현실주의 등의 거장들"이라고 설명했다.

정답 ②

13 미국의 5대 빅테크 기업으로 옳지 않은 것은?

① 메타
② 애플
③ 아마존
④ 넷플릭스

해설 미국에서는 보통 빅테크로 가장 크고 지배적인 ▲아마존 ▲애플 ▲구글 ▲메타 ▲마이크로소프트 등 5개 기업을 꼽는다.

📁 '개인정보 불법수집' 구글 · 메타 과징금 1000억원...역대 최고

이용자 동의 없이 개인정보를 수집해 온라인 맞춤형 광고에 활용하는 등 개인정보보호법을 위반한 구글과 메타에 약 1000억원의 과징금이 부과됐다. 개인정보보호위원회는 제15회 전체회의를 열어 구글에는 692억원, 메타에는 308억원의 과징금 부과를 의결했다. 이와 함께 양사에 이용자의 타사 행태정보를 수집·이용하려면 이용자가 쉽고 명확하게 인지해 자유로운 결정권을 행사할 수 있도록 이용자에게 알리고 동의를 받으라는 시정명령을 내렸다.

이번 처분은 온라인 맞춤형 광고 플랫폼의 행태정보 수집·이용과 관련된 첫 번째 제재이자 개인정보 보호 법규 위반으로는 가장 큰 규모의 과징금이다. 개인정보위는 법 위반이 명확히 입증된 구글과 메타의 개인정보 보호법 위반에 대해 우선 처분해 이용자 피해를 조속히 해결하고, 추가 조사가 필요한 사안에 대해서는 계속해서 조사를 이어나갈 예정이다. 개인정보위의 과징금 부과 의결에 구글과 메타는 유감을 나타냈다.

정답 ④

14 인터넷서비스제공자(ISP)가 인터넷으로 전송되는 콘텐츠를 차별·차단하는 것을 금지하는 원칙은?

① 망 중립성
② 앱 중립성
③ 제로레이팅
④ 플랫폼 중립성

해설 망 중립성은 통신사 등 인터넷서비스제공자(ISP)가 인터넷으로 전송되는 콘텐츠를 차별·차단하는 것을 금지하는 원칙이다. ISP가 막대한 돈을 들여 통신망을 구축하는 한이 있더라도 인터넷·콘텐츠 기업이 자유롭고 차별 없이 통신망을 사용할 수 있어야 한다.

📁 망 사용료 법제화 논란 "망 사업자 독점 폐해" vs "시장 자율 침해"

콘텐츠를 제공하는 빅테크 기업들의 망 사용료 지급 문제를 놓고 국회에서 열린 공청회에서 콘텐츠제공업계와 통신업계가 대립각을 세웠다. 콘텐츠사업자(CP) 측 진술인은 CP들에 단순 인터넷 접속료가 아닌 망 이용 대가를 부과하는 것은 인터넷 원리에 비춰 부당하며 득보다 실이 크다고 주장했다. 그는 망 사용료를 받을 경우 인터넷의 상호협력 원칙이 깨지면서 다른 나라도 사용료를 부과하게 되고, 이는 한국 콘텐츠의 해외 진출에 걸림돌이 될 것이라고 말했다.

반면 인터넷 서비스 제공사업자(ISP) 측 진술인은 정보통신망을 이용하는 경우 그에 따른 이용료를 지불하는 것은 시장의 규칙이라며 CP 측 주장을 반박했다. 또 국내·국외 CP의 99%는 망 이용 대가를 이미 지불하고 있으며 인터넷 트래픽 대부분을 유발하는 일부 초대형 CP들이 이런 인터넷 거래 질서를 부정하며 인터넷 생태계가 위협받는 상황이 지속되고 있다고 비판했다.

정답 ①

15 한 홀에서 기준타수(par)보다 1타 많은 타수로 홀인하는 것을 뜻하는 단어는?

① 버디
② 이글
③ 보기
④ 알바트로스

해설 한 홀에서 기준타수보다 1타 많은 타수로 홀인하는 것을 보기(bogey)라고 한다.
① 버디 : 한 홀에서 기준타수보다 1타 적은 타수로 홀인하는 것
② 이글 : 한 홀에서 기준타수보다 2타 적은 타수로 홀인하는 것
④ 알바트로스 : 한 홀에서 기준타수보다 3타 적은 타수로 홀인하는 것

🗀 골프 규칙 위반 윤이나, KLPGA 주관 대회 3년간 출장 정지 징계

한국여자프로골프협회(KLPGA)는 9월 20일 DB그룹 제36회 한국여자오픈선수권대회에 참가해 물의를 빚은 윤이나(19)에 대해 3년간 KLPGA 주관 또는 주최 모든 대회 출장 정지 징계를 내렸다. KLPGA 상벌분과위원회는 "윤이나의 자진 신고 등 정상 참작의 사유가 있었으나 규칙 위반 후 장기간에 걸쳐 위반 사실을 알리지 않은 점과 대회에 지속해서 참여한 사실 등 심각한 부정행위를 했다고 판단했다"고 밝혔다.

▲ 윤이나 프로 골퍼 (타이틀리스트 코리아 인스타그램 캡처)

윤이나는 올해 6월 한국여자오픈 1라운드 도중 골프 규칙을 위반했다. 15번 홀 티샷이 우측으로 밀렸고, 이 공을 러프에서 찾아 경기를 진행했다. 그러나 이후 이 공이 자신의 것이 아니라는 사실을 알고도 경기를 계속 치러 골프 규칙을 위반했다. 윤이나는 대회 종료 후 약 한 달이 지난 7월에 대회를 주관한 대한골프협회에 오구(誤球) 플레이를 자진 신고했으며 7월 25일 사과문을 발표하고 대회 출전을 잠정 중단했다. 그러나 골프 규칙 위반 이후에도 사과문 발표 전까지 대회에 출전했다.

정답 ③

16 2022년 기준 UEFA 챔피언스리그 최다 우승팀은?

① 리버풀 FC
② 비야레알 CF
③ 맨체스터 시티 FC
④ 레알 마드리드 CF

해설 스페인 프로축구팀 레알 마드리드 CF가 2021~2022 시즌까지 통산 14회 우승으로 UEFA 챔피언스리그 역사상 최다 우승 기록을 가지고 있다.

🗀 UEFA, 유로 2024 러시아 출전 금지 확정

유럽축구연맹(UEFA)이 2024년 열리는 유럽축구선수권대회(유로 2024)에서도 러시아를 배제했다. UEFA는 9월 20일(현지시간) 크로아티아 흐바르에서 집행위원회를 열어 유로 2024 예선 관련 내용을 논의하며 러시아를 이번 예선 조 추첨에 포함하지 않기로 했다고 밝혔다. 이에 따라 러시아는 2024년 6~7월 독일에서 열릴 예정인 유로 2024 본선에도 나설 수 없게 됐다. UEFA는 "모든 러시아 팀은 2월 28일 UEFA 집행위원회 결정에 따라 현재 출전이 중단된 상태이며, 이는 7월 국제스포츠중재재판소(CAS)에서도 재확인됐다"고 설명했다.

올해 2월 러시아가 우크라이나를 침공한 이후 UEFA는 국제축구연맹(FIFA)과 함께 러시아 대표팀과 러시아 클럽팀의 국제 대회 출전을 금지한 바 있다. 이에 따라 러시아는 2022 카타르 월드컵 유럽 예선 플레이오프를 치르지 못해 본선에도 나서지 못하는 등 국제 축구 무대에서 퇴출당했고, 유로 2024까지도 이어지게 됐다.

정답 ④

01 낙관계수에 관한 설명 중 옳지 않은 것은?

① 의사결정 시 얼마만큼의 낙관적인 견해를 가지고 있는가를 나타내는 지수이다.

② 0부터 10 사이의 값으로 나타내며, 10에 가까울수록 낙관이고 0에 가까울수록 비관이다.

③ 의사결정은 낙관과 비관이라는 두 가지 측면이 함께 고려되는 것이다.

④ 낙관계수를 이용하여 최댓값과 최솟값으로 실현치를 계산 후 실현치의 최대 대안을 선택한다.

해설 낙관계수는 0부터 1 사이의 값으로 표시되는 낙관적 견해의 지수로, 1에 가까울수록 낙관이고 0에 가까울수록 비관이다.
정답 ②

02 도시의 급격한 발전으로 인해 도시 주변이 무질서하게 확대되는 현상을 무엇이라고 하는가?

① 공동화 현상
② 스프롤 현상
③ 시티홀 현상
④ 도시화 현상

해설 스프롤 현상이란 도시의 급속한 발전이 대도시 주변의 무계획적 건설, 지가의 앙등, 교통량의 폭주, 환경오염 등의 문제를 발생시키는 현상을 말한다.
정답 ②

03 어떤 사람이나 사물을 평가할 때 어느 한 측면의 특질이 다른 특질에까지 영향을 미치는 것을 무엇이라고 하는가?

① 스프롤 현상
② 고착관념
③ 헤일로 효과
④ 기저 효과

해설 헤일로 효과(halo effect)란 사람이나 사물 등 일정 대상을 평가하면서 그 대상에 대한 일반적인 견해가 대상의 구체적인 특성을 평가하는 데 영향을 미치는 현상을 말하며, 이를 후광 효과라고도 한다.
정답 ③

04 **다음 법정감염병 중 제1급에 해당하지 않는 것은?**

① 디프테리아
② 에볼라 바이러스병
③ 결핵
④ 신종인플루엔자

해설 결핵은 제2급 감염병에 해당한다.

정답 ③

05 **적조 현상에 대한 설명으로 옳지 않은 것은?**

① 바다나 강 등의 색깔이 바뀌는 현상을 말한다.
② 적조 현상을 일으키는 주원인은 유독성 금속이다.
③ 적조는 정체 해역에서 잘 일어나는 현상이다.
④ 적조 현상이 발생하면 수중의 용존산소량이 부족하게 되어 어패류 등의 대량 폐사가 발생한다.

해설 적조(red tide)는 정체된 수역에 유기 물질(질소, 인 등)이 과도하게 공급되어 플랑크톤이 급속하게 증가함으로써 발생한다.

정답 ②

06 **다음 중 다이옥신에 대한 설명으로 옳지 않은 것은?**

① 무색, 무취의 맹독성 화학 물질이다.
② 강한 독성을 가지고 있는 독극물이다.
③ 베트남전에 사용된 고엽제의 주성분이다.
④ 화학적으로 불안정하여 다른 물질과 쉽게 결합한다.

해설 다이옥신의 화학 구조는 매우 안정하여 상온에서 색깔이 없는 결정으로 존재하며, 극성이 없어 물에 잘 녹지 않는다.

정답 ④

07 국가가 치안, 질서 유지 및 개인의 안녕 등 최소한의 역할만 수행해야 한다는 국가관은?

① 야경국가
② 복지국가
③ 경찰국가
④ 법치국가

해설 야경국가는 국가가 마치 야간경찰(야경)처럼 치안, 질서 유지 및 개인의 자유를 보장하는 등 최소한의 역할만 수행해야 한다고 하는 자유방임주의에 밑바탕을 둔 것이다.

정답 ①

08 다음 중 국회의 승인을 받아야 하는 것은?

① 조약의 체결·비준
② 예비비 설치
③ 계엄 선포
④ 긴급명령

해설 국회의 승인을 받아야 하는 것에는 예비비의 지출, 긴급명령, 긴급재정경제처분 및 명령이 있다. 국회의 동의를 얻어야 하는 경우는 ① 조약의 체결·비준, ② 예비비 설치, 일반사면, 국무총리·감사원장·대법원장·헌법재판소장의 임명, 선전포고 및 강화, 국군의 해외 파병, 외국 군대의 국내 주둔, 국채 모집이 있다. ③ 계엄 선포는 국회에 통고하여야 한다.

정답 ④

09 다음 중 면책 특권에 대한 설명으로 옳지 않은 것은?

① 국회의원은 국회에서 직무상 행한 발언과 표결에 관하여 국회 외에서 책임을 지지 않는다는 특권이다.
② 1689년 영국의 권리 장전에 기원을 두고 있다.
③ 국회 안에서 한 발언을 국회 밖에서 다시 발언하였을 때에도 이 특권이 적용된다.
④ 미국 헌법에서 최초로 특권화 하였다.

해설 국회 안에서 한 발언을 국회 밖에서 다시 발언하였을 때에는 이 특권이 적용되지 않는다.

정답 ③

10 밴앨런대에 대한 설명으로 옳은 것은?

① 대기권을 둘러싸고 있는 오존층을 말한다.

② 지구를 둘러싸고 있는 대기층 중 태양에서 방출된 자외선 등의 방사 에너지를 흡수하여 이온화된 부분을 말한다.

③ 적도 상공을 중심으로 고리 모양으로 지구를 감싸고 있는 강한 방사능대를 말한다.

④ 고도가 높아질수록 온도가 올라가는 현상이 나타나는 기층을 말한다.

해설 1958년 미국의 물리학자 밴 앨런 교수가 익스플로러 위성의 관측 결과를 분석하여 발견한 밴앨런대에 대한 설명이다.
① 오존층, ② 전리층, ④ 역전층에 대한 설명이다.

정답 ③

11 다음 설명 중 옳지 않은 것은?

① 인간과 기계 및 장치의 구조 중 제어·통신과 관련된 종합적인 과학을 사이버네틱스라고 한다.

② 메카트로닉스란 기계공학·전기공학·전자공학을 복합적으로 적용하는 공학을 말한다.

③ 인간의 특성과 감성을 구체적인 제품 설계에 반영하는 공학 기술을 감성공학이라고 한다.

④ 다산과학기지는 남극대륙 사우스셰틀랜드 제도의 킹조지섬 남서쪽 해안에 위치한 상설 과학 연구기지이다.

해설 남극대륙 사우스셰틀랜드 제도의 킹조지섬 남서쪽 해안에 위치한 상설 과학 연구기지는 세종과학기지이다. 다산과학기지는 한국해양연구소가 2002년 4월 29일 노르웨이의 영토인 북극 스발바드 군도의 니알슨에 건립한 과학기지이다.

정답 ④

12 반도체의 집적도가 18개월마다 2배씩 증가한다는 법칙은?

① 황의 법칙

② 무어의 법칙

③ 세이의 법칙

④ 메트칼프의 법칙

해설 무어의 법칙은 인텔의 공동 창업자인 고든 무어가 1964년 한 말에서 유래됐다.

정답 ②

2022 부산광역시 공무직

01 다음 중 '5대 영양소'에 해당하지 않는 것은?

① 비타민
② 무기질
③ 미네랄
④ 탄수화물

해설 5대 영양소는 ▲단백질 ▲탄수화물 ▲지방 ▲미네랄 ▲비타민이다.

02 자신의 목적을 이루기 위해 상대방의 행동을 통제하고 조종하는 현상을 일컫는 심리학 용어는?

① 가스라이팅
② 브레인스토밍
③ 게슈탈트 과정
④ 가르시아 효과

해설 가스라이팅(gaslighting)은 상황 조작을 통해 타인의 마음에 스스로에 대한 의심을 불러일으켜 현실감과 판단력을 잃게 함으로써 그 사람을 정신적으로 황폐화하는 것을 뜻하는 심리학 용어다.
스릴러 영화 거장 알프레드 히치콕 감독의 작품 '가스등'(1944)에서 착안했다. 영화에서 여주인공은 자신의 재산을 노리고 접근한 남자의 계략에 의해 스스로 미쳤다고 생각하는 지경에 이르게 된다.

❖ **가르시아 효과(Garcia effect)**

가르시아 효과는 고전적 조건형성의 사례 중 하나로, 어떤 음식을 먹고 나서 구토, 복통, 중독 등 불쾌한 경험을 하게 되면 그 음식을 혐오·회피하게 되는 현상을 의미한다. 특정 음식을 먹었을 때 그 음식이 아닌 다른 원인에 의해 몸이 안 좋아졌을 수도 있지만 불쾌한 경험을 음식과 무의식적으로 연관시키는 것이다.

03 전통 경제학에서 말하는 생산의 3요소가 아닌 것은?

① 자본
② 토지
③ 노동
④ 서비스

해설 생산의 3요소로 ▲노동 ▲자본 ▲토지를 꼽는다.

04 다음 중 국회 정족수가 나머지와 다른 것은?

① 계엄 해제
② 헌법 개정안 발의
③ 대통령 탄핵소추 발의
④ 국회의원 심사의 무자격 결정

해설 국회의원 심사의 무자격 결정(제명)은 재적 3분의 2 이상이 필요하다.
①계엄 해제 ②헌법 개정안 발의 ③대통령 탄핵소추 발의를 하려면 모두 재적과반수 이상의 찬성이 있어야 한다.

05 우리나라 헌법에서 기본권으로 규정하고 있지 않은 것은?

① 참정권
② 경제권
③ 사회권
④ 평등권

해설 우리나라 헌법은 인간의 존엄과 가치 및 행복 추구권을 기본 이념으로 하여 ▲평등권 ▲자유권 ▲참정권 ▲사회권 ▲청구권을 기본권으로 규정하고 있다. 평등권은 법 앞의 평등과 기회의 균등을 보장하며 차별을 금지하는 것으로서 다른 기본권 보장의 전제 조건이다. 자유권은 신체의 자유, 언론·출판·집회·결사의 자유로서 국가의 간섭을 받지 않을 권리다. 참정권은 선거권, 공무 담임권, 국민투표권 등 정치에 참여할 권리다. 사회권은 교육권, 환경권, 근로권 등 인간다운 생활을 할 권리다. 청구권은 청원권, 재판 청구권 등 국가에 일정한 청구를 할 수 있는 권리다.

06 〈보기〉와 가장 관련이 깊은 소비자는?

> **보기**
> • 스타벅스 '별다방점'
> • 첵스 파맛
> • 얼려먹는 야쿠르트

① 안티슈머   ② 그린슈머
③ 앰비슈머   ④ 프로슈머

해설 프로슈머는 '생산자(producer)'와 '소비자(consumer)'를 합성한 말로, 직접 생산에 참여하는 소비자를 말한다. 〈보기〉는 소비자가 직접 제시한 개선 의견이나 아이디어를 참고해 생산된 브랜드 및 상품이므로 프로슈머와 가장 관련이 깊다.
① 안티슈머(anti-sumer) : 소비 욕구와 흥미 자체를 상실해 소비를 회피하거나 거부하는 소비자
② 그린슈머(greensumer) : 환경보호에 도움이 되는 제품의 구매를 지향하는 소비자
③ 앰비슈머(ambisumer) : 무조건 저렴한 물건만 사는 게 아니라 상황에 따라 비싼 물건도 적절하게 구입하는 양면적인 소비자

07 상품의 가격이 상승하는데도 수요가 증가하는 현상은?

① 세이의 법칙
② 베블런 효과
③ 카니발라이제이션
④ 트리클 다운 효과

해설 베블런 효과(veblen effect)는 상품의 가격이 상승하는데도 불구하고 허영심이나 과시욕으로 인해 수요가 증가하는 현상이다. 미국의 사회학자 소스타인 베블런(Thorstein B. Veblen, 1857~1929)이 『유한계급론』(1899)에서 지적했다.

08 인권의 날은 며칠인가?

① 10월 11일
② 10월 12일
③ 11월 10일
④ 12월 10일

해설 인권의 날(Human Rights Day)은 1948년 12월 10일에 열린 국제 연합 총회에서 세계 인권 선언이 채택된 것을 기념하는 날이다. 1950년 12월 4일에 열린 국제 연합 총회에서 매년 12월 10일을 세계 인권 선언일로 기념하는 결의안이 채택된 이후부터 전 세계 각국에서는 이 날을 인권의 날(세계 인권 선언일)로 기념하고 있다. '국제인권기념일'이라고도 한다.

09 다음 중 우리나라에서 채택된 적이 없는 제도는?

① 국민발안제
② 주민소환제
③ 국민소환제
④ 국민투표제

해설 국민소환제는 국민이 선출한 국회의원이 부패했거나 불법행위를 하는 등 자질이 없다고 판단될 때 국민이 직접 그 책임을 물어 파면시키는 것이다. 역대 우리나라에서 채택된 적이 없다.

❖ **국민발안제(國民發案制)**

> 국민발안제는 국민이 직접 헌법개정안이나 중요한 법률안을 제출할 수 있는 제도이다. 우리나라에서는 1954년 제2차 개헌(사사오입 개헌) 당시, 헌법 개정에 대하여 국회의원 선거권자 50만인 이상의 찬성으로 제안할 수 있게 하는 국민발안제가 채택되었으나 사실상 사문화된 조항이라 판단되어 1972년 제7차 개헌(유신 개헌)에서 폐지됐다.

정답 01 ②   02 ①   03 ④   04 ④   05 ②   06 ④   07 ②   08 ④   09 ③

10 스마트폰 사용자가 메시지 등을 주고받기 위해 엄지손가락을 자주 쓰는 과정에서 손바닥 전체에 심한 통증이 발생하는 질환은?

① 아이폰 증후군
② 갤럭시 증후군
③ 블랙베리 증후군
④ VDT 증후군

해설 블랙베리 증후군에 대한 설명이다. 블랙베리는 타자에 특화된 쿼티(QWERTY) 키보드를 탑재한 휴대전화로서 모바일 메시지나 이메일을 자주 쓰는 사용자들이 자주 사용했었다. 블랙베리 증후군은 미국에서 정식 직업병으로 인정한 바 있다.

❖ **VDT 증후군(VDT syndrome)**

VDT 증후군은 컴퓨터의 스크린 등을 보면서 장시간 작업을 할 경우 발생하는 두통, 어깨와 목의 통증, 시각장애, 정신신경계 증상 등을 통틀어 일컫는 말이다. 정식명칭은 'Visual Display Terminal Syndrome'으로, '컴퓨터 단말기 증후군'이라고도 한다. VDT 증후군의 원인은 컴퓨터 스크린에서 방사되는 해로운 전자기파 때문인 것으로 알려져 있다. 개인 컴퓨터의 보급률이 높아지고 사무 자동화가 고도화되면서 VDT 증후군을 호소하는 환자들이 늘고 있다. VDT 증후군을 방지하기 위해서는 정기적으로 시력, 안위, 안내압 측정 등의 검진을 받고, 일정 시간 작업한 후에는 휴식을 취해야 한다.

11 영화, 드라마, 소설 등의 줄거리나 핵심 내용, 반전 요소, 결말 등을 예비 관객·독자들에게 미리 밝혀 재미를 반감시키는 행위는?

① 텐트폴
② 시퀄
③ 프리퀄
④ 스포일러

해설 스포일러(spoiler)에 대한 설명이다. 스포일러는 상대보다 새로운 정보를 선점하고 있다는 우월감을 느끼기 위해 악의적으로 행해지는 경우가 대부분이다.

12 발상의 전환과 기술 개발, 서비스 혁신을 통해 기존과 다르게 창출된 시장은?

① 그린오션
② 블루오션
③ 퍼플오션
④ 레드오션

해설 퍼플오션(purple ocean)은 경쟁자가 없거나 경쟁이 치열하지 않은 새로운 시장인 블루오션과, 경쟁자가 많고 경쟁이 치열한 시장인 레드오션을 합성한 말로, 블루와 레드를 섞으면 퍼플이 된다는 뜻이다. 이미 수요가 존재하고 안정적으로 사업을 진행할 수 있지만 경쟁이 치열한 레드오션 시장에서 블루오션 사업 방식을 적절히 적용해 새로운 시장을 만드는 것이다.

13 사람을 관찰하고 공감하며 문제를 정의하고 프로토타입과 테스트의 실패를 반복해 최선의 답을 찾는 창의적 문제 해결 방법은?

① 디자인씽킹
② 식스시그마
③ 스마트씽킹
④ 브레인스토밍

해설 디자인씽킹(design thinking)에 대한 설명이다. 디자인씽킹은 '명확하게 정리되지 않은 사용자의 니즈(needs)를 이해하고 이를 해결할 수 있는 기회를 찾아내기 위해 공감적 태도를 활용하는 논리추론적 접근법'이라고 설명된다.
디자인씽킹은 ▲니즈의 문제 파악을 위한 공감 ▲어떤 것이 근원적인 문제인지에 대한 정의 ▲정의된 문제에 대한 해결 방안의 구상 ▲프로토타입을 통해 현실 가능하도록 수렴 ▲테스트를 통해 해결점 찾기 등 5단계의 프로세스로 진행된다.

14 은행이 가진 소비자의 금융정보를 다른 제3의 기관이나 다른 금융기관과 공유하도록 허용하는 시스템은?

① 핀테크
② 테크핀
③ 오픈뱅킹
④ 인터넷뱅킹

해설 오픈뱅킹(open banking)에 대한 설명이다. 오픈뱅킹 시스템 안에서 고객은 은행 등 금융기관이나 제3의 기관이 만든 앱 등을 이용할 때 자신의 금융 데이터에 더 쉽게 접근할 수 있고, 은행은 금융기관이나 제3의 기관이 고객의 데이터를 활용해 새로운 금융 관련 서비스를 제공할 수 있도록 정보를 제공한다. 카카오페이와 삼성페이, 토스 등을 예로 들 수 있다.

15 낯선 사람과 함께 음식을 나눠 먹고 일상 속 여유와 소소함을 즐기는 사람들을 일컫는 말은?

① 루비족
② 포미족
③ 킨포크족
④ 로케팅족

해설 킨포크족(kinfolk族)에 대한 설명이다. 아날로그와 자연주의에 대한 관심이 커지면서 우리나라에서도 킨포크족이 늘고 있다. 20~30대 젊은 층을 중심으로 SNS를 통해 시간을 공지하고 각자 준비해 온 음식을 나눠 먹는 소셜다이닝(social dining)도 비슷한 문화로 볼 수 있다.

16 이데아론을 창시한 철학자는?

① 플라톤
② 소크라테스
③ 에피쿠로스
④ 아리스토텔레스

해설 플라톤(Plato)은 서양 철학의 원류라 할 수 있는 이데아론(객관적 관념론)을 창시했다. 이데아(idea)는 현세의 모든 존재와 인식의 원인이 되는 항구적이고 초월적 실재로서 이데아론은 현세의 존재를 이데아의 불완전한 모방으로 인식했다.

17 〈보기〉와 같이 주장한 철학자는?

┌─── 보기 ───┐

인민의 일반의지야말로 주권의 기초이며 법이나 정부도 여기서 나온다. 이 국민의 일반의지는 절대적이며 잘못을 범하는 경우가 없으며 타인에게 양도나 분할도 불가하다. 따라서 일반의지를 통해 도출되는 인민주권 또한 절대적이다.

└─────────┘

① 루소   ② 칸트
③ 로크   ④ 몽테스키외

해설 일반의지(general will)는 장 자크 루소(Jean-Jacques Rousseau, 1712~1778)가 주장한 사회계약설의 기본 개념이다. 그는 개인의 자유로운 계약으로 성립하는 국가가 가지는 단일한 의지를 일반의지라 불렀다. 이 의지는 각각 특수한 이해에 입각한 개개인의 의지(특수의지)의 총합에 불과한 전체의지와 구별된다. 이 사상은 인류의 자유와 평등이라는 새로운 이성적 국가상을 부여하여 18C 말 프랑스 혁명의 사상적 토대를 쌓았다.

정답 10 ③　11 ④　12 ③　13 ①　14 ③　15 ③　16 ①　17 ①

2022 부산일보

※ 단답형 (01~10)

01 2030 부산세계박람회 유치 홍보에 활용된 부산시의 갈매기 캐릭터는?

_____

_____

02 1975~1987년 부산에서 일어난 국가적 차원의 인권 유린 사건은?

_____

_____

03 후쿠시마 원전의 오염수 방류 안전성을 검증하기 위해 파견된 조사단의 명칭은?

_____

_____

04 칩4 동맹국을 모두 쓰시오.

_____

_____

05 MZ세대가 자기 주도적으로 루틴을 만들어 성실하게 자기 관리를 한다는 뜻으로 사용하는 신조어는?

_____

_____

06 2023년 최저시급은?

_____

_____

07 한정된 물량 생산으로 제품의 희소성을 높여 소비자들의 구매 욕구를 높이는 마케팅 기법은?

_____

_____

08 어느 한 세력이 빠르게 부상하면 반드시 주변국과의 세력 균형을 흔들고 결국 무력 충돌을 통해 세력 불균형을 해소하는 결과로 나타난다는 이론은?

_____

_____

09 사람의 이름, 초상, 목소리 등이 지니는 경제적 가치를 상업적으로 이용할 수 있는 권리는?

_____

_____

10 출근하는 대통령을 잠깐 멈춰 세워 대통령실 담당 기자들이 주요 현안에 대해 짧게 묻고 대통령이 즉답하는 약식 회견은?

_____

_____

11 경기가 회복 국면에서 일시적인 어려움을 겪는 상황은?

① 더블그립
② 디플레이션
③ 경기 연착륙
④ 더블딥
⑤ 소프트패치

해설 소프트패치(soft patch)는 경제가 다소 불안하고 취약하지만 심각한 위기(라지패치·large patch)에 빠진 것은 아니며 조만간 회복세를 보일 것이란 의미를 담고 있다. 본격 경기 침체 국면과 달리 일시적인 어려움을 겪고 있는 경제 상황을 표현하는 용어로 쓰인다.

12 사건을 발생한 순서대로 나열한 것은?

① 5·18 민주화운동−부마 민주항쟁−4·19 혁명−6월 민주항쟁
② 부마 민주항쟁−4·19 혁명−6월 민주항쟁−5·18 민주화운동
③ 4·19 혁명−5·18 민주화운동−6월 민주항쟁−부마 민주항쟁
④ 4·19 혁명−5·18 민주화운동−부마 민주항쟁−6월 민주항쟁
⑤ 4·19 혁명−부마 민주항쟁−5·18 민주화운동−6월 민주항쟁

해설 4·19 혁명(1960)−부마 민주항쟁(1979)−5·18 민주화운동(1980)−6월 민주항쟁(1987)의 순서다.

13 다음 중 5부 요인에 포함되는 사람이 아닌 것은?

① 대통령
② 국회의장
③ 대법원장
④ 국무총리
⑤ 헌법재판소장

해설 5부 요인은 ▲국회의장 ▲대법원장 ▲헌법재판소장 ▲국무총리 ▲중앙선거관리위원회 위원장 등 5개 헌법기관장을 일컫는 말이다. 국가 의전 서열 1위인 대통령은 헌법상 행정부수반이자 국가원수로서 항상 국가를 대표하므로 5부 요인에 포함시키지 않는다.

정답 **01** 부기 **02** 형제복지원 사건 **03** IAEA 조사단 **04** 미국, 일본, 한국, 대만 **05** 갓생 **06** 9620원 **07** 헝거마케팅 **08** 투키디데스 함정 **09** 퍼블리시티권 **10** 도어스테핑 **11** ⑤ **12** ⑤ **13** ①

14 필즈상에 대해 옳지 않은 것은?

① 4년 주기로 수여한다.
② 50세 이하 수학자만 수상할 수 있다.
③ 국제수학자대회(ICM)에 맞춰 수여한다.
④ 아벨상과 함께 '수학계의 노벨상'이라고 불린다.
⑤ 허준이 교수는 한국계 인물 최초로 필즈상을 수상했다.

해설 필즈상(Fields Medal)은 국제수학연맹이 4년마다 40세 이하의 수학자에게 수여하는 상으로서 수학계 최고 권위를 자랑한다.

15 기준금리를 한 번에 0.75% 조정하는 것을 일컫는 말은?

① 빅스텝
② 메가스텝
③ 울트라스텝
④ 베이비스텝
⑤ 자이언트스텝

해설 ▲베이비스텝(baby step) 0.25%p ▲빅스텝(big step) 0.50%p ▲자이언트스텝(giant step) 0.75%p ▲울트라스텝(ultra step) 1.00%p

16 평안할 때 미리 대비해야 한다는 뜻을 가진 사자성어는?

① 同而不和
② 和而不同
③ 居安思危
④ 笑而不答
④ 附和雷同

해설 거안사위(居安思危)에 대한 설명이다. 이는 춘추시대 진(晉)나라와 초(楚)나라가 중원의 패권을 놓고 팽팽하게 맞섰던 상황에서 나온 사자성어다.

17 플로깅의 우리말 순화어는?

① 줍고 달리기
② 청소 달리기
③ 쓰담 달리기
④ 쓰줍 달리기
⑤ 환경 달리기

해설 플로깅(plogging)은 조깅을 하면서 쓰레기를 줍는 운동을 말한다. '이삭을 줍는다'는 뜻을 가진 스웨덴어 'plocka upp'과 영어 단어 'jogging(조깅)'을 합성한 말이다. 2016년 스웨덴에서 처음 시작된 이 운동은 북유럽을 중심으로 빠르게 확산됐다. 플로깅은 쓰레기를 줍기 위해 앉았다 일어나는 동작이 하체 운동인 스쿼트 운동 자세와 유사해 단순 조깅보다 칼로리 소모가 많고, 환경도 보호할 수 있어 인기를 끌고 있다. 우리말 순화어로 '쓰담 달리기'라고 한다.

18 2023년으로 미뤄진 아시안게임 개최지는?

① 광저우
② 항저우
③ 베이징
④ 충칭
⑤ 쑤이저우

해설 제19회 하계 아시안게임인 중국 항저우 아시안게임은 2022년 개최될 예정이었으나 중국 내부의 코로나19 확산에 따라 2023년 9월 개최로 연기됐다.

19 국제박람회기구는 어느 도시에 있는가?

① 빈   ② 런던
③ 뉴욕   ④ 파리
⑤ 브뤼셀

해설 국제박람회기구(BIE, Bureau International des Expositions)는 세계박람회 개최를 원활하게 수행하기 위해 활동하는 국제기구로서 프랑스 파리에 있다. 각 나라별로 1~3명의 대표단을 구성하여 1년에 두 번 총회를 개최하는데, 임시총회가 열리기도 한다.

20 다음 중 빈곤이나 소득 불평등을 나타내는 용어에 대한 설명으로 옳지 않은 것은?

① 슈바베지수는 가계 소득비 중 주거 비용이 차지하는 비율이다.
② 로렌츠 곡선은 대각선에 가까울수록 소득이 불평등하다는 의미다.
③ 지니계수가 0에 가까울수록 소득이 불평등하며 1에 가까울수록 평등하다.
④ 십분위분배율은 하위 40% 소득계층의 소득액을 상위 20% 소득계층의 소득액으로 나눈 비율이다.

해설 지니계수는 0에 가까울수록 소득분배가 평등하게 이루어졌다는 뜻이며 완전불평등에서 1이라는 값을 가진다. 보통 0.4 이상이면 소득 불평등이 심한 것으로 본다.

❖ **슈바베 법칙(Schwabe's law)**

슈바베 법칙은 독일 통계학자 슈바베가 19C 후반 실시한 통계조사를 통해 주장한 근로자의 소득과 주거비로 지출되는 비용과의 관계를 나타낸 법칙을 말한다. 슈바베 법칙은 소득수준이 높으면 주거비에 지출되는 절대적인 금액은 커지지만 전체 생계비에서 주거비가 차지하는 비율이 낮아지고, 소득수준이 낮으면 주거비에 지출되는 절대적인 금액은 적어지지만 전체 생계비에서 주거비가 차지하는 비율이 높아진다.
슈바베의 법칙을 통해서 가계 소득비 가운데 주거비용이 차지하는 비율인, 슈바베지수를 측정해 빈곤의 척도로 사용하기도 하는데, 슈바베지수가 25%가 넘으면 빈곤층에 속한다고 분류한다. 고소득층일수록 슈바베지수는 낮고, 저소득층일수록 슈바베지수는 높게 나타나, 슈바베지수가 높을수록 주거비용의 비중이 크다.

21 켄타우로스 변이의 정식 명칭은?

① BA.1.75
② BA.2.15
③ BA.2.25
④ BA.2.75
⑤ BA.5

해설 코로나19 변이 중 한 종류인 켄타우로스 변이의 정식 명칭은 BA.2.75다. 지난 5월 말 처음 발견된 뒤 전 세계적으로 빠르게 확산 중이다. BA.2.75는 이전 코로나19 하위 변이와 비교해 스파이크(돌기) 단백질에 돌연변이가 많아 바이러스가 더 효과적으로 세포와 결합하고, 백신이나 감염으로 형성된 항체를 회피하는 변이로 알려졌다. 이처럼 확산 속도가 빠르고 면역 회피 성질이 강해 그리스 신화에 나오는 상체는 인간, 하체는 말의 모습을 한 켄타우로스란 이름으로 불린다.

01 다음 자료에 해당하는 나라에 대한 설명으로 옳은 것은?

> 대군장이 없고, 한(漢) 이래로 후(侯)·읍군·삼로가 있어서 하호를 통치하였다. …… 그 풍속은 산천을 중요시하여 산과 내마다 각기 구분이 있어 함부로 들어가지 않는다. 동성끼리는 결혼하지 않는다.
>
> – 『삼국지』 동이전 –

① 연맹 왕국으로 발전하였다.
② 낙랑과 왜에 철을 수출하였다.
③ 무천이라는 제천 행사를 열었다.
④ 혼인 풍습으로 민며느리제가 있었다.
⑤ 여러 가(加)들이 별도로 사출도를 주관하였다.

해설 자료에서 읍락 간의 경계를 중시하는 모습(책화)과 동성끼리 결혼하지 않는 모습(족외혼) 등을 통해 동예에 대한 설명임을 알 수 있다.
③ 동예는 매년 10월 무천이라는 제천 행사를 열었다.

오답 피하기
① 동예와 옥저는 연맹 왕국으로 발전하지 못하고, 군장 국가 단계에 머물렀다.
② 변한과 가야는 풍부한 철 생산을 바탕으로 낙랑과 왜에 철을 수출하였다.
④ 옥저에는 혼인 풍습으로 민며느리제가 있었다.
⑤ 부여는 여러 가(加)들이 독자적 행정 구역인 사출도를 주관하였다.

02 밑줄 그은 '왕'의 업적으로 옳은 것은?

> ○ 왕의 이름은 명농이니 무령왕의 아들이다. 지혜와 식견이 뛰어나고 일을 처리함에 결단성이 있었다. 무령왕이 죽고 왕위에 올랐다.
> – 『삼국사기』 –
>
> ○ 왕이 신라군을 습격하고자 몸소 보병과 기병 모두 50명을 거느리고 밤에 구천(狗川)에 이르렀다. 신라의 복병이 나타나 그들과 싸우다가 혼전 중에 왕이 신라군에게 살해되었다.
> – 『삼국사기』 –

① 익산에 미륵사를 창건하였다.
② 동진으로부터 불교를 수용하였다.
③ 신라를 공격하여 대야성을 점령하였다.
④ 사비로 천도하고 국호를 남부여로 고쳤다.
⑤ 고흥으로 하여금 서기를 편찬하게 하였다.

해설 자료에서 무령왕의 아들, 신라군에 의해 살해되었다는 내용 등을 통해 밑줄 그은 '왕'은 백제의 성왕임을 알 수 있다. 백제의 중흥을 꾀하던 성왕은 신라 진흥왕과의 관산성 전투(554)에서 전사하였다.
④ 백제 성왕은 수도를 웅진에서 사비로 옮기고(538) 국호를 남부여로 고쳤다.

오답 피하기
① 백제 무왕은 익산에 미륵사를 창건하였다.
② 백제 침류왕은 4세기 중국 동진의 승려 마라난타로부터 불교를 수용하였다.
③ 백제 의자왕은 신라를 공격하여 대야성을 점령하였다.
⑤ 백제 근초고왕은 고흥으로 하여금 역사서인 『서기』를 편찬하게 하였다.

03 다음 상황 이후에 일어난 사실로 옳은 것은?

왕이 원의 제도를 따라 변발과 호복을 하고 전상(殿上)에 앉아 있었다. 이연종이 말하기를, "변발과 호복은 선왕의 제도가 아니옵니다. 원컨대 전하께서는 본받지 마소서."라고 하였다. 왕이 기뻐하며 즉시 변발을 풀고, 이연종에게 옷과 이불을 하사하였다.

① 대표적 친원 세력인 기철이 숙청되었다.
② 김윤후가 처인성에서 몽골군을 물리쳤다.
③ 정중부 등이 정변을 일으켜 권력을 장악하였다.
④ 최충이 9재 학당을 세워 유학 교육을 실시하였다.
⑤ 만적을 비롯한 노비들이 신분 해방을 도모하였다.

해설 자료에서 원(몽골)의 풍습인 변발과 호복을 폐지하는 내용 등을 통해 이 시기가 반원 자주 정책을 추진하여 몽골풍을 폐지한 고려 공민왕 때(재위 1351~1374)임을 알 수 있다.
고려 공민왕은 쌍성총관부를 공격하여 철령 이북의 땅을 수복하고 내정을 간섭하던 정동행성 이문소를 폐지하였다. 또한 친원 세력을 숙청하고 몽골풍을 근절하고자 노력하였다.
① 공민왕은 반원 자주 정책의 일환으로 기철로 대표되던 친원 세력을 숙청하였다.

오답 피하기
② 김윤후가 처인성 전투에서 몽골군을 물리친 것은 몽골의 2차 침략 때인 1232년이다. 김윤후는 이 전투에서 적장 살리타를 사살하였다.
③ 정중부, 이의방 등의 무신은 차별 대우에 반발하여 무신 정변(1170)을 일으켰다.
④ 최충의 9재 학당 설립은 문벌 귀족 시기인 고려 중기이다.
⑤ 무신 집권자였던 최충헌의 노비 만적은 개경에서 노비들을 모아 신분 해방 운동을 꾀하였다.

04 (가) 지역에서 있었던 사실로 옳은 것은?

답사 계획서

◆ 주제: (가) 의 역사와 인물을 찾아서
◆ 일시: 2019년 ○○월 ○○일 09:00~17:00
◆ 경로: 2·28 기념 중앙 공원 → 경상 감영 공원 → 달성 공원 내 최제우 동상 → 민족 저항 시인 이상화 고택

경상 감영 공원
달성 공원 내 최제우 동상
민족 저항 시인 이상화 고택
2·28 기념 중앙 공원

① 인조가 피신하여 청군에 항전하였다.
② 오페르트가 남연군 묘 도굴을 시도하였다.
③ 정약용이 유배 중에 경세유표를 저술하였다.
④ 김광제 등의 발의로 국채 보상 운동이 일어났다.
⑤ 노동자 강주룡이 을밀대 지붕에서 고공 농성을 벌였다.

해설 자료의 (가) 지역은 대구이다. 대구는 동학의 창시자인 최제우가 처형된 곳이며, 2·28 기념 중앙 공원은 1960년 대구에서 일어난 학생 민주화 운동을 기념하여 만든 공원이다. 또한 대구에는 조선 선조 때 경상 감영이 있던 자리를 보전하기 위해 조성한 경상 감영 공원이 있다.
④ 국채 보상 운동은 대구에서 시작되어 전국으로 확대되었다.

오답 피하기
① 병자호란 당시 인조는 남한산성으로 피신하여 청군에 항전하였다.
② 남연군(흥선 대원군의 아버지) 묘는 충청남도 예산군 덕산면에 있다.
③ 『경세유표』는 정약용이 유배지인 전라남도 강진에서 저술하였다.
⑤ 강주룡이 농성을 벌인 을밀대는 평양에 있다.

정답 01 ③ 02 ④ 03 ① 04 ④

05 다음 검색창에 들어갈 인물에 대한 설명으로 옳은 것은?

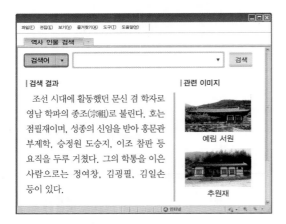

① 갑술환국으로 정계에서 축출되었다.
② 반정 공신의 위훈 삭제를 주장하였다.
③ 무오사화의 발단이 된 조의제문을 작성하였다.
④ 색경을 저술하여 농업 기술 발전에 이바지하였다.
⑤ 양명학을 연구하여 강화 학파 형성의 기초를 마련하였다.

해설 점필재라는 호, 성종 때 활약, 학통을 이은 사람으로 정여창·김굉필·김일손 등이 거론된 것을 통해 검색창에 들어갈 인물은 김종직임을 알 수 있다.

김종직은 조선 성종 때 중앙에서 활약한 영남 출신의 사림파 학자였다.
③ 김종직은 수양 대군(세조)의 왕위 찬탈을 비난한 글인 『조의제문』을 지었는데, 김종직 사후 김일손이 사초에 『조의제문』을 인용한 것을 구실로 훈구 세력이 사림 세력을 제거하는 무오사화(1498)가 발생하였다.

오답 피하기
① 갑술환국(1694)으로 남인 세력이 정계에서 축출되었다.
② 조광조는 위훈 삭제, 현량과 실시 등 급진적 개혁을 추진하였다.
④ 『색경』을 저술한 인물은 조선 후기의 학자인 박세당이다.
⑤ 조선 후기 정제두는 강화도에서 양명학 연구와 제자 양성에 힘써 강화학파라 불리는 하나의 학파를 이루었다.

06 다음 상황 이후에 전개된 사실로 옳은 것은?

임금이 말하기를, "송시열은 산림(山林)의 영수로서 나라의 형세가 험난한 때에 감히 원자의 명호를 정한 것이 너무 이르다고 하였으니, 삭탈 관작하고 성문 밖으로 내쳐라. 반드시 송시열을 구하려는 자가 있겠지만, 그런 자는 비록 대신이라 하더라도 용서하지 않을 것이다."라고 하였다.

① 공신 책봉 문제로 이괄의 난이 일어났다.
② 정여립 모반 사건으로 옥사가 발생하였다.
③ 허적과 윤휴 등 남인들이 대거 축출되었다.
④ 북인이 서인과 남인을 배제하고 권력을 장악하였다.
⑤ 인현 왕후가 폐위되고 희빈 장씨가 왕비로 책봉되었다.

해설 자료에서 원자 책봉 문제로 송시열이 축출되는 내용을 통해 조선 숙종 재위 시기의 기사환국(1689) 상황임을 알 수 있다.

숙종은 계비인 인현 왕후가 여러 해가 되도록 후사를 낳지 못하자 후궁 장옥정의 아들 왕자 윤을 원자로 책봉하고 장씨를 희빈으로 삼으려 하였다. 그러나 당시 집권 세력이었던 송시열 등 서인은 희빈 장씨 소생인 윤의 원자 책봉을 반대하였고, 남인은 숙종의 주장을 지지하였다. 이에 숙종은 왕자 윤을 세자로 책봉하고 서인을 몰아내며 인현 왕후를 폐위하였다. 이를 기사환국이라고 한다.
⑤ 송시열이 축출된 후 숙종은 인현 왕후를 폐위시키고 희빈 장씨를 왕비로 책봉하였다.

오답 피하기
① 이괄의 난은 인조반정(1623)과 관련된 공신 책봉에 불만을 품은 이괄이 1624년에 일으킨 난이다.
② 정여립 모반 사건으로 정여립을 비롯한 동인 세력이 화를 입은 기축옥사는 1589년 선조 때 일어났다.
③ 허적과 윤휴 등 남인들이 대거 축출된 경신환국(1680)은 숙종 때 일어났다.
④ 북인이 서인과 남인을 배제하고 권력을 장악한 것은 광해군 즉위 이후이다.

07 (가), (나) 조약에 대한 설명으로 옳은 것은?

> (가) 제7관 일본국 인민은 본국의 현행 여러 화폐로 조선국 인민이 소유한 물품과 교환할 수 있으며, 조선국 인민은 그 교환한 일본국의 여러 화폐로 일본국에서 생산한 여러 가지 상품을 살 수 있다.
>
> (나) 제6칙 조선국 항구에 거주하는 일본 인민은 양미와 잡곡을 수출, 수입할 수 있다.

① (가) – 임오군란을 계기로 체결되었다.
② (가) – 최혜국 대우를 처음으로 규정하였다.
③ (나) – 조선책략의 영향으로 체결되었다.
④ (나) – 거중 조정에 대한 내용을 포함하였다.
⑤ (가), (나) – 조·일 수호 조규의 후속 조치로 체결되었다.

해설 (가) 일본 화폐 통용권을 허용하였다는 점을 통해 조·일 수호 조규 부록(1876)임을 알 수 있다.
(나) 일본 인민이 양미와 잡곡을 수출, 수입할 수 있다는 점을 통해 조·일 무역 규칙(1876)임을 알 수 있다.
⑤ 조·일 수호 조규(강화도 조약, 1876)의 후속 조치로 그해에 (가), (나) 조약이 체결되었다.

오답 피하기
① 임오군란을 계기로 조·청 상민 수륙 무역 장정(1882)과 제물포 조약(1882)이 체결되었다.
② 조·미 수호 통상 조약(1882)에서 최혜국 대우가 처음으로 규정되었다.
③ 『조선책략』의 영향으로 조·미 수호 통상 조약이 체결되었다.
④ 조·미 수호 통상 조약에서 거중 조정에 대한 내용이 포함되었다.

08 다음 기사에 보도된 사건에 대한 설명으로 옳은 것은?

> ### □□일보
> 제△△호 　　　　　　　　　　　 ○○○○년 ○○월 ○○일
>
> #### 광주고보, 중학생 충돌 사건
> #### 쌍방 기세 의연 험악
>
> 지난 3일 광주역 부근 일대에서는 광주 공립 고등 보통학교 학생과 광주 일본인 중학교 학생 각 300여 명이 다투어 쌍방에 수십 명의 부상자를 내었다. 이후 고등 보통학교 학생들은 막대를 총과 같이 어깨에 메고 시내에서 시위를 벌였다. 두 학교에서는 극도로 감정이 격앙된 학생들을 진정시키기 위해 6일까지 사흘 동안 임시 휴교를 하였다는데 쌍방 학생의 기세는 아직도 험악하다고 하더라.

① 순종의 인산일을 계기로 일어났다.
② 일제의 무단 통치를 완화시키는 배경이 되었다.
③ 대한민국 임시 정부가 수립되는 계기가 되었다.
④ 대한매일신보의 후원 속에 전국적으로 확산되었다.
⑤ 전국 각지에서 일어난 동맹 휴학의 도화선이 되었다.

해설 자료에서 광주고보, 중학생 충돌 사건, 이에 대한 시위 등을 통해 보도된 사건이 광주 학생 항일 운동(1929)임을 알 수 있다.
1929년 광주에서 한·일 학생 간에 충돌이 발생하며 광주 학생 항일 운동이 시작되었다. 이에 신간회는 운동을 전국적으로 확산시키기 위해 진상 조사단을 파견하여 민중 대회 개최를 계획하기도 하였다.
⑤ 광주 학생 항일 운동은 전국으로 확산되는 과정에서 학생들의 동맹 휴학의 도화선이 되었다.

오답 피하기
① 순종의 인산일을 계기로 6·10 만세 운동(1926)이 일어났다.
② 3·1 운동(1919)으로 한국인의 민족적 저항이 거세지고, 국제 사회의 여론도 악화되자, 일제는 무단 통치(헌병 경찰 통치) 방식을 이른바 문화통치 방식으로 변경하였다.
③ 3·1 운동(1919)이 전국적으로 확산되면서 독립운동의 중추 기구의 필요성이 대두되었고, 이는 대한민국 임시 정부가 수립되는 데 큰 영향을 끼쳤다.
④ 대구에서 시작된 국채 보상 운동(1907)은 대한매일신보의 후원 속에 전국적으로 확산되었다.

정답 　05 ③　　06 ⑤　　07 ⑤　　08 ⑤

01 밑줄 친 고유어의 기본형이 지닌 의미를 바르게 풀이하지 못한 것은?

① 그는 눈이 아리도록 담배를 피워 댔다. → 상처나 살갗 따위가 찌르는 듯이 아프다.
② 그는 자기를 제쳐 두고 놀러 가는 것을 못마땅해했다. → 일정한 대상이나 범위에서 빼다.
③ 할아버지는 버려진 것 중에서 쓸 만한 것을 추렸다. → 섞여 있는 것에서 여럿을 뽑아내거나 골라내다.
④ 나는 마음을 저미는 이야기에 눈물을 흘렸다. → 뜻대로 되지 아니하거나 보기에 딱하여 가슴 아프고 답답하다.
⑤ 할머니는 손님이 더 올지 몰라 음식을 낫잡아 준비했다. → 금액, 나이, 수량, 수효 따위를 계산할 때에, 조금 넉넉하게 치다.

해설 고유어
제시된 문장에서 사용된 '저미다'는 '마음을 몹시 아프게 하다.'라는 의미이다. '뜻대로 되지 아니하거나 보기에 딱하여 가슴 아프고 답답하다.'라는 의미인 말은 '안타깝다'이다.
정답 ④

02 다음 문장에서 쉼표(,)가 사용법에 맞게 쓰이지 않은 것은?

① 제가 정말 하, 합격이라고요?
② 다음으로, 애국가 제창이 있겠습니다.
③ 책의 서문, 곧 머리말에는 책을 지은 목적이 드러나 있다.
④ 철원과, 대관령을 중심으로 한 강원도 산간 지대에 첫눈이 일찍 내렸다.
⑤ 이건 내 것이니까, 아니, 내가 처음 발견한 것이니까, 절대로 양보할 수 없다.

해설 맞춤법
⑤ 쉼표는 문장 중간에 끼어든 어구의 앞뒤에 사용하지만, 끼어든 어구 안에 다른 쉼표가 들어 있을 때는 쉼표 대신 줄표를 쓴다. 따라서 "이건 내 것이니까 — 아니, 내가 처음 발견한 것이니까 — 절대로 양보할 수 없다."와 같이 문장 부호를 사용해야 한다.
정답 ⑤

03 "그는 개성이 강한 인물의 역할을 완벽하게 소화하기로 유명하다."에 사용된 '소화'와 가장 유사한 의미로 사용된 것은?

① 그 작품은 독창적이어서 소극장이 아니면 소화할 수 없었다.
② 요즘 들어 무엇을 먹어도 소화하는 데 어려움을 느끼고 있다.
③ 동생은 이번 공연의 어려운 연주곡을 소화하기 위해 끊임없이 연습했다.
④ 이곳 농산물 유통 시장은 시에 반입되는 농산물의 60%를 소화하고 있다.
⑤ 정부는 경주에 오만 명 이상을 소화할 수 있는 종합 경기장을 짓기로 결정했다.

해설 어휘 간의 의미 관계
발문에 쓰인 '소화(消化)'는 '주어진 일을 해결하거나 처리함을 비유적으로 이르는 말.'을 뜻하는 것으로, 같은 의미로 사용된 것은 ③이다. '소화(消化)'는 다의어로, ②에서 중심적 의미(섭취한 음식물을 분해하여 영양분을 흡수하기 쉬운 형태로 변화시키는 일)로 사용되었고 나머지는 모두 주변적 의미로 사용되었다.
정답 ③

04 속담을 사용한 표현이 적절하지 않은 것은?

① 남편은 '꾸어다 놓은 보릿자루'처럼 구석에 가만히 앉아 있었다.
② '가는 날이 장날'이라고 하필 체육 대회 하는 날 비가 오고 있다.
③ 정부는 '언 손 불기'로 급하게 부동산 정책을 펼쳐 집값을 잡았다.
④ '눈 감고 따라간다'는 말처럼 그녀는 친구의 의견에 무조건 따랐다.
⑤ '오뉴월에도 남의 일은 손이 시리다'고 그는 자신의 일이 아니라서 대충 일했다.

해설 관용 표현
③'언 손 불기'는 부질없는 짓을 비유적으로 이르는 말이다. 따라서 '정책을 펼쳐 집값을 잡은 상황'에서 사용되기 어렵다.
정답 ③

05 〈보기〉의 규정을 따를 때, 부사형의 표기가 적절한 것은?

┌─── 보기 ───┐

[한글 맞춤법 제51항] 부사의 끝음절이 분명히 '이'로만 나는 것은 '-이'로 적고, '히'로만 나거나 '이'나 '히'로 나는 것은 '-히'로 적는다.

└─────────┘

① 가붓이   ② 급급이

③ 가만이   ④ 간절이

⑤ 영구이

해설 맞춤법

① 'ㅅ' 받침 뒤에는 '-이'로 적는 경우가 대다수이다.

정답 ①

06 밑줄 친 한자어의 사전적 뜻풀이로 옳지 않은 것은?

① 급한 일이 있으면 괘념(掛念) 말고 가 보게. → 마음에 두고 걱정하거나 잊지 않음.

② 담당자의 착오(錯誤)로 문제가 발생하였다. → 착각을 하여 잘못함. 또는 그런 잘못.

③ 그는 세계 유수(有數)의 갑부로 자수성가하였다. → 손꼽을 만큼 두드러지거나 훌륭함.

④ 그는 그 일을 맡겠다고 자청(自請)을 하고 나섰다. → 어떤 일에 나서기를 스스로 청함.

⑤ 많은 사람이 전란의 와중(渦中)에 가족을 잃었다. → 일이나 사건 따위가 조용하게 진행되는 가운데.

해설 한자어

⑤ '와중(渦中)'은 일이나 사건 따위가 시끄럽고 복잡하게 벌어지는 가운데를 의미하는 단어이다.

정답 ⑤

자주 출제되는 고유어		자주 출제되는 외래어 표기법	
꼼실꼼실	작은 벌레 따위가 한데 어우러져 조금씩 자꾸 굼뜨게 움직이는 모양.	barbecue	바비큐
말미	일정한 직업이나 일 따위에 매인 사람이 다른 일로 말미암아 얻는 겨를.	alcohol	알코올
결딴	어떤 일이나 물건 따위가 아주 망가져서 도무지 손을 쓸 수 없게 된 상태.	muffler	머플러
본치	남의 눈에 띄는 태도나 겉모양.	blouse	블라우스
사부작거리다	별로 힘들이지 않고 계속 가볍게 행동하다.	ketchup	케첩

01 주어진 문장이 들어갈 위치로 가장 적절한 것은?

 For example, the state archives of New Jersey hold more than 30,000 cubic feet of paper and 25,000 reels of microfilm.

Archives are a treasure trove* of material: from audio to video to newspapers, magazines and printed material — which makes them indispensable to any History Detective investigation. While libraries and archives may appear the same, the differences are important. (①) An archive collection is almost always made up of primary sources, while a library contains secondary sources. (②) To learn more about the Korean War, you'd go to a library for a history book. If you wanted to read the government papers, or letters written by Korean War soldiers, you'd go to an archive. (③) If you're searching for information, chances are there's an archive out there for you. Many state and local archives store public records — which are an amazing, diverse resource. (④) An online search of your state's archives will quickly show you they contain much more than just the minutes of the legislature—there are detailed land grant** information to be found, old town maps, criminal records and oddities such as peddler license applications.

*treasure trove : 귀중한 발굴물(수집물)
**land grant : (대학·철도 등을 위해) 정부가 주는 땅

유형 독해

어휘 archive 기록 보관소 / reel (실·밧줄·녹음 테이프·호스 등을 감는) 릴, 감는 틀 / be made up of ~로 구성되다 / chances are 아마 ~일 것이다, ~할 가능성이 충분하다 / minutes 회의록 / oddity 이상한 것[물건]

해설 주어진 문장에서는 For example로 시작하여 다수의 자료를 보관하고 있는 New Jersey 주의 기록 보관소에 대해 구체적으로 예를 제시하고 있는데, ④ 이전 문장에서 많은 주 및 지역 보관소들이 공공 기록을 보관한다고 언급하고 있으므로, 문맥상 ④에 주어진 문장이 들어가야 알맞다.

해석 기록 보관소는 오디오에서 비디오, 그리고 신문, 잡지, 인쇄물까지 자료의 보고이며, 이것은 그것들을 어떠한 역사 탐구 조사에 있어서도 필수적으로 만든다. 도서관과 기록 보관소가 동일해 보일지도 모르지만, 차이는 중요하다. 기록 보관소 소장품은 거의 항상 주요 자료로 구성되어 있지만, 도서관은 부차적인 자료를 포함한다. 한국 전쟁에 대해 더 알고자 한다면, 당신은 역사책을 보기 위해 도서관으로 갈 것이다. 당신이 정부 문서 혹은 한국 전쟁 군인들에 의해 쓰여진 서신을 읽길 원한다면, 당신은 기록 보관소에 갈 것이다. 만일 당신이 정보를 찾고 있다면, 아마 당신을 위한 기록 보관소가 있을 것이다. 많은 주 및 지역의 기록 보관소들이 공공 기록을 보관하는데, 이것들은 놀랍고 다양한 자료이다. ④ 예를 들어, New Jersey 주의 주립 기록 보관소는 3만 입방피트 이상의 문서와 2만 5천 릴 이상의 마이크로필름을 보유하고 있다. 당신이 사는 주의 기록 보관소를 온라인으로 검색하면 그것은 당신에게 그것들이 단지 입법부의 회의록보다 훨씬 많은 것을 포함한다는 것을 빠르게 보여줄 것이다. 거기엔 찾을 수 있는 무상 토지에 대한 상세한 정보, 예전의 도시 지도, 범죄 기록, 그리고 행상인 면허 신청서와 같은 특이한 것들이 있다.

정답 ④

02 다음 글의 흐름상 가장 어색한 문장은?

The term burnout refers to a "wearing out" from the pressures of work. Burnout is a chronic condition that results as daily work stressors take their toll on employees. ① The most widely adopted conceptualization of burnout has been developed by Maslach and her colleagues in their studies of human service workers. Maslach sees burnout as consisting of three inter-related dimensions. The first dimension — emotional exhaustion — is really the core of the burnout phenomenon. ② Workers suffer from emotional exhaustion when they feel fatigued, frustrated, used up, or unable to face another day on the job. The second dimension of burnout is a lack of personal accomplishment. ③ This aspect of the burnout phenomenon refers to workers who see themselves as failures, incapable of effectively accomplishing job requirements. ④ Emotional labor workers enter their occupation highly motivated although they are physically exhausted. The third dimension of burnout is depersonalization. This dimension is relevant only to workers who must communicate interpersonally with others (e.g. clients, patients, students) as part of the job.

유형 독해

어휘 refer to ～을 일컫다, 가리키다 / chronic 만성적인 / stressor 스트레스 요인 / take one's toll 피해를 주다 / conceptualization 개념화 / exhaustion 피로, 지침 / used up 몹시 지친 / depersonalization 비인격화, 몰인격화

해설 번아웃의 정의를 제시한 후, 이를 세 가지 차원의 측면에서 살펴보는 Maslach의 이론을 설명하고 있는 글이다. ③ 이전 문장에서 번아웃의 두 번째 차원으로 개인적 성취의 부재를 제시하고 있는데, 이에 대한 부연 설명으로 감정 노동자들이 신체적으로 지쳐있음에도 의욕적으로 직업에 입문한다는 ④의 내용은 앞서 제시된 개인 성취의 부재와는 대치된다.

해석 번아웃이라는 용어는 업무의 압박 때문에 "지치는 것"을 일컫는다. 번아웃은 일상의 업무 스트레스 요인이 직원들에게 피해를 주기 때문에 생기는 만성적 질환이다. 가장 널리 받아들여지는 번아웃에 대한 개념화는 Maslach와 그녀의 동료들에 의해 서비스직에 종사하는 사람들에 대한 연구에서 발전되었다. Maslach는 번아웃을 세 가지 상호 관련된 차원으로 구성되어 있는 것으로 생각한다. 감정적 피로라는 첫 번째 차원은 번아웃 현상의 진정한 핵심이다. 근로자들은 그들이 피로하거나, 낙담하거나, 지치거나 또는 직장에서 다음 날을 맞이할 수 없음을 느낄 때 감정적 피로를 경험한다. 번아웃의 두 번째 차원은 개인적 성취의 부재이다. 번아웃 현상의 이 양상은 자기 자신을 실패자이고 효율적으로 작업 요건을 충족시킬 수 없다고 보는 근로자들을 가리킨다. ④ 감정 노동자들은 그들이 신체적으로 지쳐있음에도 불구하고 매우 의욕적으로 직업에 입문한다. 번아웃의 세 번째 차원은 비인격화이다. 이 차원은 업무의 일부로 타인(예를 들어 고객, 환자, 학생)과 상호적으로 의사소통을 해야 하는 근로자들하고만 관련이 있다.

정답 ④

자 / 료 / 해 / 석

[01~02] 다음 [표]는 곡물 자원 주요 생산국의 생산량 및 비중, 주요 수출국의 수출량 및 비중, 주요 수입국의 수입량 및 비중을 조사한 자료이다. 주어진 자료를 바탕으로 질문에 답하시오.

[표1] 곡물 자원 주요 생산국의 생산량 및 비중 (단위 : 천 톤, %)

주요 생산국	2016년		2017년		2018년	
	생산량	비중	생산량	비중	생산량	비중
A국	5,700	25.5	6,900	26.6	7,400	26.5
B국	1,800	8.1	1,900	7.3	1,900	6.8
C국	2,208	9.9	2,078	8.0	1,898	6.8
D국	1,093	4.9	1,280	4.9	1,700	6.1
E국	1,512	6.8	1,577	6.1	1,663	5.9
세계 합계	22,321	100.0	25,963	100.0	27,959	100.0

[표2] 곡물 자원 주요 수출국의 수출량 및 비중 (단위 : 천 톤, %)

주요 수출국	2016년		2017년		2018년	
	수출량	비중	수출량	비중	수출량	비중
A국	2,883	22.9	4,005	26.6	4,576	28.3
B국	1,640	13.0	1,637	10.9	1,628	10.1
D국	1,056	8.4	1,290	8.6	1,605	9.9
F국	160	1.3	746	5.0	1,051	6.5
G국	744	5.9	879	5.8	935	5.8
세계 합계	12,575	100.0	15,047	100.0	16,164	100.0

[표3] 곡물 자원 주요 수입국의 수입량 및 비중 (단위 : 천 톤, %)

주요 수입국	2016년		2017년		2018년	
	수입량	비중	수입량	비중	수입량	비중
H국	3,389	27.0	4,757	31.6	6,548	40.5
I국	2,268	18.0	2,150	14.3	2,059	12.7
J국	1,749	13.9	1,936	12.9	1,640	10.1
A국	485	3.9	1,850	12.3	1,471	9.1
K국	896	7.1	658	4.4	986	6.1
세계 합계	12,575	100.0	15,047	100.0	16,164	100.0

01 다음 설명 중 옳지 않은 것을 고르면?

① D국은 생산량보다 더 많은 양의 곡물 자원을 수출한 시기가 있다.

② F국의 수출량 증감 추이와 H국의 수입량 증감 추이는 서로 동일하다.

③ 곡물 자원 수입량은 전년보다 증가하였으나 비중은 감소한 국가가 있다.

④ 2018년 곡물 자원 주요 생산국 5개국이 세계에서 차지하는 비중은 50% 미만이다.

⑤ 생산, 수출, 수입량이 가장 많은 국가는 모두 매년 20% 이상의 비중을 차지하였다.

해설 ① D국은 2017년에 생산량보다 수출량이 더 많다. (○)
② F국의 수출량과 H국의 수입량은 모두 계속해서 증가 (○)
③ J국의 2017년 수입량은 전년보다 증가하였으나, 비중은 감소하였다. (○)
④ 26.5+6.8+6.8+6.1+5.9=52.1(%)로 50% 이상이다. (×)
⑤ 생산량과 수출량이 가장 많은 A국과 수입량이 가장 많은 H국 모두 매년 20% 이상의 비중을 차지하였다. (○)

정답 ④

02 2016년 대비 2018년 A국의 생산량 증가율과 수출량 증가율의 차이를 고르면? (단, 소수점 첫째 자리에서 반올림하여 계산한다.)

① 21%p   ② 23%p   ③ 26%p

④ 29%p   ⑤ 31%p

해설 2016년 대비 2018년 A국의 생산량 증가율은 $\frac{7,400-5,700}{5,700} \times 100 ≒ 30(\%)$, 수출량 증가율은 $\frac{4,576-2,883}{2,883} \times 100 ≒ 59(\%)$이다. 따라서 차이는 약 59−30=29(%p)이다.

정답 ④

정 / 보 / 능 / 력

01 다음과 같은 상황에서 쓸 수 있는 단축키를 고르면?

> Windows10 버전을 사용하는 A사원은 업무 특성상 일을 할 때 다양한 자료를 참고해야 하기 때문에 컴퓨터에 많은 창을 띄워두고 업무를 한다. 이로 인해 바탕화면의 파일을 열거나 바로가기를 실행해야 하는 경우에 열어 둔 모든 창을 내리고 바탕화면으로 가야 하는 번거로움이 있다. 물론 작업표시줄 오른쪽 아래 부분을 마우스로 클릭하면 곧바로 바탕화면으로 갈 수 있지만, 바쁜 업무 중 마우스를 잡는 일이나 작업표시줄에서 아주 조그만 영역을 찾는 일이 여간 번거로운 것이 아니다.

① Windows키 + L
② Windows키 + D
③ Windows키 + P
④ Windows키 + X
⑤ Windows키 + .(온점)

해설 컴퓨터의 바탕화면은 PC 작업에서 자주 활용된다. 대부분의 직장인은 바탕화면을 작업 테이블 삼아 여러 가지 프로그램과 파일을 열어 놓는 경우가 많으므로 수시로 바탕화면과 소프트웨어를 이동해야 하는 경우가 많다. 작업 중 바탕화면으로 가기 위해서는 마우스로 작업표시줄 오른쪽 하단 부분을 클릭하면 되지만, 마우스를 사용하지 않고도 Windows키 + D를 누르면 곧바로 바탕화면으로 갈 수 있다.
① Windows키 + L: 시스템 잠금 상태로 전환되는 단축키
③ Windows키 + P: 발표나 회의를 할 경우 프로젝터의 연결 상태를 다양하게 선택할 수 있는데, 컴퓨터에만 보이게 할지, 화면 두 대 다 띄울지, 프로젝터에만 보이게 할지 등을 선택할 수 있는 단축키
④ Windows키 + X: 빠른 링크 메뉴를 여는 단축키
⑤ Windows키 + .(온점): 특수문자나 이모티콘을 삽입할 수 있는 단축키

정답 ②

02 다음 그림 (B)와 같이 이미지의 끝 부분이 흐리게 보이는 계단 현상에 대한 설명으로 옳은 것을 [보기]에서 모두 고르면?

(A) 　　　　　　　(B)

┤ 보기 ├

ⓐ 벡터 이미지에서 (B)와 같은 현상을 볼 수 있다.
ⓑ 그림을 확대하면 이 현상은 더욱 심해진다.
ⓒ 곡선 기능이 없는 소프트웨어로 그림 작업을 할 때 곡선이 계단을 이루며 꺾이는 현상이 나타난다.
ⓓ 픽셀을 메우는 방법으로 계단 현상을 줄이면 그래픽 카드의 연산력이 많이 소모된다.

① ㉠, ㉡, ㉢
② ㉠, ㉡, ㉣
③ ㉠, ㉢, ㉣
④ ㉡, ㉢, ㉣
⑤ ㉠, ㉡, ㉢, ㉣

해설 ㉡ 이미지의 픽셀이 사각형의 점으로 구성되어 있어 끝 부분이 각이 지게 되므로 그림을 확대하면 계단 현상은 더욱 심해진다.
㉢ 계단 현상은 선을 사각형 모양의 점으로 표시하는 래스터 방식에서 보이는 현상으로, 곡선 기능이 없는 소프트웨어에서 발생할 수 있다.
㉣ 픽셀을 메우는 방법으로 계단 현상을 줄이면 그래픽 카드의 연산력을 상당히 잡아먹고, 과도하게 사용할 경우 모서리 부분이 뭉개지거나 얇은 선의 경우 화면에서 지워져 버릴 수도 있다.
㉠ 계단 현상이 나타나는 (B)는 비트맵 이미지에서 나타나며, 벡터 이미지에서는 (A)처럼 계단 현상이 나타나지 않는다.

정답 ④

고 / 난 / 도

01 다음 [표]는 국내 건축물 내진율 현황에 관한 자료이다. 이에 대한 [보기]의 설명 중 옳은 것을 모두 고르면?

[표] 국내 건축물 내진율 현황 (단위 : 개, %)

구분			건축물			내진율
			전체	내진대상	내진확보	
계			6,986,913	1,439,547	475,335	33.0
지역		서울	628,947	290,864	79,100	27.2
		부산	377,147	101,795	26,282	25.8
		대구	253,662	81,311	22,123	27.2
		인천	215,996	81,156	23,129	28.5
		광주	141,711	36,763	14,757	40.1
		대전	133,118	44,118	15,183	34.4
		울산	132,950	38,225	15,690	41.0
		세종	32,294	4,648	2,361	50.8
		경기	1,099,179	321,227	116,805	36.4
		강원	390,412	45,700	13,412	29.3
		충북	372,318	50,598	18,414	36.4
		충남	507,242	57,920	22,863	39.5
		전북	436,382	47,870	18,506	38.7
		전남	624,155	43,540	14,061	32.3
		경북	786,058	84,391	29,124	34.5
		경남	696,400	89,522	36,565	40.8
		제주	158,942	19,899	6,960	35.0
용도	주택	소계	4,568,851	806,225	314,376	39.0
		단독주택	4,168,793	445,236	143,204	32.2
		공동주택	400,058	360,989	171,172	47.4
	주택 이외	소계	2,418,062	633,322	160,959	25.4
		학교	46,324	31,638	7,336	23.2
		의료시설	6,260	5,079	2,575	50.7
		공공업무시설	42,077	15,003	2,663	17.7
		기타	2,323,401	581,602	148,385	25.5

※ (내진율)(%) = $\dfrac{\text{(내진확보 건축물)}}{\text{(내진대상 건축물)}} \times 100$

| 보기 |

㉠ 서울과 세종을 합친 지역의 내진율은 30% 이상이다.

㉡ 공동주택 용도를 제외한 국내 건축물의 내진율은 30% 미만이다.

㉢ 경기 지역의 내진확보 건축물 중에는 반드시 주택 용도의 내진확보 건축물이 있다.

㉣ 각 지역의 전체 건축물 중 내진대상 건축물의 비율이 가장 낮은 지역의 내진율은 국내 전역의 내진율
보다 낮다.

① ㉠, ㉡   ② ㉠, ㉣   ③ ㉡, ㉢

④ ㉡, ㉣   ⑤ ㉢, ㉣

정답 풀이

㉡ 공동주택 용도를 제외한 국내 건축물의 내진대상 건축물은 1,439,547−360,989=1,078,558(개)이고, 내진확보 건축물은 475,335−
171,172=304,163(개)이다. 따라서 공동주택 용도를 제외한 국내 건축물의 내진율은 $\frac{304,163}{1,078,558} \times 100 ≒ 28.2(\%)$이므로 30%
미만이다.

㉣ (전체 건축물)>(내진대상 건축물)×5, 즉 전체 건축물 중 내진대상 건축물의 비율이 20% 미만인 지역은 세종, 강원, 충북, 충남, 전
북, 전남, 경북, 경남, 제주이다. 9개 지역 중 전남만 (내진대상 건축물)×10<(전체 건축물)이므로, 전남이 전체 건축물 중 내진대상
건축물의 비율이 가장 낮은 지역이 되며, 이때의 비율은 $\frac{43,540}{624,155} \times 100 ≒ 7(\%)$이다. 전남의 내진율은 32.3%이고, 국내 전역의
내진율은 33%이므로 전남의 내진율이 더 낮다.

정답 ④

오답 풀이

㉠ 서울과 세종을 합친 지역의 내진대상 건축물은 290,864+4,648=295,512(개)이고, 내진확보 건축물은 79,100+2,361=81,461
(개)이다. 따라서 서울과 세종을 합친 지역의 내진율은 $\frac{81,461}{295,512} \times 100 ≒ 27.6(\%)$이다. 따라서 30% 미만이다.

㉢ 경기 지역의 내진확보 건축물은 116,805개이므로 경기 지역이 아닌 내진확보 건축물은 475,335−116,805=358,530(개)이다.
주택 용도의 내진확보 건축물 314,376개 전체가 경기 지역이 아닌 내진확보 건축물 358,530개 안에 속할 수 있으므로, 경기
지역의 내진확보 건축물 중에는 반드시 주택 용도의 내진확보 건축물이 있다고 단언할 수는 없다.

해결 TIP

이 문제는 2021년 5급 공채 PSAT 기출 변형 문제로 자료를 바탕으로 보기의 정오를 판단하여 정답을 선택하는 전형적인 NCS 자료해석 빈출유형입니다. 보기의 정오를 판별하는 유형의 문제는 소거법을 이용하여 풀도록 합니다. 소거법은 보기의 정오에 따라 선택지에 포함된 보기를 소거하면서 푸는 방법으로 해당 유형을 빠르게 해결하는 데 쓰이는 보편적인 방법입니다. 이러한 유형의 문제를 풀 경우에는 선택지의 구조를 고려하면서 어려운 보기보다는 비교적 빠르게 해결할 수 있는 보기부터 해결하는 것이 하나의 방법입니다. 또한 대소 관계를 비교하는 내용이 있을 때에는 정확한 수치를 구하기 위한 계산을 하기보다는 계산 과정에서 영향을 미치지 않는 수치를 생략하거나 수치 비교법, 분수 비교법을 바탕으로 계산을 하지 않고 빠른 시간 내에 해결하도록 합니다.

먼저 ㉠을 보면, 서울과 세종을 합친 지역의 내진율은 서울과 세종의 내진대상 건축물과 내진확보 건축물을 직접 계산하여 나온 결괏값을 바탕으로 직접 내진율을 구하지 않고, 서울 지역 내진율과 세종 지역 내진율의 가중평균으로 구할 수 있습니다. 한편 서울 지역의 내진대상 건축물 290,864개는 세종 지역의 4,648개보다 50배 이상 많으므로, 세종 지역의 수치가 미치는 영향은 거의 없다고 판단할 수 있습니다. 계산의 편의를 위해 서울 지역이 세종 지역의 50배라고 가정하면, 가중평균은 $(\frac{50}{51}\times27.2)+(\frac{1}{51}\times50.8)$ 인데, $(\frac{1}{51}\times50.8)$는 1보다 작으므로 위 식을 직접 계산하지 않아도 30을 넘지 않는다는 것을 알 수 있습니다. 그런데 실제로는 내진율의 분모에 해당하는 내진대상 건축물이 서울이 세종의 50배 이상이므로 가중평균은 서울 지역의 내진율인 27.2%에 훨씬 더 가까운 수치일 것임을 알 수 있습니다. 따라서 30% 미만이므로 ㉠은 틀린 보기가 되어 선택지 ①, ②를 소거할 수 있습니다.

㉡의 경우, 천의 자리 미만을 모두 버리고 어림셈을 해보면, 해당 경우의 내진율은 $\frac{475-171}{1,439-360}\times100=\frac{304}{1,079}\times100$으로 나타낼 수 있습니다. 1,079의 10%는 108보다 근소하게 작으므로 30%는 324보다 근소하게 작다는 것을 알 수 있습니다. 324>304이므로 구하고자 하는 내진율은 30% 미만임을 알 수 있습니다. 따라서 ㉡은 옳은 보기이므로 선택지 ⑤를 소거할 수 있습니다. 남은 ㉢과 ㉣의 정오에 따라 정답을 찾을 수 있으므로 둘 중 하나의 보기만을 해결하도록 합니다. ㉣을 보면, 구체적인 수치를 구하는 것이 아니므로 각 지역의 전체 건축물 중 내진대상 건축물 비율을 모두 계산할 필요는 없습니다. 주어진 지역 중 유일하게 전남 지역만 전체 건축물과 내진대상 건축물 간 차이가 10배 이상이므로 전남 지역의 비율이 가장 낮다는 것을 알 수 있습니다. 전남 지역의 내진율은 전역의 내진율보다 낮으므로 ㉣은 옳은 보기임을 알 수 있습니다. 한편 ㉢의 경우, 여사건 개념이 반영된 내용으로 해당 개념을 정확하게 이해하였다면, 어렵지 않게 해결할 수 있습니다. 주택 용도의 내진확보 건축물은 314,376개, 전체 지역의 내진확보 건축물은 475,335개, 경기 지역의 내진확보 건축물은 116,805개이므로 경기 지역이 아닌 내진확보 건축물은 약 36만 개임을 알 수 있습니다. 360,000>314,376이므로 주택 용도의 내진확보 건축물이 모두 약 36만 개의 건축물에 포함될 수 있다고 확인할 수 있으므로 ㉢은 틀린 보기임을 알 수 있습니다. 따라서 ㉡, ㉣이 옳은 보기이므로 정답을 ④로 선택할 수 있습니다.

김 성 근
에듀윌 취업연구소 연구원

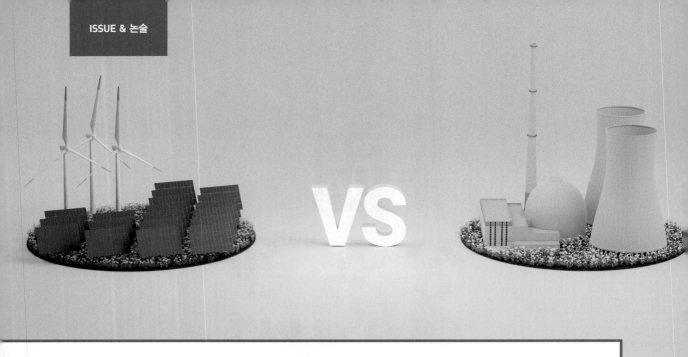

원전은 친환경 에너지인가

"친환경 탄소 감축 수단" – "'친환경 원전'은 불가능"

💬 이슈의 배경

정부가 원자력발전을 친환경 에너지로 분류하겠다고 공식 발표하면서 논쟁이 재발했다. 환경부는 9월 20일 원전을 포함한 한국형 녹색 분류체계(K-택소노미) 개정안을 발표했다. 여기서 **소형 모듈원자로(SMR, Small Modular Reactor)**와 **사고저항성핵연료(ATF, Accident-Tolerant Fuel)** 등 원전 기술 개발은 '진정한 친환경 경제활동'으로 규정하고 원전 건설과 운영은 '진정한 친환경은 아니지만, 탄소중립을 위한 과도기적 경제활동'이라고 분류했다.

윤석열 정부가 전임 문재인 정부의 탈원전 정책을 폐기하고 탄소중립 달성과 에너지 확보 수단으로 원전 산업 재건을 강조해온 터라 녹색 분류체계에 원전을 포함시킨 것은 예상된 수순이다.

앞서 유럽연합(EU)의 결정도 K-택소노미 원전 포함에 영향을 미쳤다. EU는 탈원전과 친환경 에너지 개발에 각각 중점을 둔 국가들 간 격론을 벌인 끝에 지난 7월 까다로운 조건을 붙여 원전을 녹색 분류체계에 포함했다.

특히 EU는 러시아·우크라이나 전쟁으로 러시아가 천연가스 등을 무기화하고 유럽에 수출을 중단하기로 하면서 대체 에너지 자원으로서 원전의 중요성이 커졌다. 오는 겨울 '가스 대란' 조짐이 일고 있는 가운데 독일을 비롯한 탈원전 국가들은 원전 가동 연장과 재개를 검토하고 있다.

다만 안전과 폐기물 처리라는 난제를 극복 못한 원전을 과연 친환경 에너지로 볼 수 있느냐는 논란은 여전하다. 환경 단체는 방사성 폐기물이라는 위험하고 완전한 처리법을 못 찾은 폐기물이 나오는 원전을 녹색 분류체계에 포함하는 것을 그린워싱이라고 비판했다. 정부와 원전 업계에서는 탄소 감축을 위해 원전은 가장 효율적이고 필수불가결한 자원이라고 반박했다.

💬 이슈의 논점

원전은 탄소 감축 위한 친환경 수단

지금 인류가 해결해야 할 가장 시급한 문제는 무엇인가. 우크라이나 전쟁발 에너지 공급망 붕괴, 미국발 기준금리 인상과 전 세계 인플레이션이 몰고 온 경제 충격 등으로 혼란스럽지만 역사를 돌이켜 보면 영원한 전쟁도, 영원한 경제 위기도 없는 법이다.

지구 온난화를 초월한 지구 가열이 세계 곳곳에 미치는 환경 재앙은 현존하는 급박한 위기이자 문명의 절멸을 가져올 수 있는 최대 위기다. 최근 전 세계를 강타한 기후 재앙이 이를 증명한다. 기후 전문가들은 각국에게 과격할 정도로 빠르고 거대한 탄소 감축을 당부했다.

현존하는 기술과 자원으로 탄소를 가장 효과적으로 줄일 수 있는 방법은 단연 원전이다. 원전은 발전 과정에서 이산화탄소 배출량이 거의 없어 가장 저렴하고 깨끗하게 에너지를 생산할 수 있는 발전 수단이다. 태양광, 풍력 등 신재생에너지는 안정적인 에너지 공급이 불가능하거니와 단위 면적당 발전량이 원전과 비교할 수 없을 정도로 낮아 오히려 환경을 파괴한다.

지난 정부에서 원전을 억제하고 신재생에너지 비중을 높인 결과 요새 도시를 벗어나 농산어촌 곳곳을 가보면 태양광 패널이 빼곡히 들어선 풍경을 어렵지 않게 볼 수 있다. 논과 밭, 산봉우리와 능선 가리지 않고 허옇게 도려낸 곳에 다닥다닥 붙은 태양광 패널은 미관을 해치는 것은 물론 토사 유출과 산사태 우려까지 높이고 있다. 각국에서 풍력발전기 날개에 부딪혀 죽는 새는 연간 수천만 마리에 이른다.

극히 일부 원전 사고를 제외하면 인류는 안전하게 원자력 발전 기술을 이용해왔다. 희박한 사고 가능성과 다른 발전 수단이 남기는 부산물에 비하면 매우 적은 처리 비용과 자원을 소모하는 핵폐기물을 트집 삼아 원전을 친환경 자원에서 제외하는 것은 인류가 쌓아온 지적 성과를 무시하는 처사다.

인공태양(핵융합 발전)과 같이 원자력에 비해 더 효율적이고 안전한 친환경 발전기술을 개발하기 위해 물론 노력해야 하지만 현재 추세로 볼 때 향후 수십 년 동안 원자력보다 나은 기술을 상용화하기는 쉽지 않다는 것이 전문가들의 공통된 의견이다.

원전 기조를 유지하면서 더 안전하고 완벽한 원자력 발전기술을 확보하는 것이 급선무다. EU, 미국 등 주요국은 탄소중립 목표 달성과 에너지 전쟁 속 자원 안보 위기란 현실을 직시하고 시시각각 원전 확대 기조로 선회하고 있다. 이들은 원전을 태양광, 풍력 등 신재생에너지와 같은 친환경 에너지원으로 보고 있다.

프랑스는 2050년까지 신규 원전을 최대 14기까지 건설할 방침이다. 영국은 20년 넘게 원전 건설을 중단했다가 최근 2050년까지 약 45조원을 투자해 SMR 16기를 건설할 방침이다. 미국은 2011년 후쿠시마 원전 사고 직후에도 원전을 포기할 수 없다는 방침이 확고했고 차세대 원자로 기술과 SMR 개발 투자가 한창이다.

그럼에도 영화 등 미디어를 통해 과장된 원전에 대한 파멸적인 이미지는 여전하다. 역사상 대형 원전 사고는 1979년 스리마일섬(미국), 1986년 체르노빌(구소련), 2011년 후쿠시마(일본) 등 세 차례 있었는데 스리마일섬 사고는 직접적인 피폭자가 없었고 체르노빌 사고는 진정한 의미의 원전 재앙이었다.

체르노빌 사고 당시는 군인들이 맨몸으로 삽을 들고 방사능 오염물질을 퍼내는 미개한 대응으로 원전 직원과 소방대원 등 59명이 숨졌다. 후쿠시마 사고 피해는 다소 과장됐다. 일본 정부에 따르면 공식적으로 원전 복구 과정에서 방사능 피폭에 의해 사망한 사람은 없다. 체르노빌 당시에 비하면 위험을 다루는 기술이 진보한 것이다.

자연과의 투쟁이 바로 인간의 발전사다. 원시 인류는 두려움을 극복하고 불을 다뤘다. 중세 흑사병(페스트)으로 유럽 인구의 4분의 1이 사망하는 대재앙을 겪었지만 결국 페스트는 정복됐다. 20C 초반 두 차례의 세계 전쟁 참화를 딛고 일어섰다. 인류는 원자력이란 인공적 불을 안전히 통제하며 불타는 지구에 맞불을 놓아야 한다.

'친환경 원전'은 불가능한 궤변

인류는 원자력을 안전하게 제어할 수 있고 이를 토대로 경제적 번영을 누릴 수 있다고 믿었다. 그러나 원전이 100% 안전하다는 가정은 허상일 뿐이다. 2021년 기준으로 세계 33여 개국에서 440여 개의 원전을 운영하고 있는 가운데 크고 작은 사고는 끊이지 않고 있다.

전쟁이나 다른 자연재해와 달리 원전 사고는 복구가 사실상 불가능하다. 현대 사회에 상존하는 위험은 계급과 국경을 초월한다. 체르노빌 사고 발생 후 35년이 지났지만 인근 지역은 여전히 방사능 오염에 신음하는 죽음의 땅이다. 일본 정부는 후쿠시마 사고로 인한 방사능 피폭자가 없다고 하지만 일대 어린이들이 이유 없이 코피를 흘리는 등 원폭 피해가 우려된다고 한다.

발암물질은 단일 세포 단 하나의 변이만 생겨도 암 덩어리로 분열할 수 있어 역치(閾値 : 생물체가 자극에 대한 반응을 일으키는 데 필요한 최소한도의 자극의 강도를 표시하는 수치)가 존재하지 않는다. 원전 또한 예상치 못한 계기로 제2, 제3의 체르노빌 사고를 유발해 영원한 재앙을 안길 수 있다는 점에서 에너지 탐욕이 낳은 발암물질과 다를 바 없다.

원전은 위험할 뿐만 아니라 과연 친환경적인가에

대해서도 의문이 제기된다. 전 세계의 인위적 이산화탄소 배출량 중 약 3분의 1이 전력 생산으로 인해 발생한다. 전기차가 그다지 친환경적이지 않다는 역설이 원전 산업에도 적용된다.

원전은 외관상 탄소를 배출하지 않는 친환경 기술이라고 하지만 실상은 그렇지 않다. 전기를 생산하는 핵분열 과정에서 탄소를 발생시키지 않지만 주연료인 우라늄을 채굴하는 단계에서 막대한 화석연료를 사용하고 탄소를 내뿜는다. 이후 연료를 운송하고 사용 후 핵폐기물을 처리하는 과정에서도 마찬가지다.

각국이 원전을 줄이지 않는 한 앞으로도 우라늄 채취에 많은 화석 연료를 사용하게 될 것이고 원전의 간접적 탄소 배출량이 나날이 증가할 것이다. 원전 사고의 위험성을 상쇄할 정도로 원전이 다른 화석연료 발전 설비보다 탄소 배출량 측면에서도 우위가 크다고 보기 힘들다.

원전은 생물 환경에도 파괴적인 영향을 미친다. 원자력 전문가들은 원자력 발전소를 '바다 데우기 장치'라고 부르기도 한다. 100만kw의 전기를 만드는 발전소는 300만kw의 열을 방출하는 가운데 200만kw가 바닷물을 데운다. 발전소 주변 바다 생태계가 붕괴되는 것은 정해진 수순이다.

핵폐기물의 위험성도 두말할 나위가 없다. 원자력 발전소를 1년 동안 가동시키면 방사성 폐기물이 드럼통으로 1000개 정도 나오는데 이러한 드럼통은 100만 년 동안 관리를 해야 한다. 폐연료봉이 뿜어내는 방사능으로 5만 명을 죽일 수 있으며 100만 년이 지나도 10명을 죽일 수 있다고 한다.

결국 친환경 원전이란 허상은 '깨끗한 오염'과 같은 수사학적 궤변에 불과하다. 전쟁과 경제 불안으로 원전의 중요성이 커졌다고 하나 이는 공고한 카르텔을 형성한 원전 마피아들과 값싼 에너지에 중독된 자본이 늘 반복했던 말들에 불과하다.

만약 신재생에너지를 지금보다 훨씬 저렴하게 공급할 수 있다면 원전을 고집하는 이들이 남아 있을지 의문이다. 실제로 그런 날이 머지않았다. 한전경영연구원이 발표한 자료에 따르면 태양광 및 육상풍력 LCOE(Levelized Cost Of Electricity : 수명 기간 동안 발전기의 발전에 대한 평균 순 현재 비용)는 2027년경 석탄 발전보다 낮아져 그리드 패리티(grid parity : 신재생에너지 발전 단가가 낮아지면서 기존 화석에너지 발전 단가와 같아지는 균형점)에 도달할 것으로 전망됐다.

각국이 친환경 에너지 기술 개발에 사활을 걸며 신재생에너지 비중을 높여온 흐름은 장기적으로 거스르지 못할 것이다. 근시안적 정치 논리 때문에 지체되고 있지만 탈원전은 인류가 더 나은 미래로 진보하기 위해 반드시 통과해야 할 변곡점이다.

연습문제

원자력발전은 친환경적인가? (1000자, 50분)

※ 논술 대비는 실전연습이 필수적입니다. 반드시 시간을 정해 놓고 원고지에 직접 써 보세요.

200

400

'수원 세 모녀 사건'과 신청주의 복지 논란
"보편적 복지로 사각지대 해소"–"'신청주의' 유지 속 강화가 현실적 방안"

💬 이슈의 배경

2022년 8월 21일 경기 수원시 다세대주택에서 세 모녀가 숨진 채 발견됐다. 그달 초 집주인에게 연락해 '병원비 때문에 월세 납부가 늦어질 것 같다'며 사과했던 이들은 신변을 비관하는 9장짜리 유서를 남겼다.

60대 어머니는 암을, 40대 두 딸은 각각 희소병과 정신질환을 앓으며 칩거해 왔다. 아버지는 사업 실패로 빚을 남기고 수년 전 병사했고, 이후 생계를 책임졌던 아들도 3년 전 희소병으로 숨졌다.

2014년 송파 세 모녀 사건 이후 8년 만에 똑같은 일이 반복됐다. 수원시 '세 모녀 사건'은 우리 사회의 최종적 안전망인 공공부조 체제의 허점을

또 한 번 드러냈다. 두 가족은 모두 기초생활보장제도에 편입되지 않아 생계·의료비 지원을 받지 못한 비수급 가구였다. 주 소득자가 숨지는 위기 상황을 맞았지만 긴급복지 지원 또한 받지 못했다.

2014년 송파 세 모녀 사건은 커다란 사회적 반향을 일으키며 공공부조 체제에 변화를 가져왔다. 그해 말 복지 3법(국민기초생활보장법·긴급복지지원법·사회보장급여법)이 동시에 제·개정돼 이듬해 시행되면서 수급자 선정에 '발굴주의' 요소가 본격 도입됐다.

발굴주의는 신청을 받아 혜택을 제공하는 복지에서 벗어나 복지혜택이 꼭 필요하지만 소외돼 있는 이웃들을 찾아 나서는 방식이다. 상설 전담 조직을 신설하고 지역 복지시설과 상시 연계체계를

갖추어 도움의 손길이 필요한 시민을 찾아 복지 사각지대를 메우겠다는 의도였다.

발굴주의 정책 도입 후 복지 사각지대는 눈에 띄게 줄었다. 기초보장수급자 수는 2014년 132만 8700명에서 2021년 235만9700명으로 급증했다. 재정 확대도 뒷받침됐다. 2014년 4조2400억원이던 기초생활보장 예산은 올해 16조7600억원으로 4배가량 늘었다.

그럼에도 증평 모녀 사건(2018), 관악구 탈북 모자 사건(2019), 성북구 네 모녀 사건(2019), 방배동 모자 사건(2020) 등 빈곤층이 공공부조 바깥에서 숨지는 비극은 끊이지 않고 있다. 올해도 수원 세 모녀 사건이 일어나기 넉 달 전 서울 종로구 창신동에서 80대 노모와 50대 아들이 숨진 지 한 달 만에 발견된 일이 있었다.

정부는 이번 사건을 계기로 복지 사각지대 발굴·지원체계 개선 전담팀(TF)을 발족했으며 ▲취약계층 연락처 연계 ▲경찰을 통한 위기가구 소재 파악 ▲찾아가는 복지서비스 홍보 강화 ▲발굴 시스템 처리 정보 39종으로 확대 등 대책을 내놨다.

9월 6일에는 차세대 사회보장정보시스템 구축과 맞물려 전 국민 대상 '복지멤버십' 서비스를 시작했다. 그러나 직접 신청해야만 대상이 되는 '신청주의' 복지의 벽을 넘기에는 역부족이란 목소리가 나온다.

신청주의 복지는 필요한 국민에게만 제한적으로 제공되는 서비스로 국가의 지원이 시급한 사람들을 대상으로 제공하기 때문에 소득재분배 효과가 크다. 하지만 최소한의 경제적 지원으로 계층 간 차이를 극대화하고, 복지 대상을 경제적으로 가난한 집단이라고 공인하는 낙인효과가 나타난다. 모든 국민이 세금을 내면서도 복지 서비스의 혜택을 보는 사람은 한정되어 있어 형평성이 낮다는 단점도 있다.

그간 우리나라의 복지제도는 신청주의를 근간으로 꾸준히 발전해 왔다. 경제와 사회가 고도화하면서 나타난 취약층의 양적·질적 변화에 따라 **사회안전망**이 좀 더 촘촘해지고 다양해졌다. 그럼에도 시대를 막론하고 '수원 세 모녀 사건'과 같이 안타까운 사건들이 계속 발생하자 직접 신청을 해야만 도움을 받을 수 있는 신청주의 복지가 과연 옳은 방식인지에 대한 논란이 커지고 있다.

> **사회안전망 (social safety net)**
> 사회안전망은 모든 국민을 실업·빈곤·재해·노령·질병 등의 사회적 위험으로부터 보호하기 위한 제도적 장치를 의미한다. 좁은 의미로는 4대 사회보험(국민연금, 건강보험, 고용보험, 산재보험)과 사회부조 제도를 말한다. 우리나라는 1차 안전망인 4대 사회보험에서 일반 국민을 대상으로 노령·질병·산재·실업 등 사회적 위험을 보험으로 분산하고 있으며, 2차 안전망은 공공부조를 통해 1차 안전망에서 보호받지 못한 저소득 빈곤계층의 기초생활을 보장하고 있다. 3차 안전망은 긴급구호가 필요한 자에게 최소한의 생계 및 건강 유지를 지원하고 있다.

💬 이슈의 논점

"복지 사각지대 해소, 보편적 복지가 답"

한국의 복지체제는 당사자의 신청이 있어야 구

조에 나서는 신청주의 기조를 유지하고 있다. 다수의 민원을 공정하고 합리적으로 처리하기 위한 신청주의 행정 절차는 신청 문서를 작성할 여유나 능력이 부족한 사람들을 제도 밖으로 몰아내고 있다. 이제는 신청주의를 벗어나 보편적 복지를 확대해 복지사회를 건설해야 한다.

현재 복지 혜택을 받기까지의 까다로운 요건과 절차, 박한 지원, 사회적 편견 탓에 수급 신청을 꺼리는 경우가 많다. 준비해야 하는 서류가 많아 중도 포기하는 경우가 많고, 복잡한 가족사 등으로 인해 자격이 인정되지 않는 경우도 많다. 본인에게 맞는 제도가 있음에도 이를 몰라 방치되는 취약계층도 적잖다.

고령이거나 홀로 살며 생계를 꾸리느라 바쁘고, 장애가 있거나 학력이 평균보다 낮은 경우가 많은 취약 계층에게 '먼저 신청하라'고 요구하는 지금의 복지 서비스는 비현실적이다. 가장 대표적인 복지 서비스로 꼽히는 기초생활수급 신청 절차만 봐도 최소 5가지 서류를 내라고 하고, 수시로 추가 서류 제출을 요구하는 등 복지 혜택을 받기 위한 길 곳곳에 높은 벽이 있다.

실제로 2021년 정부의 발굴 시스템이 포착한 약 134만 명 가운데 기초생활보장제도로 안정적인 소득원을 확보할 수 있게 된 경우는 2만8600여 명에 그쳤다. 복지제도의 발전으로 수집 정보가 늘면서 복지 대상자는 늘었지만 실제 지원으로 연결되지 않는 괴리가 크다.

제도가 너무 많고 흩어져 있어 자신이 정확하게 어떤 계층으로 분류되고 어떤 서비스를 받을 수 있을지 헷갈린다는 사람도 태반이다. 2022년

8월 기준 보건복지부가 운영하는 복지 포털 '복지로'에서 저소득층을 대상으로 운영하는 복지 서비스는 889건, 장애인 대상 복지 서비스는 781건이다. 자기에게 해당하는 서비스를 일일이 찾는 게 모래밭에서 바늘 찾기에 가까운 셈이다.

지금의 '안 주려는 복지'에서 벗어나 '주는 복지'로 방향을 과감히 틀어야 한다. 복지사회 건설은 지속가능한 발전과 성장의 선순환을 이루기 위한 필수적 투자이다. 이미 구축되어 있는 사회보장정보원과 건강보험 자료, 그 밖의 행정 정보 등을 통합적으로 활용하고 공공기관의 협력 체제를 구축함으로써 사회구성원 누구나 보편적으로 제공받을 수 있는 사회서비스를 마련해야 한다.

복지 관련 재원은 직접적인 증세뿐 아니라 비과세·감면 축소 등의 방안을 통해서도 마련할 수 있다. 올해 정부가 2023 각종 세액공제를 통해 감면해 주는 법인세 감면액이 13조원에 달할 것으로 전망된다. 이를 복지를 위한 예산으로 확충하면 보편적 복지서비스를 확대할 수 있다.

"'신청주의' 유지 속 강화가 현실적 방안"

소득 수준과 관계없이 누구에게나 동등한 복지혜택을 부여하는 보편적 복지는 형평성과 사회적 평등 수준을 높여줄 수 있다. 그러나 누군가 무상복지로 혜택을 본다는 것은 다른 누군가, 혹은 미래의 자신이 반드시 그 비용을 부담해야 한다는 뜻이다. 복지 예산은 반드시 필요한 곳에, 더 큰 어려움에 처해 있는 국민들을 위해 선별적으로 투입돼야 한다.

경제협력개발기구(OECD)에 따르면 우리나라는

2019년 기준 상대적 빈곤율(기준중위소득의 50%에 미치지 못하는 인구의 비율)이 16.7%로 4번째로 높았다. 선진 복지국가의 상대적 빈곤율은 5~10%이고, OECD 평균은 11.1%였다.

우리나라는 상대적 빈곤율이 이렇게 높음에도 국민기초생활보장제도의 생계급여 수급자가 전체 인구의 2.5%에 불과하다. 2019년 기준으로 상대적 빈곤율(16.7%)에서 생계급여 수급자 비율(2.5%)을 뺀 수치, 즉 비수급 상대빈곤 인구의 비율이 전체 인구의 14.2%나 된다. 복지 예산은 이들에게 집중적으로 투입되어야 한다.

정부가 발표한 '2023년 예산안'에 따르면 2023년 본예산은 639조원으로 전년 본예산 607조7000억원보다 5.2% 늘어났다. 복지·고용 예산은 전년 대비 4.1% 증액한 226조6000억원을 편성해 이미 취약계층 안전망 강화에 재정을 적극 투입하고 있다.

올해 두 차례 추가경정예산을 더한 총지출 679조5000억원과 비교하면 2023년 예산안은 6.0% 줄어든 수준이다. 이는 지난 5년 사이 국가부채와 재정적자가 지속적으로 증가해 1100조원에 육박하기 때문이다. 극심한 재정적자가 우려되는 가운데 보편적 복지서비스를 확대하는 것은 한계가 있다.

유럽 선진국들도 일찍이 보편적 복지로 인한 재정적자를 겪었다. 스웨덴, 독일 등은 과도한 복지를 다시 거둬들이는 개혁정치로 경제위기를 극복했지만 그리스는 심각한 재정위기에도 긴축에 반대하는 여론 때문에 2015년 국제통화기금(IMF) 구제금융을 맞았다.

'수원 세 모녀 사건'과 같은 비극이 되풀이되지 않으려면 공공부조 문턱을 낮춰 '신청하면 도움을 받을 수 있다'는 신뢰를 높이는 게 정공법이다.

일각에서는 신청주의의 기본 정신인 선별적 복지 체계를 근본적으로 고쳐야 한다고 주장하지만 국가가 복지서비스를 일률적으로 제공하기는 사실상 불가능하다. 현실적인 보완이 중요하다.

현재는 복지 혜택을 받기까지의 까다로운 요건과 절차, 낮은 보장 수준 탓에 수급 신청을 꺼리는 경우가 많다. 대상자 본인뿐 아니라 대리인·지인 등 이웃 정보망을 활성화하고 행정 정보 집대성, 사전 발굴시스템 강화 등 현행 제도를 보완해 복지를 필요로 하는 이들이 신청을 주저하지 않고 제도를 이용할 수 있도록 하는 것이 중요하다.

이와 더불어 일선에서 복지업무를 담당하는 공무원들은 최소한의 공적 복지 체계가 가능하기 위한 필수적인 요소 중 하나다. 그렇지만 2021년 기준 기초생활수급자가 236만여 명에 달하는 데 반해 사회복지 전담 공무원은 2만6749명에 불과해 공무원 1인당 평균 약 88명의 수급자를 담당하고 있다. 현장의 만성적 인력난 해소와 이들의 재량권 발휘 허용을 통해 실효성 있는 발굴·관리를 이룬다면 복지 사각지대를 일정 정도 해결할 수 있다.

연습문제 2022 동아일보

세 모녀 사건 이후 복지 신청주의에 대한 문제가 제기된다. 복지 신청주의의 장단점을 서술하고 현행 복지 신청주의를 유지해야 하는지 폐지해야 하는지 논하시오. (1000자, 50분)

※ 논술 대비는 실전연습이 필수적입니다. 반드시 시간을 정해 놓고 원고지에 직접 써 보세요.

200

400

'노란봉투법' 찬반 논쟁

소송으로 노조탄압 그만 vs 불법 파업에 면죄부 안 돼

➕ 배경 상식

노란봉투법이란 노동조합의 파업으로 발생한 손실에 대한 사측의 무분별한 손배소 제기와 가압류 집행을 제한하는 등의 내용을 담은 '노동조합 및 노동관계조정법 개정안'을 말한다. 노란봉투법이라는 명칭은 2014년 법원이 쌍용차 파업 참여 노동자들에게 47억원의 손해를 배상하라는 판결을 내리자, 한 시민이 언론사에 4만7000원을 담아 보내면서 모금 캠페인을 제안한 데서 유래됐다. 이에 대해 사측이 노조를 무력화하려는 수단으로 손해배상청구 소송을 남발한다는 지적이 일면서 노란봉투법을 제정해야 한다는 주장이 제기됐다. 정의당은 노조에 대해 불합리한 손해배상 청구를 제한하고 하청노동자와 원청의 교섭이 가능하도록 하며 파업 허용 사유를 더 넓히는 등의 내용으로 노란봉투법을 당론으로 발의했다.

정의당 이은주 비상대책위원장은 "하청업체 노조의 싹을 자르기 위해 원청 기업 측이 손배소를 남용한다"며 "근로계약상 사용자가 아니라는 이유로 원청에 대한 파업이 시작부터 불법으로 낙인 찍히지 않도록 원청기업에 대한 교섭과 쟁의가 가능하게 했다"고 밝혔다. 원내 최대 의석수 정당인 민주당 내에서도 노란봉투법에 대한 공감대가 상당하다. 다만 정부·여당은 노란봉투법의 노조 면책 범위가 과도하고 불법 파업 근절이 우선이라는 이유로 부정적 태도를 보이고 있어 법안 처리까지 난항이 예상된다. 경영계도 강력히 반발하고 있다. 손경식 한국경영자총협회 회장은 "노란봉투법은 모든 불법행위에 대해 손해배상 청구를 못 하게 하는 게 아니라, 파괴 행위를 제외한 쟁위에 대한 손해배상 청구를 제한하자는 것"이라고 주장했다.

찬성1 실효성 없는 손배소는 노조 탄압

쌍용차, 대우조선해양, 하이트진로 등 노사 갈등 사태에서 사측이 노조를 상대로 거액의 손해배상 청구를 남발하는 사례가 반복되고 있다. 손배소 제기는 노조의 파업권을 제한하는 족쇄로 작용해왔다. 이러한 악습을 개헌하기 위해서 노란봉투법은 조속히 통과돼야 한다.

사측은 그동안 손배소 제기로 노동자들의 재산과 임금을 가압류 하는 행태를 상습적으로 자행했고 이로 인해 노동자들이 목숨을 끊는 안타까운 일도 비일비재했다. 노동자들이 상식적으로 갚을 수 없는 거액의 소송을 제기하는 것 자체가 사측의 악의적인 노조 탄압행위다.

Y·E·S

찬성2 사측의 노조 재산권 침해, 세계 유례 없어

재계에서는 노란봉투법 입법을 반대하는 이유 중 하나로 주요 선진국에서 기업은 노조를 상대로 자유롭게 손해배상을 청구할 수 있다고 주장하고 있다. 하지만 프랑스, 영국 등은 한국에 비해 적법한 파업이라고 판단하는 범위가 넓다.

프랑스는 정리해고 반대 등 고용 보장 및 노동자의 근로조건과 관련된 쟁의 행위를 폭넓게 정당한 파업으로 본다. 영국은 파업에 대해 손해배상을 청구해도 노동자 개인의 재산이나 노조 조합원의 공제를 위한 노조 재산은 보호재산으로 압류가 금지된다. 사측이 소송으로 노조의 재산권을 침해하는 것은 유례 없는 일이다.

반대1 불법 파업에 면죄부 안 될 말

지난 7월 51일 만에 마무리된 대우조선해양 하청노조 파업으로 인한 피해는 사측 추산으로 약 8000억원에 달한다. 손해배상 소송 면책은 노조의 불법파업에서 단골로 등장하는 요구사항이다. 이미 파업으로 막심한 피해를 본 기업은 손해배상을 청구한다고 해도 공장 정상 가동을 위해 노조 측의 요구를 수용할 수밖에 없다.

기업으로선 불법파업으로 인해 피해가 큰 만큼 배임을 피하기 위해서라도 노조 측에 손배소를 청구하는 것이 불가피하다. 노란봉투법은 엄연히 불법을 저지른 노조 측에 면죄부를 주는 악법이다. 이 법이 통과되면 강성 노조의 영업 방해 행위가 더욱 조장될 것이다.

N·O

반대2 사유재산권 부정하는 엉터리 법안

노란봉투법은 기업의 재산권을 침해한다. 불법적인 집단 행위로 인한 기업의 손해에 대해 책임을 묻지 못하도록 하는 것은 헌법이 보호하고 있는 사유재산권의 침해다. 한국 사회의 기본 운영 원리인 사유재산권을 부정하는 엉터리 법안은 국회에서 통과된다고 하더라도 헌법재판소에서 위헌 판정이 날 것이다.

어떤 경우에도 법이 불법행위를 부추겨서는 곤란하다. 특히 사측과 노동계 중 어느 한편에 치우치지 않고 공정한 심판 역할을 하여야 할 입법부가 위헌 논란까지 감수하면서 노동계에만 유리한 법안을 추진하는 것은 편향적인 태도로서 우려를 금할 수 없다.

취준생이 다니고 싶은 회사
1위 삼성전자·2위 SKT

취업준비생이 가장 다니고 싶은 기업으로 삼성전자가 뽑혔다. 2위에는 SK텔레콤, 3위는 네이버가 선정됐다. 10위권 중 IT 기업이 절반 이상인 6곳을 차지해 높은 인기가 확인됐다.

기업정보 플랫폼 잡플래닛은 지난 10월 16일 취준생 유저 1013명을 대상으로 설문조사를 실시하고 '2022년 다니고 싶은 기업 TOP10'을 발표했다. 조사 결과 삼성전자(35.24%)와 SK텔레콤(30.50%)이 30% 이상의 선택 비율을 보이며 각각 1위와 2위를 차지했다.

3위는 네이버(29.41%)가 차지했으며, 이어 카카오, 현대자동차, 토스, LG화학, 구글코리아, 라인, 한국전력이 뒤를 이었다.

취준생이 선호하는 기업의 조건으로는 '급여와 복지 등 처우 조건이 좋은 기업'(77.9%·이하 복수응답)이 압도적으로 꼽혔다. '칼퇴, 연차 사용 등 업무와 삶의 균형이 가능한 기업'을 선택한 응답자도 66.04%에 달했으며, '승진, 자기개발 등 개인의 빠른 성장이 가능한 기업'이 37.51%로 그 뒤를 이었다.

취준생들은 '존경할 수 있는 경영진이 있는 것은 중요하다'는 문장에는 '그렇다' 31.49%, '그렇지 않다' 38.10%, '상관없다' 30.40%으로 비슷한 비율을 보였다. 그러나 '오너 리스크가 있는 기업에서 일하고 싶지 않다'는 문장에는 70.28%의 응답자가 '그렇다'고 긍정했다.

잡플래닛 관계자는 "조기 퇴사 리스크를 줄이기 위해서는 구직 단계에서부터 자신의 기준에 맞는 기업을 찾는 노력이 중요하며 한편, 기업 역시 우리 회사가 가진 경쟁력을 다각도로 노출하는 전략이 필요하다"고 강조했다.

제약바이오 채용문 활짝...
3년 만에 최대 규모 채용박람회

제약바이오 업계 채용의 큰 장이 서면서 하반기 채용문이 활짝 열릴 것이란 기대 감이 커졌다. 한국제약바이오협회, 한국 보건산업진흥원, 한국보건복지인재원이 공동 주최하는 '2022 한국 제약바이오 채용박람회'가 10월 11일 서울 양재 aT 센터에서 열렸다. 지난 2019년 개최를 마지막으로 팬데믹으로 중단됐다가 3년 만에 재개된 행사다.

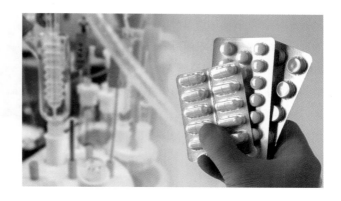

원희목 한국제약바이오협회 회장은 개회사에서 "제약·바이오 산업은 세계적인 고령화와 건강한 삶에 대한 관심 증가로 지속적인 성장세를 나타내고 있다"며 "우리나라가 제약·바이오 산업 강국으로 도약하려면 산업의 혁신과 발전을 견인할 우수한 인재를 확보해야 한다"고 말했다.

이번 채용박람회에는 SK바이오사이언스, 종근당, GC녹십자, 대웅제약 등 제약·바이오 기업 58곳이 현장에 참가했다. 오송첨단의료산업진흥재단, 인공지능(AI)신약개발지원센터, 안정성평가연구소 등 기관 10곳도 부스를 차려 총 70여 개의 기업·기관이 참여했다.

행사장 부스에는 면접장도 마련됐다. 사전 채용 공고를 보고 이력서를 제출한 구직자 중 서류전형에 합격한 280여 명이 면접을 봤다. 협회에 따르면 제약·바이오 산업 종사자는 2011년 7만4000여 명에서 2019년 10만 명을 돌파했다. 올 하반기에도 93개 업체가 1900여 명의 인재를 채용할 계획이다.

'K-디지털 기초역량훈련'
참가자 3만 명 돌파

고용노동부와 직업능력심사평가원은 'K-디지털 기초역량훈련' 참여자가 사업 첫해인 2021년 9616명에서 급증해 지난 9월 말 기준 3만4269명을 기록했다고 10월 17일 밝혔다. 20~30대를 중심으로 응용소프트웨어 엔지니어링 등을 수강, 디지털 전환에 박차를 가하고 있다.

'K-디지털 기초역량훈련'은 노동시장 참여자가 디지털 역량 부족으로 노동시장 진입·적응에 어려움을 겪지 않도록 디지털 기초훈련을 지원하는 사업이다. 코딩, 빅데이터 등 디지털·신기술 분야 초·중급 훈련과정을 훈련생이 선호하는 민간의 혁신기관 중심으로 공급한다.

고용부에 따르면 육아휴직 중에 1~2시간 정도 투자해 '퇴근이 빨라지는 업무자동화(RPA)' 과정을 수강한 교육생이 있었다. 또 다른 교육생은 교육서비스업 사무직에 재직하며 출퇴근 시간을 이용해 '파이썬 (python)을 활용한 경영데이터 분석' 과정을 수강했다.

주 참여 분야로 응용소프트웨어 엔지니어링이 42.3%를 차지하고, 디지털 디자인이 12.8%, 데이터베이스 엔지니어링이 10.1%로 뒤를 이었다. 훈련과정으로는 웹 개발, 앱 개발, 구조화 질의어(SQL) 활용, 3차원(3D) 애니메이션, 웹디자인, 영상편집 등의 과정을 주로 수강한 것으로 나타났다.

남성이 40.3%, 여성이 59.7%로 여성이 더 큰 비중을 차지하고 있으며, 고용상태별로는 재직자 49.4%, 구직자 50.6%로 비슷했다. 20대가 55.2%, 30대가 28.7%로 20~30대가 83.9%를 차지하고 있으며, 40대가 10.8%를 차지했다.

고용부 관계자는 "최근 디지털 전환 등 기술 발전이 급격하게 이루어지고 있어 디지털 역량이 부족한 경우 변화된 노동시장에 적응하기 힘들 수 있다"라면서 "인공지능(AI), 빅데이터 분석 등 최근 경향을 따라갈 수 있는 훈련과정을 통해 직무역량이 향상될 수 있기를 기대한다"고 밝혔다.

부산시, 1인당 150만원 지원
지역인재 장학금 신청 접수

부산시는 10월 17일부터 11월4일까지 '부산 지역인재 장학금' 지원 신청을 받는다고 밝혔다. 2022년도 2학기에 처음 선보이는 '부산 지역인재 장학금' 사업은 시와 부산혁신도시 이전 공공기관이 협업해 추진하는 지역 상생 발전사업이다.

시는 주택도시보증공사(60억원), 한국예탁결제원(19억8000만원), 한국주택금융공사(18억원)의 기부금 97억8000만원을 활용해 20년간 지역의 우수인재에게 생활장학금과 취업장려금을 지원한다.

대상은 부산 소재 대학의 정보기술(IT) 및 상경분야 3학년(전문대학은 2학년) 이상인 재학생이다. 선발 인원은 IT분야 195명, 상경분야 35명으로 총 230명이다.

장학금은 1인당 150만원으로 국가장학금, 성적장학금과 중복 수혜 가능하다. 직전 학기 학부성적, 영어 성적, 자격증, 소득, 지역사회 공헌계획 등 선발기준을 종합적으로 고려해 선정한다. 장학금은 12월께 지급할 예정이다.

신청 자격과 접수 방법은 부산시 홈페이지의 부산청년플랫폼을 통해 확인할 수 있다. 지원 가능 대학 및 학과명, 최소학점 기준, 지원 가능 소득 기준 등 세부 신청 자격과 접수 방법은 시 홈페이지의 부산청년 플랫폼을 통해 확인할 수 있다.

박형준 부산시장은 "부산 이전 대표 공공기관인 주택도시보증공사, 한국예탁결제원, 한국주택금융공사의 기부장학금을 통해 부산지역의 학생들이 안정적으로 학업에 매진하고 구직활동을 해나가는 데 큰 도움이 될 것"이라고 말했다.

반도체 패권 전쟁과
칩4 딜레마

'산업의 쌀' 반도체

자유무역과 국제 협력의 시대가 저물고 강자만이 살아남는 자국 이기주의가 판친다. 각자도생(各自圖生 : 제각기 살길을 도모함)에 나선 각국은 저마다의 무기를 꺼내들고 있다. 러시아가 천연가스 공급을 끊겠다고 엄포를 놓자 유럽은 겨울도 오기 전에 벌벌 떨고 있다.

미국은 반도체 밸류체인(value chain : 가치사슬) 장악이라는 더 강력한 무기를 손질 중이다. 반도체 산업 생태계는 에너지와 달리 고도의 국제 분업이 이뤄지고 있어 특정 국가가 독점하기 어렵다. 미국은 시스템 반도체(추론 및 연산 등 정보를 처리하는 반도체) 설계에 강점이 있고 메모리 반도체(정보를 저장하고 기억하는 반도체) 분야는 한국, 소재·부품·장비(소부장)는 일본, 파운드리(foundry : 반도체 위탁 생산) 분야는 대만과 한국이 중심국이다.

'산업의 쌀'이라고 불리는 반도체의 중요성은 앞으로 훨씬 더 커질 것이다. 일본 손정의 소프트

뱅크 창업자는 사물인터넷(IoT, Internet of Things) 시대에 세상에 존재하는 사물의 숫자만큼 반도체 수요가 폭증할 것이라고 예상했다. 자율주행, 도심항공모빌리티(UAM, Urban Air Mobility), 인공지능(AI, Artificial Intelligence)과 같은 미래 기술은 물론 무기에도 반도체가 들어간다. 경제와 안보 모두 반도체가 필수적이다. 특정 국가가 반도체 생태계를 독점한다면 그 파급력은 에너지 자원 무기화보다 클 것이다.

中의 반도체 굴기, 싹부터 밟으려는 美

중국은 세계 반도체 3분의 1을 소비하는 최대 수입국이지만 자국 반도체 기술 수준이 낮고 외국계 기업에 대한 의존도가 높다. 미국을 넘어서 세계 최대 경제 대국을 꿈꾸려면 반도체 패권을 잡아야 한다. 중국이 반도체 굴기(崛起 : 산처럼 벌떡 일어섬, 분야의 최고가 됨)를 선언하고 천문학적인 돈을 쏟아붓는 까닭이다.

시진핑 중국 국가주석의 제조업 진흥책인 '메이

드인 차이나 2025' 프로젝트를 위해 중국은 지난해에만 반도체 공장 프로젝트 28개를 발표하고 약 260억달러(32조원)를 투입했다. 국가 주도로 2014년에는 27조원, 2019년에는 39조원의 반도체 펀드를 설립했다. 시행착오도 적지 않지만 중국 반도체 산업은 무서운 속도로 발전하고 있다. 블룸버그가 지난 6월 발표한 조사에 따르면 지난 1년 동안 가장 빠르게 성장한 반도체 기업 세계 20위 가운데 19개사가 중국 기업이었다.

미국은 반도체 패권 전쟁에서 중국의 싹부터 잘라 낼 각오다. 지난 9월 외신에 따르면 미국 상무부는 중국에 첨단 반도체와 관련 기술 장비 등의 수출을 제한하는 법안 제정을 추진하고 있다.

여기에 지난 8월 조 바이든 미국 대통령은 미국 반도체 산업에 총 2800억달러(366조원)를 투자하는 것을 뼈대로 한 반도체 산업 육성법(CHIPS & Science Act·반도체 및 과학법)에도 서명했다. 이 법은 미 정부의 세제 혜택을 받은 기업은 중국이나 러시아에서 신규 반도체 시설을 짓거나 확장하지 못하도록 하고 있다. 삼성전자의 유일한 해외 메모리 반도체 생산시설이 중국 시안 공장에 있고 SK 하이닉스도 중국 장쑤성 우시 공장에 보완 투자를 진행 중이다. 미·중 간 반도체 패권 싸움에 휘말려 한국 기업의 피해가 우려된다.

칩4 동맹 딜레마
미국의 '중국 반도체 싹 짓밟기'의 최종판은 칩4(CHIP 4) 동맹이다. 칩4는 미국 및 미국과 동맹 관계이면서 세계 반도체 산업의 핵심 플레이어들인 한국·일본·대만 4개국이 하나로 뭉쳐 반도체 공급망을 꾸린다는 계획이다. 미국은 네 국가가 칩4를 결성하면 안정적인 반도체 공급이 가능하다며 가입을 종용하지만 본래 목적은 반도체 공급망을 장악하고 여기서 중국을 배제하는 것이다.

중국 견제에 의견 일치를 본 일본, 대만은 일찌감치 칩4 가입 의사를 전달했지만 한국의 속내는 복잡하다. 중국은 한국 반도체 수출의 60%를 차지하는 최대 교역국이다. 싱하이밍 주한 중국 대사는 칩4에 대해 우려를 표명하며 국민의힘 반도체특위 위원장인 양향자 의원을 찾아 "칩4 가입을 안 하면 안 되냐, 칩5(중국 포함)로 확대하는 것은 어떠냐"고 압박하기도 했다.

미·중을 양자택일하라면 한국으로서는 동맹국을 따라 결국 칩4에 몸담을 수밖에 없을 테지만 문제는 중국의 보복으로 그치지 않을 것이다. 칩4는 분업 체계라기보다 미국을 제외한 3국으로 퍼져 있는 공급망을 미국으로 끌어모으겠다는 일방적인 통보다. 여기서 한국이 어떤 이익을 얻을 수 있을지가 불투명하다. 미국은 당장 파운드리가 부족해 한국의 삼성과 대만의 TSMC를 끌어들이고 있지만 자국 파운드리와 소부장에 대한 지원도 크게 늘리고 있다.

만약 미국 파운드리 업체인 인텔과 글로벌파운드리스의 기술이 삼성을 뛰어넘고 칩4가 아니라 칩1(미국)이 된다면 한국은 오갈 데 없는 처지가 될 수 있다. 실제로 미국은 1980년대 자국 반도체 산업을 위협했던 일본을 압박해 반도체 협정을 맺고 일본 반도체 산업을 회생불능 상태로 만든 전력이 있다. 한국으로선 메모리 반도체에 비해 빈약한 시스템 반도체를 중심으로 독보적인 기술력을 확보하고 협상력을 높이는 방법 이외에 반도체 패권 다툼에서 생존할 길이 보이지 않는다.

현실을
발설하는 예술
예술을
말살하는 현실

미국 뉴욕의 유엔본부 안전보장
이사회 회의실 바깥벽에 걸려
있는 파블로 피카소의 '게르니
카' 태피스트리 버전

공방에 틀어박혀 하루 종일 번뇌하다가 캔버스에 선 하나를 긋고 한숨짓는 화가는 세상과 등지고 자신만의 세상에서 은거하는 예술가에 대한 스테레오타입이다. 예술가는 현실을 관조하는 이들이지 현실의 문제를 해결하는 이들이 아니니 납득할 수 있는 오해다.

그러나 예술가 역시 육신과 물적 토대로부터 자유로울 수 없다. 때로는 예술도 현실에 천착하며 열렬하게 고함치기도 한다. 미술에 관심 없어도 누구나 알고 있을 스페인의 천재 예술가 파블로 피카소(Pablo Ruiz Picasso, 1881~1973)는 입체주의(cubism·큐비즘)의 선구자로 미술사에 기록됐지만 누구보다 뜨거운 가슴으로 현실 문제에 맞선 행동주의자였다.

그러한 피카소의 면모를 가장 잘 드러낸 대표작이 '게르니카'다. 20C 최후의 파시스트로 불리는 스페인 독재자 프란시스코 프랑코는 히틀러를 부추겨 자신에게 적대적인 바스크 지역의 작은 마을 게르니카에 폭탄을 퍼부었다. 이 폭격으로 불과 4시간 만에 약 1500명의 무고한 이들이 사망했다.

분노로 피가 끓었던 피카소는 이 소식을 접한 지 약 한 달 만에 7.5m에 이르는 대작 '게르니카'를 완성했다. 1937년 파리 국제박람회 스페인관에 걸린 이 그림은 세상을 경악게 했다. 어떠한 언론 보도나 정치인의 연설보다도 독재 정권의 만행을 세상에 발설하고 대응을 촉구하는 데 효과적이었다. 전시회 수익은 구호기금으로 썼다.

시위대가 쓸 걸개그림을 그리는 게 예술가의 본령은 아니다. 예술가는 아름다움과 진리, 고통과 추함까지 인간 조건을 탐구하는 구도자로서 그의 예민한 탐침(探針)이 어느 날 현실의 주파수와 맞춰질 때 폭풍 같은 진폭으로 경보음을 울려댈 수 있는 것이다. 천박한 권력일수록 이러한 예술의 생득적 권능에 질투하며 두려움을 느끼지 않은 적이 없었다.

▲ 독일 추상화가 빌리 바우마이스터의 '백색 원반'

'게르만 민족의 인종적 우월성과 영웅적 시대 묘사'를 예술가들에게 권장했던 히틀러의 나치 시대에 입체파, 야수파, 초현실주의, 표현주의, 다다이즘과 등 난해한 모더니즘 예술은 모두 공허하고 퇴폐적이란 누명을 쓰고 탄압받았다. 독일 추상화가 빌리 바우마이스터는 미술 활동을 금지당하기도 했다. 불과 몇 년 전 우리나라에서도 정권과 코드가 맞지 않는 예술가들이 블랙리스트에 오른 적이 있다. 지금 이 순간에도 현실이 예술을 말살하고 있지 않은지 늘 경계할 바이다.

서민의 스피커
전기수傳奇叟

볼거리가 넘쳐나는 현대사회에서, '독서'는 또 하나의 과제가 된 지 오래다. 여러모로 눈을 혹사하며 사는 현대인에게 새로운 독서 트렌드로 '오디오북'이 떠오른 것은 당연한 결과다. 오디오북은 몇 해 전 대형 플랫폼 업체도 뛰어들 만큼 트렌드로 떠올라, 전문 성우가 아닌 유명 배우들을 섭외한 작품이 출시되기도 하는 등 이제는 꽤 익숙한 상품이 되었다. 오디오북을 현대판 '전기수'라 할 수 있겠다.

전기수란 조선 후기에 존재했던 이색 직업으로, 소설을 전문적으로 읽어주던 이야기꾼이다. 조선 후기는 농업 생산력 증대 및 상공업 발달을 배경으로 새로운 문화가 태동한 시기이며, 서당 교육의 보급과 부를 축적한 서민 계급의 성장이 두드러짐에 따라 양반 계급에 국한되어 있던 문화의 향유가 서민층에게까지 크게 확대되었다.

이 시기 크게 인기를 끈 것이 소설이었다. 특히 누구나 쉽게 읽을 수 있는 한글 소설의 보급은 영향력이 매우 컸다. 그러나 여전히 책은 서민들이 쉽게 접하기 어려운 고가의 소비재였고, 문맹률 역시 높았기에 이때 등장한 것이 이야기를 대신 읽어주는 전기수였다. 서민들은 전기수를 통해 생업에 종사하면서도 소설을 읽을 수 있었고(정확히는 들을 수 있었고), 글을 몰라도 '어르신들'(지

배층)이나 하던 독서를 향유할 수 있었다.

▲ 단원 김홍도의 '담배썰기'. 담배 가게의 일하는 사람들 곁에 책을 읽어주는 전기수가 보인다. (자료 : 국립중앙박물관)

전기수는 『삼국지』·『수호지』 등의 중국 고전부터 『임경업전』·『심청전』·『운영전』·『설인귀전』 등 여러 장르의 다양한 소설을 꿰고 다녔다. 그들은 단순히 딱딱하게 글만 읽는 것이 아니라, 내용에 감정을 실어 실제 소설 속 주인공인 것처럼 혼신을 다해 연기하였다. 그러다 이야기 전개가 최고조에 다다를 때쯤 갑자기 입을 딱 닫아버렸고, 애가 탄 사람들이 앞 다투어 돈을 던지면 그제야 다시 이야기를 이어나갔다. '밀당'의 달인이었던 셈이다.

당시 전기수의 인기는 지금의 유명 연예인 못지않았다. 조선 후기의 만능 엔터테이너라 해도 될 것이다. 부유한 집에서는 전기수를 직접 불러들여 일정한 보수를 주고 이야기를 들었고, 그런 안정적인 자리를 구하지 못한 전기수는 사람들의

왕래가 많은 곳에 자리를 펴고 공연을 하였다.

전기수의 연기력이 얼마나 뛰어났는지, 그들의 입담에 당시 청중이 얼마나 몰입했는지를 보여주는 일화가 있다. 정조正祖(조선 제22대 왕, 재위 1776~1800) 때 한창 공연 중이던 전기수가 살해당하는 사건이 발생한다. 사건의 전말은 다음과 같다.

▲ 『정조실록』에 전하는 '전기수 살해사건' (자료 : 국사편찬위원회 조선왕조실록 온라인 서비스)

종로의 한 담배 가게에서 전기수가 한창 『임경업전』을 들려주고 있었다. 그런데 임경업이 간신 김자점에 의해 목숨을 잃는 장면에 이르자, 이야기에 몰입했던 청중 한 명이 너무 분노한 나머지 입에 거품을 물고 달려들어 들고 있던 낫으로 전기수를 쳐 죽이고 말았다.[1] 그 순간 그의 눈에는 전기수가 곧 김자점이었던 것이다. 전기수의 뛰어난 연기력을 짐작할 수 있는 순간이다.

이처럼 당시 선풍적인 인기를 구가한 전기수였지만, 끝내 떳떳한 직업으로 대우받지는 못한 채 사라져 갔다. 조선 후기 소설은 현실 세계의 반영과 서민의 감정을 대변하는 것들이 많았다.

당연히 사회 풍자, 서민의 애환, 부패 권력에 대한 응징 등이 녹아 있었고 백성들이 이를 자유롭게 공유하는 것을 보수적 지배층이 달가워할 리 없었다. 또한 일부 전기수들이 이야기를 핑계 삼아 양반집 안채를 드나들며 말썽까지 일으키자 조정에서는 전기수들을 잡아들여 유배를 보내는 일도 있었다.

이야기는 시대를 초월하는 힘을 갖는다. 이제는 누구나 쉽게 책을 접할 수 있는 시대가 되었지만, 사람들은 활자가 아닌 이야기꾼을 다시 찾고 있다. 거리가 아닌 라디오, 팟캐스트, 유튜브 등 내 손 안의 작은 기기, 다양한 플랫폼을 통해 언제 어디서든 이야기꾼을 접할 수 있다. 다시금 이야기꾼의 시대가 도래하였다.

신민용
에듀윌 한국사연구소 연구원

---

1 『正祖實錄』 卷31, 正祖 14年(1790) 8月 10日 戊午.

老 馬 之 智

늙을 노 · 말 마 · 갈 지 · 지혜 지

늙은 말의 지혜

출전: 『한비자韓非子』

춘추 시대 다섯 패자覇者 중의 한 사람인 제나라 환공桓公은 어느 해 봄에 재상 관중管仲과 대부 습붕隰朋을 대동하고 군사를 이끌어 고죽국孤竹國 정벌에 나섰다. 봄에 시작된 전쟁은 한겨울이 다 되어야 끝이 났고 귀국길에 오른 군대는 혹한 속에 길을 잃게 됐다.

재상 관중은 "이런 때는 늙은 말의 지혜를 빌려야 합니다."라며 늙은 말 한 마리를 자유롭게 풀어놓았다. 그리고 전군이 뒤를 따라 행군한 지 얼마 지나지 않아 큰 길을 발견할 수 있었다.

길을 찾고 나서 행군을 계속한 일행은 이번에는 식수가 떨어져 군사들이 심한 갈증에 고통 받았다. 이번엔 대붕 습붕이 군사들로 하여금 개미집을 찾도록 명했다.

개미집을 찾자 습붕은 군사들에게 그 밑을 파라고 명했고, 샘물을 발견한 군사들은 목을 축일 수 있었다. 환공은 습붕에게 어떻게 개미집 밑에 샘이 있는줄 묻자, 습붕은 "흙이 한 치(寸)쯤 쌓인 개미집이 있으면 그 땅속 일곱 자쯤 되는 곳에 물이 있기 마련입니다."라고 말했다.

한비자韓非子는 이 이야기를 소개하면서 다음과 같이 말한다. 관중의 총명과 습붕의 지혜로도 모르는 것은 늙은 말과 개미를 스승으로 삼아 배웠다. 그러나 그것을 수치로 여기지 않았다. 그러나 오늘날의 사람들은 자신이 어리석어도 옛 성현들의 지혜를 배우려 하지 않으니 이것은 잘못된 것이 아닌가.

▌한자 돋보기

老는 지팡이를 짚고있는 노인을 그린 글자로, '노인'의 의미로 사용된다.

- 生老病死(생로병사) 태어나 늙고, 병들고, 죽는 네 가지의 고통
- 老少不定(노소부정) 죽음에는 나이가 많고 적고가 따로 없음

늙을 노
老 총6획

馬는 말을 그린 글자로, '말'의 의미로 사용된다.

- 竹馬故友(죽마고우) 어릴 때부터 가까이 지내며 자란 친구
- 馬耳東風(마이동풍) 남의 비평이나 의견을 조금도 귀담아 듣지 아니하고 흘려 버림

말 마
馬 총10획

之는 사람의 발을 그린 글자로 '가다'의 의미를 가졌지만, 오늘날 어조사의 의미로 사용된다.

- 左之右之(좌지우지) 사람이 어떤 일이나 대상을 제 마음대로 처리하거나 다룸
- 隔世之感(격세지감) 아주 바뀐 다른 세상이 된 것 같은 느낌

갈 지
ノ 총4획

智는 아는 것(知)이 많아 말함(日)에 거침이 없다는 뜻으로, '지혜'의 의미로 사용된다.

- 智者一失(지자일실) 슬기로운 사람도 실수를 할 수 있음

지혜 지
日 총12획

▌한자 상식 | 제자백가(諸子百家)

중국 춘추전국시대는 여러 제후들이 천하를 통일하기 위해 전쟁을 일으켜 혼란스러운 시대였다. 이때 학자들은 난세를 어떻게 수습할지 고민하기 시작했으며, 이에 수많은 사상이 출연하게 되는데, 이 시기에 나타난 여러 학자들과 학파를 총칭하여 제자백가라고 부른다.

이 시기에 수많은 학파가 등장하는데, 주요 학파로는 유가, 도가, 법가, 묵가 등이 있다.

학파	인물	주장
유가	공자, 맹자, 순자	예악과 인의를 중심으로 교화
도가	노자, 장자	무위자연과 소국과민 주장
법가	상앙, 한비자, 이사	법에 따른 엄격한 통치 주장
묵가	묵자	사치와 낭비를 부정하고 겸애를 주장

─ Books ─

혼자서 종이우산을
쓰고 가다

에쿠니 가오리 저 │ 소담출판사

『냉정과 열정 사이』, 『도쿄 타워』 등 수
많은 작품으로 국내 480만 독자들에
게 사랑받은 일본 작가 ■ **에쿠니 가오
리**가 신간 장편 소설로 찾아왔다. 『혼
자서 종이우산을 쓰고 가다』에서는
하나의 사건을 계기로 발생하는 등장
인물들의 다양한 이야기를 치밀하게
엮어 전개한다. 에쿠니 가오리 특유의
담담하고 섬세한 문체를 통해 여러 인
물들의 삶이 생동감 있게 펼쳐진다.
특히 이번 신간은 팬데믹 시대를 반영
함으로써 현재를 살아가는 인물들의
생생한 일상을 엿볼 수 있다.

■ **에쿠니 가오리**(江國香織, 1964~) 일
본의 3대 여류작가로 평가받는 작가로
청아한 문체와 세련된 감성 화법이 특징
이다. 동화부터 연애소설, 에세이까지 폭
넓은 집필 활동을 해나가면서 독자적인
작품 세계를 구축하고 있다. 『반짝반짝
빛나는』(1992)으로 무라사키시키부 문
학상을, 『나의 작은 새』(1998)로 로보노
이시 문학상을 받았다.

아버지의 해방일지

정지아 저 │ 창비

김유정문학상·심훈문학대상·이효석
문학상 등을 수상하며 문학성을 두루
입증받은 '리얼리스트' 정지아가 32
년 만에 장편소설을 발표했다. 탁월한
언어적 세공으로 한국소설의 새로운
화법을 제시하기를 거듭해온 정지아
는 한 시대를 풍미한 『 ■ **빨치산**의 딸』
(1990) 이래로 다시 초심으로 돌아가
아버지 이야기를 다룬다. 소설은 '전
직 빨치산' 아버지의 죽음 이후 3일간
의 시간만을 현재적 배경으로 다루지
만, 장례식장에서 얽히고설킨 이야기
를 따라가다 보면 해방 이후 70년 현
대사의 질곡이 생생하게 드러난다. 이
소설의 묘미는 '가벼움'에 있다. 서글
프지만 피식피식 웃기고, 울분이 솟다
말고 '긍게 사람이제' 한마디로 가슴이
따뜻해진다.

■ **빨치산**(partizan) 급격한 정치·사
회·종교적 변혁의 시기에 탄압에 맞서
는 소규모 무력투쟁을 하는 사람들인
'파르티잔'을 한국에서 부르는 명칭이다.

호모 커먼스

홍윤철 저 │ 포르체

인류는 지구 역사의 가장 마지막 순
간에 나타났지만, 지구의 운명을 손
에 쥐고 흔드는 존재가 되었다. 진화
를 거치며 인류의 뇌는 커졌고, 인류
는 지구 환경의 운명에 결정적인 영향
을 미치는 존재가 될 수 있었다. 우리
의 뇌는 비극적인 순간을 맞이하거나
기쁜 순간을 경험했을 때 자신뿐만 아
니라 다른 사람과도 감정을 공유한다.
이는 인간이 독립된 개체가 아니라 공
동체를 이루는 존재이기 때문이다. 그
런데 현재 시대는 ■ **공유지**가 축소·
구역화되고 배타적인 장소가 되어가
고 있다. 『호모 커먼스』는 우리가 미래
사회의 공유지를 어떻게 설정하고 꾸
려 나가야 하는지 낱낱이 파헤친다.

■ **공유지**(共有地) 특정한 개인이나 사
적 집단이 아니라 많은 사람이 공동으로
소유하는 토지를 말한다. 현대에는 커뮤
니티와 같은 사회적 공유지도 존재한다.

아바타 : 물의 길

제임스 카메론 감독

| 조 샐다나·샘 워싱턴 출연

제임스 카메론의 「■**아바타**」 시리즈
가 드디어 시동을 걸었다. 2009년 「아
바타」가 개봉한 지 13년 만인 올해 12
월 드디어 속편인 「아바타 : 물의 길」
이 전 세계 극장에서 개봉한다. 「아바
타 : 물의 길」은 1편에 이어지는 스토
리로 1편에서 10여 년이 지난 후의 판
도라 행성을 배경으로 펼쳐진다. 나비
족이 된 제이크(샘 워싱턴)가 네이티
리(조 샐다나)와 가족을 이루고 평화
롭게 살지만, 판도라 행성의 다른 부
족과 충돌하며 화합하는 이야기를 다
룬다.

■ **아바타(Avatar, 2009)** 2009년 12월
개봉한 「아바타」는 국내 1333만 명을
동원하며 외화로는 처음으로 1000만 관
객을 돌파했다. 전 세계적으로 28억달러
매출을 기록해 13년 동안 역대 박스오
피스 1위를 놓치지 않고 있다. 「아바타」
는 모두 5편까지 연작으로 제작될 예정
이다. 또한 아바타의 세계관을 배경으로
한 게임까지 출시할 예정이다.

비엔나 명화전, 합스 부르크 왕가의 보물

국립중앙박물관

| 2022. 10. 25.~2023. 03. 01.

10월 국립중앙박물관에서 세계 미술
사를 바꾼 걸작들의 향연이 펼쳐진다.
한·오스트리아 수교 130주년을 기
념해 열리는 이 전시는 빈 미술사 박
물관이 소장한 ■**합스부르크 왕가**의
16~20C 수집품 중 엄선한 회화와 공
예품, 태피스트리 등 100여 점을 소개
한다. 디에고 벨라스케스의 '흰옷의 어
린 공주 마르가리타 테레사'를 비롯한
바로크 미술의 정수와 13C부터 20C
까지 유럽을 석권했던 합스부르크 왕
가의 귀중한 유물들, 1892년 고종 황
제가 오스트리아 황제에게 수교 기념
으로 선물한 투구와 갑옷을 선보인다.

■ **합스부르크 왕가(Habsburg Haus)**
13C 신성로마제국 황제를 배출한 이후
15~20C 초반까지 600여 년간 신성로마
제국과 오스트리아 영토를 다스리는 황
제로 군림한 가문으로 유럽의 정세에 가
장 영향력 있던 명문가 중 하나다.

태양의서커스 뉴 알레 그리아

잠실종합운동장

| 2022. 10. 20.~2023. 01. 01

세계적인 아트 서커스 그룹 '■**태양의
서커스**'의 상징적인 작품이자 전 세계
1400만 명 이상의 관객이 선택한 작
품인 「태양의서커스 뉴 알레그리아」가
돌아왔다. 「태양의서커스 뉴 알레그리
아」는 스페인어로 환희, 희망, 기쁨을
뜻하며 인생의 즐거움과 희망을 찬미
하는 작품이다. 곡예사, 광대, 뮤지션,
가수들로 구성된 출연진들의 환상적
인 퍼포먼스와 무대예술이 벌어진다.
이번 프로덕션은 「알레그리아」 25주
년을 기념하며 무대연출, 곡예, 세트,
조명, 의상 등 모든 창작 구성 요소를
극대화해 국내에 처음으로 선보인다.

■ **태양의서커스(Cirque du Soleil)** 전
세계에서 가장 유명한 서커스로 꼽히는
서커스 공연이다. 1984년 창립 이후 30
여 년간 세계 60개국에서 약 2억 명의
관객을 유치하며 역사상 가장 성공한 공
연 사업으로 꼽힌다.

eduwill

누적 다운로드 수 35만 돌파*
에듀윌 시사상식 앱

95개월 베스트셀러 1위 상식 월간지가 모바일에 쏙!*
어디서나 상식을 간편하게 학습하세요!

매월 업데이트 되는
HOT 시사뉴스

20개 분야 1007개
시사용어 사전

합격에 필요한
무료 상식 강의

에듀윌 시사상식 앱 설치
(QR코드를 스캔 후 해당 아이콘 클릭하여 설치
or 구글 플레이스토어나 애플 앱스토어에서 '에듀윌 시사상식'을 검색하여 설치)

에듀윌 취업 아카데미에서
제대로 공부하세요!

공기업·대기업 수준별 맞춤 커리큘럼
온종일 밀착 학습관리부터 전공&자격증 준비까지 케어

고품질 영상 및 음향 장비를 갖춘 최고의 강의실

언제나 전문 학습 매니저와 상담이 가능한 안내데스크

1:1 대면 첨삭 및 전문 컨설팅이 가능한 일대일 상담실

공용 PC, 프린터, 충전기 등 편의시설을 갖춘 휴게실

강남 캠퍼스	운영시간 [월~금] 09:00~22:00 [토/일/공휴일] 09:00~18:00 주 소 서울 강남구 테헤란로 8길 37 한동빌딩 1, 2층 상담문의 02)6486-0600

취업 아카데미
바로가기

베스트셀러 1위! 2,014회 달성*
에듀윌 취업 교재 시리즈

공기업 NCS | 쏟아지는 100% 새 문항*

1위 22. 3월 2주

NCS 통합 기본서/봉투모의고사
피듈형 | 행과연형 | 휴노형 봉투모의고사
PSAT형 NCS 수문끝
NCS BASIC 기본서 | NCS 모듈형 기본서

NEW

매1N
매1N Ver.2

1위 22. 4월

한국철도공사 | 부산교통공사
서울교통공사 | 5대 철도공사·공단
국민건강보험공단 | 한국전력공사
8대 에너지공기업 | 한국가스공사

1위 22. 2월 4주

한수원+5대 발전회사
한국수자원공사 | 한국수력원자력
한국토지주택공사 | IBK 기업은행
인천국제공항공사 | 한국도로공사

1위 22. 1월 4주

NCS를 위한 PSAT 기출완성 시리즈
NCS, 59초의 기술 시리즈
NCS 6대 출제사 | 10개 영역 찐기출
공기업 전기직 기출로 끝장

대기업 인적성 | 온라인 시험도 완벽 대비!

1위 22. 10월

대기업 인적성 통합 기본서

1위 20. 11월

GSAT 삼성직무적성검사

1위 22. 8월 2주

LG그룹 온라인 인적성검사

1위 22. 10월

SKCT SK그룹 종합역량검사
롯데그룹 L-TAB

1위 21. 12월 3주

농협은행
지역농협

취업상식 1위!

1위 22. 7월 1주

월간 시사상식

1위 20. 1월

多통하는 일반상식
일반상식 핵심기출 300제

1위 21. 1월

공기업기출 일반상식
언론사기출 최신 일반상식
기출 금융경제 상식

자소서부터 면접까지!

NCS 자소서&면접
실제 면접관이 말하는 NCS 자소서와
면접_인문·상경계/이공계

1위 22. 1월 5주

끝까지 살아남는 대기업 자소서

---

* 온라인4대 서점(YES24, 교보문고, 알라딘, 인터파크) 일간/주간/월간 13개 베스트셀러 합산 기준 (2016.01.01~2022.05.11, 공기업 NCS/
  직무적성/일반상식/시사상식 교재)
* 에듀윌 취업 공기업 NCS 통합 봉투모의고사, 코레일 봉투모의고사, 서울교통공사 봉투모의고사 교재 해당 (2021~2022년 출간 교재 기준)
* YES24 국내도서 해당 분야 월별, 주별 베스트 기준

더 많은
에듀윌 취업 교재

IT자격증 초단기합격!
에듀윌 EXIT 시리즈

컴퓨터활용능력 필기
기본서(1급/2급)

컴퓨터활용능력 실기
기본서(1급/2급)

컴퓨터활용능력 필기 초단기끝장
(1급/2급)

ITQ 엑셀/파워포인트/한글/
OA Master

워드프로세서 초단기끝장
(필기/실기)

정보처리기사
(필기/실기)

합격을 위한 모든 무료 서비스
EXIT 합격 서비스 바로 가기

100만 권* 판매 돌파!
33개월* 베스트셀러 1위 교재

기출빅데이터로 단기간에 합격! 합격의 차이를 직접 경험해 보세요

기본서

한국사 초심자도
확실한 고득점 합격

2주끝장

기출선지 빅데이터로
2주 만에 단기 합격

ALL기출문제집

합격 최적화 최신 기출문제
강의를 뛰어넘는 첨삭 해설

우선순위50

3개년 기출빅데이터로
최최종 마무리 점검

초등 한국사

비주얼씽킹을 통해
쉽고 재미있게 배우는 한국사

* 에듀윌 한국사능력검정시험 시리즈 출고 기준 (2012년 5월~2021년 6월)
* 2주끝장(심화): YES24 수험서 자격증 법/인문/사회 베스트셀러 1위 (2016년 8월~2017년 4월, 6월~11월, 2018년 2월~4월, 6월, 8월~11월, 2019년 2월 월별 베스트) YES24 수험서 자격증 한국사능력검정시험 3급/4급(중급) 베스트셀러 1위 (2020년 7월~12월, 2021년 1월~2월 월별 베스트) 기본서(기본): YES24 수험서 자격증 한국사능력검정시험 3급/4급(중급) 베스트셀러 1위 (2020년 4월 월별 베스트)

취업, 공무원, 자격증 시험준비의 흐름을 바꾼 화제작!
에듀윌 히트교재 시리즈

에듀윌 교육출판연구소가 만든 히트교재 시리즈!
YES 24, 교보문고, 알라딘, 인터파크, 영풍문고 등 전국 유명 온/오프라인 서점에서 절찬 판매 중!

공인중개사 기초입문서/기본서/핵심요약집/문제집/기출문제집/실전모의고사 외 12종

주택관리사 기초서/기본서/핵심요약집/문제집/기출문제집/실전모의고사/네컷회계

7·9급공무원 기본서/단원별 기출&예상 문제집/기출문제집/기출팩/실전, 봉투모의고사

공무원 국어 한자·문법·독해/영어 단어·문법·독해/한국사·행정학·행정법 노트/행정법·헌법 판례집/면접

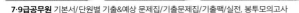

7급공무원 PSAT 기본서/기출문제집

계리직공무원 기본서/문제집/기출문제집

군무원 기출문제집/봉투모의고사

경찰공무원 기본서/기출문제집/모의고사/판례집/면접

소방공무원 기본서/기출/단원별 기출/실전, 봉투 모의고사

뷰티 미용사/맞춤형화장품

검정고시 고졸/중졸 기본서/기출문제집/실전모의고사/총정리

사회복지사(1급) 기본서/기출문제집/핵심요약집

직업상담사(2급) 기본서/기출문제집

경비 기본서/기출/1차 한권끝장/2차 모의고사

전기기사 필기/실기/기출문제집

전기기능사 필기/실기

한국사능력검정시험 기본서/2주끝장/기출/우선순위50/초등

조리기능사 필기/실기

제과제빵기능사 필기/실기

SMAT 모듈A/B/C

ERP정보관리사 회계/인사/물류/생산(1, 2급)

전산세무회계 기초서/기본서/기출문제집

무역영어 1급 | 국제무역사 1급

KBS한국어능력시험 | ToKL

한국실용글쓰기

매경TEST 기본서/문제집/2주끝장

TESAT 기본서/문제집/기출문제집

운전면허 1종·2종

스포츠지도사 필기/실기구술 한권끝장

산업안전기사 | 산업안전산업기사

위험물산업기사 | 위험물기능사

토익 입문서 | 실전서 | 종합서

컴퓨터활용능력 | 워드프로세서

정보처리기사

월간시사상식 | 일반상식

월간NCS | 매1N

NCS 통합 | 모듈형 | 피듈형

PSAT형 NCS 수문끝

PSAT 기출완성 | 6대 출제사 | 10개 영역 찐기출

한국철도공사 | 서울교통공사 | 부산교통공사

국민건강보험공단 | 한국전력공사

한수원 | 수자원 | 토지주택공사

행과연형 | 휴노형 | 기업은행 | 인국공

대기업 인적성 통합 | GSAT

LG | SKCT | CJ | L-TAB

ROTC·학사장교 | 부사관

※ YES24 수험서 자격증 주택관리사 베스트셀러 1위 (2010년 12월, 2011년 3월, 9월, 12월, 2012년 1월, 3월~12월, 2013년 1월~5월, 8월~11월, 2014년 2월~8월, 10월~12월, 2015년 1월~5월, 7월~12월, 2016년 1월~12월, 2017년 1월~12월, 2018년 1월~12월, 2019년 1월~12월, 2020년 1월~7월, 9월~12월, 2021년 1월~12월, 2022년 1월~10월 월별 베스트, 매월 1위 교재는 다름)
※ YES24, 알라딘 국내도서 해당분야 월별, 주별 베스트 기준

합격자 모임 실제 현장
(서울 강남 코엑스)

eduwill 에듀윌 합격자 모임

우리는 평생을 함께할
에듀윌 동문입니다

6년간 아무도 깨지 못한 기록
합격자 수 1위
에듀윌

- KRI 한국기록원 2016, 2017, 2019년 공인중개사 최다 합격자 배출 공식 인증
  (2022년 현재까지 업계 최고 기록)